民國歷史與文化研究

九 編

第 **1** 冊

《九編》總目
編 輯 部 編

分歧的「愛國」華僑──
民初華僑對祖國政治之態度（1912～1916）

陳 士 源 著

花木蘭文化事業有限公司

國家圖書館出版品預行編目資料

分歧的「愛國」華僑——民初華僑對祖國政治之態度（1912～
1916）／陳士源 著 — 初版 — 新北市：花木蘭文化事業有限
公司，2019〔民 108〕
目 2+200 面；19×26 公分
（民國歷史與文化研究 九編；第 1 冊）
ISBN 978-986-485-668-8（精裝）
1. 華僑史
628.08   108001110

ISBN-978-986-485-668-8

9 789864 856688

民國歷史與文化研究
九 編 第 一 冊   ISBN：978-986-485-668-8

分歧的「愛國」華僑——
民初華僑對祖國政治之態度（1912～1916）

作　　者 陳士源
總 編 輯 杜潔祥
副總編輯 楊嘉樂
編　　輯 許郁翎、王 筑　美術編輯 陳逸婷
出　　版 花木蘭文化事業有限公司
發 行 人 高小娟
聯絡地址 235 新北市中和區中安街七二號十三樓
　　　　 電話：02-2923-1455／傳眞：02-2923-1452
網　　址 http://www.huamulan.tw 信箱 hml810518@gmail.com
印　　刷 普羅文化出版廣告事業
初　　版 2019 年 3 月
全書字數 181225 字
定　　價 九編 9 冊（精裝）台幣 17,000 元

《九編》總目

編輯部　編

《民國歷史與文化研究》九編　書目

《民國歷史與文化研究》九編
各書作者簡介·提要·目次

第一冊　分歧的「愛國」華僑——民初華僑對祖國政治之態度（1912～1916）

作者簡介

　　陳士源，台灣省高雄縣人，畢業於國立成功大學歷史系、國立暨南國際大學歷史研究所，現於屏東縣枋寮高中擔任歷史科教師。

　　剛進大學的時候，是個一度不適應、排斥唸歷史系的孩子，但在唸完大一後，清楚了歷史系在唸什麼，也深深被歷史系所要求的客觀治史態度給折服，並在完成大學學業、服完兵役後，繼續深造讀研究所。就讀暨大期間還遭遇了九二一大地震，無常的人事變化，也影響了其人生的看法與態度。

提　要

　　本篇論文主要是在探討袁世凱統治時期，海外華僑對於祖國政治所抱持之分歧態度，及其後來立場轉變之關係。並且一併重新審視「華僑為革命之母」該句話的意義。

　　本篇論文的第一章先介紹二次革命之前，海外華僑與祖國之關係，並以此做為本文探討之背景。第二章則討論二次革命後，國內各政治團體在海外活動，尋求僑民支持，以及僑界因而產生支持各派勢力的分歧情形。第三章介紹僑界對於袁世凱稱帝的輿論反應、華僑對護國軍的支援，以及華僑在整個討袁運動中所扮演的角色與地位。最後一章，則將華僑參與討袁運動的情形與辛亥革命一役做比較，就華僑參與兩次革命所抱持的革命看法、華僑身

分的差異，以及華僑在捐款、從軍和創辦報業上的貢獻等項來做探討。而此即在究明有「革命之母」之稱的華僑，在辛亥革命後四、五年當中，他們的作爲與心態有何變化？是否眞正符合「革命之母」的愛國形象？

　　從辛亥革命建立以至討袁帝制這段歷史可以發現：華僑並不是一個團結的群體！「革命之母」當中有很多是反對革命運動的！「革命之母」當中有很多是排斥革命黨的！富有的華僑資本家大多是支持當政的袁世凱政府的！華僑的「愛國」行爲背後常是有自身的利益考量！總言之，華僑在中國近現代史上雖有貢獻，但卻不可因一句「華僑爲革命之母」而予以泛論化。於今對於華僑的概念應要有所修正，而其對祖國貢獻的問題，亦是要客觀地來看待，才能還諸歷史眞正的面貌！

目　次

第二冊　民國前期康區政治態勢及治理研究（1912～1928）

作者簡介

裴儒弟，男，漢族，安徽蕪湖人，法學博士。現爲北京師範大學歷史學院博士後，助理研究員，主要從事藏族近現代史研究。獲得 2018 年中國博士後科學基金第 64 批面上資助，已在《中國藏學》、《中國邊疆史地研究》、《西北民族論叢》等核心期刊上公開發表學術論文數篇。

提　要

清末民初，帝國主義列強侵略勢力不斷深入內地和邊疆地區，中國邊疆危機加深。康區作爲傳統的三大藏區之一，其戰略地位十分重要。清末民初先後有人不斷提出康藏建省的可行性，更有「治藏必先安康」之說，「安康」對於固川衛藏、遏制西藏上層分裂活動具有重要意義。辛亥革命後，康區政局不穩，戰事頻繁。1912～1928 年康區先後有七位主政者輪流更替，分別是尹昌衡、張毅、劉銳恒、殷承瓛、陳遐齡、劉成勳、劉文輝，他們在任期間先後陷入康藏戰爭或軍閥內鬥，康藏衝突和中英關於康藏邊界交涉活動，主導了民國前期康區政治態勢的發展。可以說，民國前期康區的主題是政治軍事活動，康區處於一種持續變亂的政治態勢，這給康區治理帶來巨大挑戰和嚴重阻礙。歷任康區執政者在康區政治、經濟、文化、教育方面採取過一些有限的治理措施，但是由於各種因素的制約，康區主政者要麼未能將治邊計劃及時付諸實施，要麼無暇經營，康區治理的整體成效不佳。民國前期康區治理存在諸多困難，也帶給我們若干反思，這些爲當今的四川藏區治理提供歷史借鑒。

目　次

第三冊　黨同伐異：「反革命罪」及其爭議（1927~1931）

作者簡介

　　王慧婷（Wang, Huei-ting），澎湖人，國立東華大學歷史學系碩士，國立政治大學歷史學系研究部博士班肄業，現任職於臺灣西鐵國際物流股份有限公司機場操作部遠雄組。外祖父為馬公國寶廟宇繪師黃友謙。認為訴諸暴力、威權統御的政治並非社會進步良方，唯多元思維才能推進國家發展。著有〈合作中反制：1932 年中國在國聯對滿洲國問題的申述〉、〈長春地方當局與駐華領館對萬寶山案的交涉〉、〈政治與規訓：武漢國民政府對「反革命」罪犯的懲處〉、〈嚮往「革命」：近代知識份子的政治追尋(1890～1903)〉。

提　要

　　1927 年，中國出現懲治「反革命」的刑事法規，1927 至 1931 年間，以「反革命罪」起訴的政治案件遍及全國各地。從「國民革命」軍北伐至「訓政」前期，1927 年武漢國民政府曾制定〈反革命罪條例〉、1928 年南京國民政府亦有〈暫行反革命治罪法〉，國民政府以「反革命罪」辦理政治案件，對此類政治犯的認定標準隨著國民黨內局勢的變化而有所異動。「反革命」因應掃蕩政治阻礙之需要，成為一種權術，本論文以 1927 年至 1931 年中國「反革命罪」之審判與爭議為研究對象，目的在理解北伐至訓政初期中國的「革命」與「反革命」之爭對司法的影響；並透過分析相關法制如何影響社會，了解 1920 年代中國「反革命」法治的意義與內涵。本論文主要參考中國國民黨黨史館、國史館典藏的檔案與當時的報刊雜誌、時人回憶錄，透過對法制、個案與政治宣傳檢視，闡釋「反革命罪」的緣起及其變化，釐清「反革命罪」在 20 世紀中國的意義與影響，提供一種重新省視中國近現代「革命史」外，「反革命」意識淵源與流變的歷史視角。

目　次

第四冊　南京國民政府時期農業融資法制研究

作者簡介

畢凌雪，女，1987 年 1 月生，山東省泰安市人。西南政法大學法律史學博士，主要從事中國法制史研究。現任山東農業大學公共管理學院講師，山東泰山藍天律師事務所兼職律師，山東農業大學「1512」第四層次人才。曾在《貴州社會科學》、《河南社會科學》、《西南政法大學學報》等 CSSCI 來源期刊發表論文十餘篇，參編教材兩部，參編著作《抗戰大後方司法改革與實踐研究》一部；作為主研人參加國家社科基金項目 2 項，省廳級重點課題多項。

提　要

近代以來，受帝國主義侵略和國內戰爭之影響，中國農村自給自足的小農經濟受到極大衝擊，至 20 世紀 30 年代，中國農村經濟已瀕臨破產的邊緣。中國自古以農為立國之根本，農興則政盛，農衰則國亂。面對衰頹的農村經濟，南京國民政府清醒的認識到農業問題的重要性，積極採取各類措施恢復農業生產，復興農村經濟。其中，強化對農業資金的融通成為當時國民政府的重要舉措之一。南京國民政府靈活的採用行政手段、經濟手段和法制手段合力推進農業資金融通，尤其是通過合作社、商業性銀行、中國農民銀行等融資平臺積極引導民間資本、國家資本向農村流動，支持農業生產，同時還不斷創新融資方式，為農村經濟注入新活力，在各因素的疊加效應之下，確保了國家的糧食安全，為農業的復蘇和抗戰的勝利奠定了一定的物質基礎。回顧整個南京國民政府時期的農業融資法制建設，在國內外局勢動蕩中，國民政府為挽救破敗的農村經濟在制度上確實做了諸多努力，無奈政府腐敗，導致這些融資制度並沒有有效的得以貫徹落實。但是，就這些制度本身而言，於今日不無裨益，值得現代反思與借鑒。

目　次

第五冊　生命踐行與人生之思——梁漱溟的「大人」之路

作者簡介

　　黃造煌，1971 年生，湖北省黃梅縣人，2010 年 12 月畢業於湖北大學，獲歷史學博士學位，現任教於湖北師範大學。自 2004 年進入武漢大學哲學學院攻讀哲學碩士學位以來，著者一直遊走在中西思想之間，對於西方思想尤其關注近代的康德和現代的海德格爾，對於中國思想則特別傾心於儒家，而以原始儒家和現代新儒家研究為志業，偶有所得如《荀子「君道」論的現代心理學意蘊》、《梁漱溟的社會整合思想——溝通新儒學和鄉村建設》，分別刊於《天府新論》、《哲學動態》。受梁漱溟「理性」論的提示，著者今後將主要致力於生命哲學的思考，以及從「情」入手闡揚儒家倫理。

提　要

　　梁漱溟的作為涵括其生命踐行與人生之思的生命之路，是一條邏輯和歷史相統一的，有其開端、轉進和歸宿的生命之路。

　　在其生命之路的開端，梁漱溟的生命踐行顯現為從胸懷天下而積極用世到歸心佛家而出離世間的轉換，所以如此，一則源於其對人生實相的體悟；一則源於其社會理想的破滅。其立於佛家的《究元決疑論》則集中表達了他在經歷這種轉換之後的人生之思。這種人生之思簡而言之就是：宇宙的本體是無，人生唯是苦，由此人生的大道就是出世間，而以出世間為終極的方便法門則是隨順世間。

　　梁漱溟生命之路開端的基本意蘊可表述為：第一，自任天下的高遠志趣。這表現為，他用世是為了濟世，出世也是為了救世，行是為天下而行，思亦為天下而思。第二，兼攝儒佛的精神根柢。其自小受世宦之家薰陶而早就具有的儒家精神，並沒有因為他歸心佛家而遭放棄。這表現為，他雖一心歸向佛家，但仍關心中國問題，而且在其思想上，儒家作為順世間法成為通往作為生命終極的出世間法的佛家的一個環節。

　　在其生命之路的轉進階段，梁漱溟的生命踐行發生了從出世到用世的再度變奏，即由佛家回歸儒家，並謀求濟世。具體說就是，民國間苦難的社會

現實、新文化運動的刺激、其父梁濟以死驚世的衛道之舉以及東方文化救世思潮的彌漫等促使其對生活產生新的感悟而最終回歸儒家；之後他按照自己的新儒家理想辦教育，從事鄉村建設，並積極奔走國事。此時梁漱溟的人生之思體現為現代儒家的新民之道，即重光孔家之學。具體而言就是，要人沿著孔子指引的方向行走在人生大道上，成為理性之人，而為此設計的制度就是通過補充改造古代鄉約而成的鄉村組織即村學和鄉學。

於是，梁漱溟生命之路轉進的基本意蘊就是：第一，其現實生活的主導原則發生了由佛家到儒家的轉換；但佛家並未遭到放棄，相反得到了保留，並作為終極信仰而成為其入世濟世的力量源泉。第二，其救世之道也由出世間法的佛家轉為順世間法的儒家，而由於儒家是通往佛家的一個環節，因而其以儒家之道濟世可說是為最終實現以佛家之道救世的一種切實努力。

在其生命之路的歸宿階段，梁漱溟生命踐行的主旋律由積極建功濟世（立功）一轉而為沉思社會人生（立言），這最早發生於一九四二年梁漱溟對自己人生使命的重新體悟，而一九四九年後更是如此。一九四九年後梁漱溟的生命踐行主要體現在兩個方面：一是理解急劇變革的現實社會；一是在其作為個體無法掌控的境遇中進行心靈的修證。他此一時期的人生之思集中表述於《人心與人生》中，其基本架構就是，按其理想要必歸合乎事實的原則，先從人生（人類生活）言說人心，復從人心談論人生（人生問題）。

於是，梁漱溟生命之路的歸宿的基本意蘊就是：第一，儒佛在其生命踐行上實現了高度的融合，這表現為，他憑藉佛家的悲願和智慧，以及儒家的道德自覺和擔當意識，驅動自身成己而成物。第二，他廣泛吸取當代包括自然、社會、人文等在內的各種科學成果，將實證和思辨相結合，用作為生命的「心」在縱向上將自然與人，在橫向上將西、中、印等三種人生溝通起來，並指明未來的人生路向，從而建構起了一個圓融的人學思想體系。而這一體系就其自身的稟性而言，可以說達到了它所可能達到的高度。

梁漱溟的生命之路也可以說就是矢志尋求並踐行合理人生的道路。在此一道路上，他出入儒佛並最終兼攝儒佛，縱觀西、中、印並最終融合西、中、印，且行且思，且思且行，思行合一，不斷地領悟著並踐行著人生的大道，從而成為得道者即「大人」。而其作為「大人」所展示的生命境界，就是且仁且智且勇。

作為如此的「大人」，他以其生命踐行與人生之思，界定了生命的本性即

向上無對，劃定了人與其欲望和人與技術的關係的邊界，即人是欲望和技術的主體，從而在實際上回應了現代虛無主義、現代享樂主義和現代技術主義，也從而守護了生命。

於是，梁漱溟的生命之路就是守護生命的「大人」之路。

目　次

第六冊　一枝獨秀：陳獨秀前期報刊實踐與傳播思想研究（1897～1921）

作者簡介

陳長松，江蘇海洲人，新聞學博士、教授，任職於復旦大學新聞學院博士後流動站，多年來一直從事與新聞傳播學相關的教學和研究工作，主要學術興趣是中國新聞傳播史，迄今已有 10 餘篇學術論文公開發表。

提　要

陳獨秀作爲中國近現代新聞傳播史上的重量級人物，其報刊實踐和傳播思想理應受到高度重視，然而由於種種原因，以往的研究遠未到位。本書以陳獨秀前期（1897～1921）報刊實踐與傳播思想爲主要研究對象，從新聞傳播史的視角梳理其發展脈絡，在此基礎上深入探討陳獨秀獨具個性的傳播思想。

緒論部分闡明了本項研究的價值與意義，對陳獨秀前期報刊實踐與傳播思想的國內外研究現狀做了綜述，並指出已有研究的不足。同時，對本書的

重點、難點與創新點作了交代，針對本書中的關鍵概念及幾個相關問題做了說明。

第一章以《揚子江形勢論略》一文爲線索，追溯了維新時期陳獨秀從「士人」轉向維新的心路歷程，對其處於萌芽期的傳播實踐及傳播理念作了分析評點，指出這是陳獨秀涉足傳媒的「預演」，其報人生涯實際可上溯自此。

第二章考察了清末新政時期陳獨秀的報刊實踐活動，指出陳獨秀此時的報刊傳播旨趣是思想啓蒙，而非革命排滿。對兩次演說會進行了較爲詳細的介紹；對陳獨秀在《國民日日報》的地位及貢獻做了嘗試性的討論，指出陳獨秀既是創刊人之一，也是總理編輯之一，《國民日日報》的「舒緩」特徵與陳獨秀的加盟密切相關，還考證了《發刊詞》、《近四十年世風之變態》兩篇文章的作者歸屬問題，指出這兩篇文章所具有的陳獨秀的思想色彩，爲研究陳獨秀創辦《安徽俗話報》之前的傳播思想提供了可靠的文本；在介紹《安徽俗話報》內容的基礎上，分析刊物的宗旨與「同人刊物」性質，對其「論說」欄進行了重點研究，進而探討了《安徽俗話報》的歷史地位，指出該報是清末下層啓蒙運動中啓蒙報刊的佼佼者。

第三章研究了五四新文化運動時期陳獨秀的報刊實踐活動。《甲寅》部分對陳獨秀在《甲寅》的地位作了探究，認爲《新青年》與《甲寅》存在著「揚棄」的關係，並對《愛國心與自覺心》一文中提出的主要論點「有惡國不如無國」進行了分析；《新青年》部分對雜誌的宗旨、作者、讀者、內容以及歷史地位等作了討論，針對當前的一些研究熱點，如作者群的「分裂」、五四青年的「分化」、「激烈」的言論態度等問題進行了討論，認爲《新青年》不僅是陳獨秀報人生涯的巔峰，而且是中國啓蒙報刊的「典範」；《每周評論》部分在對雜誌宗旨、內容進行詳細介紹的基礎上，重點圍繞雜誌的評論性特徵、對傳播馬克思主義的貢獻，以及陳獨秀「隻眼」帶來「光明」的言論實踐等三個方面予以探討，認爲《每周評論》不僅引領了該時期評論類報刊的「新潮流」，而且與《新青年》共同引領了五四新文化運動。

第四章著重評析了陳獨秀前期的傳播思想，指出其主要是由愛國憂民的傳播主題、思想啓蒙的傳播宗旨、自由主義的傳播思想等三部分組成，其中愛國憂民的傳播主題與思想啓蒙的傳播宗旨是貫穿其報刊實踐的兩條主線，自由主義則是其前期傳播思想的重要特徵。用「一枝獨秀」概括陳獨秀前期的傳播思想可以說是實至名歸。

　　結語在簡要回顧陳獨秀前期報刊實踐的基礎上，對其報刊實踐與傳播思想的獨特價值做了評析，指出其具有的「唯一性」特徵，並對構成「唯一性」的具體「質素」也作出了概括；同時，對陳獨秀的報刊實踐與其社會革命活動二者交替進行的事實予以高度評價，指出他是近代中國知識分子「知行合一」的踐行者和表率，其不乏真知灼見的「知」，體現了知識分子獨立思考追求真理的可貴品格，其不計得失、義無反顧的「行」，則彰顯出執著率真的人格魅力。此外，對陳獨秀的「悲劇性」意義也嘗試性地進行了解讀。最後，對陳獨秀在中國近現代社會轉型期的變革中的獨特價值和歷史地位（包括其報刊實踐和傳播思想在新聞史上的地位）下了論斷：陳獨秀不僅是近代中國轉型期的思想巨人，也是變革社會的行動巨人，他不僅在領導革命活動、推動社會進步方面功不可沒，而且也給中國思想史、文化史和新聞史等諸多領域留下了一筆寶貴遺產。陳獨秀由於種種原因而被「封存」「遮蔽」的「本色」，將會在客觀公正全面的歷史研究與評價中逐步「顯影」，而他光彩的一面也將被越來越多的人所認識和認同！

目　次

第七冊　吉林通俗教育講演所研究（1915～1931）

作者簡介

　　朱一丹，1986 年生於吉林，先後就讀於河南大學（世界史學士 2005～2009 年，英國史碩士 2009～2012 年）、吉林大學（中國近現代史博士 2013～2016 年）。攻讀博士學位期間，關注清末民初社會轉型時期的國家意識形態建設問題，嘗試以個案為切入點，用更細緻的實證研究分析由政府主導的社會教育運動，並與導師李書源先生合作發表論文《論北洋時期限制通俗講演社會效應的因素》（《史學集刊》2016 年第 5 期）。

提　要

　　通俗教育講演所為北洋時期重要的社會教育機構，在近代民眾教育事業中具有的承上啓下的作用，其上承清末新政後盛行一時的宣講所，下啓南京國民政府時期成效卓著的民眾教育館，以開啓民智，使一般人民養成國民資格為宗旨。1915 年後，各地公立講演所的湧現可以被看作是北洋政府建立現代國民意識嘗試的一部分。本文以 20 世紀 30 年代前的吉林地區通俗教育講演所為研究對象，在充分挖掘檔案、報刊、時人著述、地方志等文獻資料的基礎上重新構建史實，考察講演所的發展歷程、人事安排、組織結構和日常運作情況。尤其注重發揮個案研究優勢，除官方公佈的規章制度外，還補充了大量歷史細節，包括講演場次的安排，巡迴講演路線的設計，講稿內容，聽眾的現場反應，講員的收入待遇等。考察通俗講演所的運作狀況有利於認識通俗教育事業在民國前期的基層社會現代化改造中扮演的角色，為我們觀

察不同階層的文化碰撞提供了視角，同時也有助於揭示社會轉型時期國家與社會的複雜關係。通俗教育講演所的創設和發展是近代以來思想啓蒙對象下移的集中反映，它說明動用國家力量推進國民意識現代化已成爲官方既定政策，而通俗講演事業面臨的困境又體現了重建國家意識形態的艱巨性。以前現代社會的民眾教育思想指導啓蒙運動，將摻雜大量保守文化因素的所謂國民意識形態向下層社會輸入，這些努力本身很難實現基層社會的現代化改造。

目　次

第八冊　抗日戰爭時期廣東省淪陷區的教育（1938～1945）

作者簡介

宋黎，女，1984 年生於湖北恩施。2006 年考入華南師範大學教育科學學院教育史專業，師從袁征教授，於 2009 年、2013 年分別獲得教育學碩士與博士學位，主攻方向爲民國教育史。現爲安慶師範大學教師教育學院青年講師。

在廣州的七年求學生涯，學術研究的興趣集中於抗日戰爭史。碩士畢業論文主要關注國民黨統治區域（國統區）的教育狀況，題目爲《民國後期的國民教育制度及其在廣東的實施（1939～1949 年）》。博士論文則將眼光轉向了淪陷區域，撰寫了《抗日戰爭時期廣東省淪陷區的教育（1938～1945 年）》。

提　要

從 1938 年 10 月 12 日日軍登陸大亞灣，到 1945 年 8 月戰爭結束，廣東省內形成了面積廣大的淪陷區域。在這些淪陷區，各級僞政權組織建立了從初等教育到高等教育的各級學校教育系統。昔日的那些教師再次走上了講臺；還有許多新人選擇了教師這個職業，到這些新學校工作。同時，也有爲數眾多的新、舊學生在這些學校學習，並從這些學校升學、畢業。無疑，這些在淪陷區學校工作和學習的人是那些選擇留下的人，還包括後來返回淪陷區的人。這些師生在考慮應聘和就讀這些淪陷區的學校時都作了哪些思考？他們在這些學校的生活如何？與淪陷之前相比，有什麼不同？又有哪些相似的地方？對那些學生來說，他們既要上各種各樣的課，包括公民、國語、日語、英語、歷史、地理等等，還要參加各種訓育活動，包括童子軍訓練、青年團訓練、集團活動、朝會、夕會以及各種慶祝集會活動等等。那麼，所有這些課程及活動的具體實施情況是怎樣的？對上述問題的深入探討，可以讓我們知道那些留在淪陷區的師生爲何會做出這樣的選擇，也可以讓我們瞭解淪陷區學校生活的真實狀況，從而對淪陷區的教育有一個更加全面深入的認識。

目　次

第九冊　近代化進程的民間引領者——中國工程師學會研究

作者簡介

鄒樂華，男，1970 年生，河南省信陽市人。2014 畢業於上海交通大學獲理學博士學位，現任上海中僑經濟與管理學院講師，主要研究領域爲科技史。以中國工程師群體爲研究對象，爲西方工程科技在中國的本土化、近代工程事業及中國現代化進程研究提供一個新的視角，曾發表相關學術論文十餘篇。現在正從事「中國工程師群體職業精神形成」，「近代水利工程技術引入與消化」研究。

提　要

十九世紀中葉以來，多次對外戰爭的慘敗客觀上迫使中國認識到西方科技的威力以及自己的落後。由此，中國開始了主動向西方學習的過程，也開始了近代化進程。中國的近代化除了需要引進西方的科學以外，引進、消化和應用西方工程技術是不可缺少的一個重要環節。在這個過程中，中國工程師學會發揮了重要作用。對此，學界已經開始關注。本文在學界已有研究的基礎上，對之做進一步探究。

本文在中國工程師學會發行的專業刊物、專著、會務報告基礎上，結合民國時期相關檔案、會員傳記及回憶錄、重要刊物、文章等文獻，立足於當時的歷史背景，通過系統考察與之相關的歷史事實、專著、文章等，論證中國工程師學會在領導與組織工程師群體、推進工程教育的發展、促進工程學術的交流與研究、推進工程技術的應用與進步等方面的重要貢獻，探討中國工程師學會工作的基本特點和理念，分析其在中國近代化進程中的歷史地位，爲西方工程科技在中國的本土化、近代工程事業及中國現代化進程研究提供一個新的視角。

在全文系統研究的基礎上，進一步分析中國工程師學會科研工作中所體現「合作精神」、「務實作風」等主要特點，進而客觀評價中國工程師在中國近代史上的歷史地位。

目　次

分歧的「愛國」華僑——
民初華僑對祖國政治之態度（1912～1916）

陳士源　著

作者簡介

　　陳士源，台灣省高雄縣人，畢業於國立成功大學歷史系、國立暨南國際大學歷史研究所，
現於屏東縣枋寮高中擔任歷史科教師。

　　剛進大學的時候，是個一度不適應、排斥唸歷史系的孩子，但在唸完大一後，清楚了歷史
系在唸什麼，也深深被歷史系所要求的客觀治史態度給折服，並在完成大學學業、服完兵役後，
繼續深造讀研究所。就讀暨大期間還遭遇了九二一大地震，無常的人事變化，也影響了其人生
的看法與態度。

提　　要

　　本篇論文主要是在探討袁世凱統治時期，海外華僑對於祖國政治所抱持之分歧態度，及其
後來立場轉變之關係。並且一併重新審視「華僑為革命之母」該句話的意義。

　　本篇論文的第一章先介紹二次革命之前，海外華僑與祖國之關係，並以此做為本文探討之
背景。第二章則討論二次革命後，國內各政治團體在海外活動，尋求僑民支持，以及僑界因而
產生支持各派勢力的分歧情形。第三章介紹僑界對於袁世凱稱帝的輿論反應、華僑對護國軍的
支援，以及華僑在整個討袁運動中所扮演的角色與地位。最後一章，則將華僑參與討袁運動的
情形與辛亥革命一役做比較，就華僑參與兩次革命所抱持的革命看法、華僑身分的差異，以及
華僑在捐款 從軍和創辦報業上的貢獻等項來做探討。而此即在究明有「革命之母」之稱的華僑，
在辛亥革命後四、五年當中，他們的作為與心態有何變化？是否真正符合「革命之母」的愛國
形象？

　　從辛亥革命建立以至討袁帝制這段歷史可以發現：華僑並不是一個團結的群體！「革命之
母」當中有很多是反對革命運動的！「革命之母」當中有很多是排斥革命黨的！富有的華僑資
本家大多是支持當政的袁世凱政府的！華僑的「愛國」行為背後常是有自身的利益考量！總言之，
華僑在中國近現代史上雖有貢獻，但卻不可因一句「華僑為革命之母」而予以泛論化。於今對
於華僑的概念應要有所修正，而其對祖國貢獻的問題，亦是要客觀地來看待，才能還諸歷史真
正的面貌！

目

次

緒　論

一、研究動機與目的

　　華僑史的研究在國內還算是剛起步的階段，換句話說，不僅對世界各國的華僑華人史、華僑華人政策演變的探討並不多，甚至討論中國近現代史上華僑與祖國事務關係的研究，在國內也很少。要探討各國的華僑華人史、華僑華人政策，須前往該僑居國家蒐集當地所藏之原始史料與研究成果，由於受限於語文、時空乃至經費等因素，在研究上原本就比較不容易；不過若是討論華僑與祖國事務關係的問題，由於語文已不成問題，加上台灣有中國國民黨黨史會、中研院近代史研究所等機構所藏之諸多史料與報刊雜誌，相形之下，不僅是本地佔地利之便的地方，也是較容易從事的研究方向。在中國近現代史上，華僑與祖國的關係，除了大家所熟知的辛亥革命與對日抗戰兩役外，其實許多重要時期與事件當中，都有華僑參與的紀錄。因此，這方面的研究是相當可行的，而筆者所欲討論的袁世凱統治時期即符合如上所述之特色。這樣的探討除了是擴展華僑史的研究外，另一方面，也是從海外華僑的這一角度來看中國近現代史的發展歷程。

　　有關袁世凱統治時期的研究已不勝枚舉，而且多著重在其帝制活動上，分別有從袁世凱的個人性格、商人關係、奪權過程、時局背景、地方分權、國際關係等方面來爲文探討者，〔註1〕且都有不錯的成績；另外在護國軍的討

〔註 1〕 個人性格方面如：Ernest P. Young 著，李孝悌譯，〈保守主義者──洪憲帝制〉，《近代中國思想人物論──保守主義》（台北：時報出版社，1985）；Ernest P. Young 著，林滿紅譯，〈現代化的保守人物──袁世凱〉，《中國現代史論集》第四輯民初政局（台北：聯經出版社，1980）。商人關係者有：李達嘉，〈袁世凱政府與商人（1914～1916）〉，《中央研究院近代史研究所集刊》27（1997.6）。奪權過程者如：朴東浚，〈民國初年袁世凱奪權之研究〉（台北：台灣大學政治研究所碩士論文，1986）。時局背景者如：林麗明，〈民國初年

論上成果也頗多，〔註2〕但是卻較少有學者從海外華僑的角度來討論這段歷史，這可說是在研究上的一個缺憾。以袁世凱的出身背景而言，雖然其與華僑較無關係，然而在當上臨時大總統後，海外僑界中的華工問題、華僑苛例以及華僑多富有者之情形等，都讓袁世凱對華僑問題有了一些認識，在尋求解決民初財政困難以及扮演好一位大總統角色的考慮下，對於華僑問題的關切以及爭取華僑對其政權的認同，便成為袁世凱的一個重要政治策略。之後，不管在二次革命後對革命黨的通緝上，或是在發行內國公債時，袁世凱都很注重華僑這股力量的支援；甚至在籌安會成立以及袁世凱稱帝後，華僑更是反過來對之大加撻伐，可見得在袁世凱統治時期，海外華僑確實具有關鍵性的重要角色，也發揮了不小的影響力。

從華僑史的研究方面來看，有關華僑與祖國關係的探討，大都著重在辛亥革命與對日抗戰這兩個事件，其研究成果近二十年來已相當豐碩，〔註3〕但是相對地，在這兩大事件以外的時期，卻少有代表作品能夠將華僑與祖國的關係詳實地介紹，袁世凱統治時期即是如此。而且僅有的作品當中，也大都著重在討伐袁世凱帝制活動的這個焦點上，未能將袁世凱稱帝前華僑對其態度的演變過程加以介紹，便容易令讀者產生誤解，以為華僑自始至終都是反袁的，殊不知華僑對袁世凱政府的態度有著由支持到反對的過程變化，深值玩味。有關華僑與袁世凱統治時期研究成果所以稀少的原因，筆者以為或許是因為該時期正好在辛亥革命發生後不久，加以時間短暫，只有五年，學者

政治人物與建國歷程：袁世凱改元洪憲的背景分析〉（台北：政治大學政治研究所碩士論文，1979）。地方分權方面如：胡春惠，〈民初的地方分權主義（上、下）〉，《中山學術文化集刊》28、29（1982.3、1983.3）；秦蕙萍，〈民初地方主義之研究——元年至五年間中央與地方權力之衝突〉（台北：政治大學歷史研究所碩士論文，1983）。國際關係者則有：林明仁，〈列強（日、英、美）各國對洪憲帝制的態度〉（台北：台灣大學政治研究所碩士論文，1975）。

〔註2〕這方面的著作如：楊維真，《唐繼堯與西南政局》（台北：台灣學生書局，1994）；謝本書，《護國運動史》（台北：稻鄉出版社，1999）；伊原澤周，〈護國討袁與久原借款〉，《珠海學報》15（1987.10）；李天健，〈國民黨在護國討袁中的歷史地位〉，《雲南文獻》26（1996.12）；李侃、李佔領，〈護國時期的唐繼堯與孫中山、梁啟超〉，《民國檔案》1995年第3期（南京：民國檔案雜誌社，1995.8）；洪喜美，〈李烈鈞與討袁護國運動〉（上），《近代中國》40（1984）；胡平生，〈梁蔡師生與護國之役〉（台北：台灣大學歷史研究所碩士論文，1973）。

〔註3〕曾伊平、陳麗娘編，《華僑華人研究文獻索引（1980～1990）》（廈門：廈門大學出版社，1994）頁131～142、曾伊平編，《華僑華人研究文獻索引（1991～1995）》（廈門：廈門大學出版社，1998），頁87～90。

的注意力便大都被辛亥革命這個大光圈給搶走；而且就討袁的力量與貢獻而言，似乎又以國內的成就居多，因此海外華僑的因素即被忽略了。

　　探討袁世凱統治時期的華僑問題，筆者以為就華僑史的研究而言，有其重要的學術價值。首先，可以釐清華僑與孫中山革命黨的關係。革命黨的組成與中華民國的成立，雖然都有著不少華僑力量的支援，但是並不能就因此劃上等號說華僑都是站在革命黨這一邊，因為不參加革命黨活動和不參與建立中華民國的華僑人數也相當地多。自從清末康、梁在海外籌組保皇黨以來，華僑就有了派別之分，支援革命的固然不少，反對革命的亦大有人在，而且大多是資本家。〔註4〕是以在華僑與革命黨的關係上，並不是如該黨所言華僑都是支持革命黨的。其次，可以審視華僑在參與國內事務當中所扮演的角色與地位。討袁帝制的成功，除了是國內護國軍和中華革命黨的努力外，有關海外華僑參與的貢獻與影響，可以藉此次之探討而明瞭。再者，可以與辛亥革命一役相比較，討論華僑在這兩次運動中參與的異同。辛亥革命是討伐滿清帝制的革命；而討袁運動則是在維護共和，同樣在推倒帝制。兩次革命僅差距五年的時間，華僑對於兩者之認知如何？其參與的態度有何差異？這之間的相同與相異之處，將有助於對華僑群體的進一步認識。

　　本文所要探討的問題，即是華僑在袁世凱統治期間政治態度選擇的不同；華僑對中國事務的參與；籌安會興起、袁世凱稱帝野心披露時，國內及海外輿論對帝制問題的反應為何；以及護國軍起義時華僑在態度上的轉變，與華僑對支助護國軍起義的貢獻；最後則是討論在辛亥革命與討袁這兩段時期華僑參與中國政治活動的異同等。希望藉由這樣的探討，可以瞭解有「革命之母」之稱的華僑，在辛亥革命成功後的四、五年裏，他們有了哪些作為？不同身分之華僑，有何態度與立場考量？「革命之母」是否依然愛國、擁護政府等？而藉由本文的寫作，除了填補華僑在參與中國事務研究上的不足外，也希望能因此釐清一般民眾對華僑問題的籠統看法。

二、文獻回顧

　　有關華僑與袁世凱統治時期的研究成果，為數不多，目前只侷限於文章方面，並沒有專著的出現。而這方面最早的作品當是潘先弟發表在《讀史雜

〔註4〕胡漢民，〈南洋與中國革命〉（下），《藝文誌》17（1967.2），頁14。

記》的〈南洋華僑與反袁運動〉。〔註5〕由於該文是作者學生時代的課堂習作，在份量（只有四頁）和深度上並不構成一篇具水準的學術性文章。然而他能在文章中將這個問題分成華僑、革命黨和袁世凱政府三個部分來討論，並且主要參閱《順天時報》和《國父全集》等來作為其撰寫的基礎資料，也可見其對這個問題有深入的認識。

其次，即是郭景榮和黃慶雲分別發表的〈愛國華僑的反袁鬥爭〉與〈華僑對廣東光復和反袁鬥爭的貢獻〉等文章。〔註6〕郭景榮和黃慶雲都是大陸方面對該問題的研究專家，研究成果也不少，不過就其文章當中仍可發現不少缺陷。如郭景榮〈愛國華僑的反袁鬥爭〉當中，如其題目所標示的「愛國」與「反袁鬥爭」，作者全文都在彰顯華僑在這場「反袁鬥爭」中有多大的貢獻、華僑有多麼地「愛國」，但是相對地，對於當時國內政局的演變以及華僑在整個討袁過程中的態度變化卻都未能述及。只著重在華僑討袁的這個焦點上，再予以頌揚其「愛國」的精神，筆者以為此種寫法實有待商榷。而黃慶雲的文章雖也是標明談華僑對反袁鬥爭的貢獻，不過在內容上則較從護國軍的一方來著筆，文中並批評孫中山以個人包辦革命的做法脫離了群眾，喪失了反袁鬥爭的領導權，在討袁運動中只充當了配角的地位。〔註7〕作者以脫離群眾路線與否的理論，套在討袁這段史實上來解釋，是其論述上的缺點；然而他能將國民黨當時內部分歧的情形列舉出來，以反映在華僑的支援上，是較郭景榮的文章要切近於歷史事實了。

再者，即是李守孔於 1987 年在「兩次世界大戰期間在亞洲之海外華人國際研討會」上發表的〈南洋華僑與討袁運動 1914～1916〉。該篇文章參考了很

〔註 5〕 該文發表於《讀史雜記》第 3 期，出版社與出版日期不明。後收入朱傳譽編，
　　　　《袁世凱傳記資料（十七）》（台北：天一出版社，1985）。
〔註 6〕 郭景榮和黃慶雲二人都曾發表過多篇華僑與袁世凱帝制活動的文章，如郭景
　　　　榮著有〈愛國華僑在反袁鬥爭中的貢獻〉（《學術研究》1983 年第 1 期）、〈愛
　　　　國華僑的反袁鬥爭〉（《華僑論文集》第三輯（廣州：廣東華僑歷史學會，1986））
　　　　和〈愛國華僑的反袁鬥爭〉（《華僑華人史研究集》（一），1989）；黃慶雲則有
　　　　〈武昌起義後華僑對廣東光復和反袁鬥爭的貢獻〉（《暨南學報》1982 年第 4
　　　　期）、〈華僑對廣東光復和反袁鬥爭的貢獻〉（《華僑論文集》第三輯，1986）
　　　　等。由於篇名幾近雷同，內容也幾乎大同小異，因此在此只各舉郭景榮的〈愛
　　　　國華僑的反袁鬥爭〉（《華僑論文集》第三輯，1986）以及黃慶雲的〈華僑對
　　　　廣東光復和反袁鬥爭的貢獻〉（《華僑論文集》第三輯，1986）二文為代表，
　　　　其餘不擬細述。
〔註 7〕 黃慶雲，〈華僑對廣東光復和反袁鬥爭的貢獻〉，頁 242。

多《國父全集》與《革命文獻》當中的重要資料，將二次革命失敗到討袁這段期間中華革命黨在南洋的活動做了很詳盡的介紹，不僅提到歐事研究會與中華水利公司，〔註8〕而且還談到了同樣不加入中華革命黨並在南洋活動的「少年再造黨」。〔註9〕通觀全文，可以發現作者在論述上的用心，以及該篇文章在華僑史研究上的代表性，然而當中卻也有一些美中不足之處，例如該文之內容皆是以中華革命黨在海外的活動為主，並未能將其他黨派（如進步黨）在南洋同樣爭取華僑支援的事實予以敘述，不僅無法全面概括該文篇名〈南洋華僑與討袁運動 1914～1916〉，而且於歷史事實也有所出入。其次，作者雖然運用頗多史料來支撐全文，將當時華僑與討袁的關係作一番介紹，然而在寫作上卻也只是停留在敘述而已，作者並未能在文章中提出問題或自己的心得見解，也未能對該文之能否繼續深入探討做說明，故亦有其缺憾之處。再者，該文篇名雖是談南洋華僑，然而究其內容，卻幾乎都是在描述南洋一地之中華革命黨與舊國民黨黨員的活動，真正敘述到南洋華僑本身的部分微乎其微。對於這種寫作方式，雖顯不恰當，但是筆者以為這確是華僑史研究上所存在的先天侷限之處。由於華僑活動的資料，原本即少有記載，後世學者欲探究昔日的華僑情況，就只有從中華革命黨本身的檔案文獻或當時的刊物中去搜尋了，而這樣的結果當然不能呈現出華僑活動的全貌，有時便也流於只敘述海外黨員的活動來代表華僑的情況了。對於可能形成的這種研究結果，是華僑史研究者不得不然之處，而這也是其他領域的研究者與一般讀者應要認識與了解的地方。

　　除了上述著作外，其他與本題目相關的尚有：蔣永敬的〈歐事研究會的由來和活動〉；尹俊春所著、收入於李新、李宗一主編《中華民國史》第八章

〔註8〕歐事研究會乃是 1914 年歐戰爆發，日本對德宣戰，以其影響中國局勢嚴重，必須注意其發展演變，而由李根源在日本所發起的組織。參加歐事研究會的人士，大多是對孫中山改組中華革命黨一事持有異議，且在討袁態度上主張緩進，而不願加入中華革命黨的舊國民黨員。而中華水利公司（又稱「水利促成社」）也是在 1914 年，由李烈鈞、陳炯明等乘廣東水災之際所組織而成，與歐事研究會屬同一派別。參考蔣永敬，〈歐事研究會的由來和活動〉，《傳記文學》34：5（1979.5），頁 66～68；洪喜美，《李烈鈞評傳》（台北：國史館，1994），頁 92。

〔註9〕該黨乃是 1914 年，由李貞白、李濟民、劉震寰和陳養初等組織而成，以反對再舉革命為號召。參考葉夏聲，《國父民初革命紀略》（台北：孫總理侍衛同志社，1948），頁 87。

的〈中華革命黨和歐事研究會堅持反袁鬥爭〉；松本英紀的〈中華革命黨和歐事研究會——第二次革命後孫文和黃興的革命觀〉；王志宇的碩士論文：〈歐事研究會初探（1914～1916）〉；以及李盈慧所著的〈民初政局與僑界籌款〉等。〔註10〕

蔣永敬所著〈歐事研究會的由來和活動〉一文，堪稱是國內第一篇對歐事研究會的研究著作。該文中分別闢有二節討論「歐會在南洋的活動」和「歐會在美國的活動」，對華僑的捐款參與有所描述，不過內容份量並不多。而筆者以為，該文的重點是放在討論「護國之役與進步黨人的分合」一節上。因為作者除了稱「西南護國之役，是歐會與進步黨人合作的黃金時代。最足以表現兩派合作方式者，則為在廣東肇慶設立的兩廣都司令部及軍務部。」〔註11〕而且在結論中還強調「由於這一組織曾經結合了當時的一些人才和在社會上有聲望的人物，故在討袁運動中，頗能運用各種關係，發揮相當的影響作用。」〔註12〕作者意在說明這個當初由未加入中華革命黨之舊國民黨員所成立的組織，沒想到竟因他們「不分黨界」的規定，最後幫助了護國軍，而能夠討袁成功。也因為有這樣探討角度的差異，是以從該文中只能片面了解歐事研究會在僑界的活動而已。

尹俊春所著〈中華革命黨和歐事研究會堅持反袁鬥爭〉一章，除了敘述孫、黃的分歧與歐事研究會的成立外，並將歐事研究會的發展分為三個階段來介紹，而這三個階段也就是歐事研究會從對袁世凱採取「緩進」態度到以武力討伐的過程變化。雖說該文將歐事研究會的活動做了很詳盡的探討，但是從中也不難看出作者寫作的角度並不是放在海外華僑的部分。其於該章結尾處稱：「中日『二十一條』交涉開始，歐事研究會提出了『聯袁對外』、『停止革命』的錯誤主張，……一些成員雖一度陷於迷途，但當袁世凱賣國行徑暴露之後，他們便斷然拋棄了錯誤的主張，立即展開了各種方式的討袁活動，

〔註10〕 蔣永敬，〈歐事研究會的由來和活動〉，《傳記文學》34：5（1979.5）。尹俊春著，李新、李宗一主編，《中華民國史》第二篇第一卷（1912～1916）下（北京：中華書局，1987）。松本英紀著，王曉華譯，〈中華革命黨和歐事研究會——第二次革命後孫文和黃興的革命觀〉，《民國檔案》1990 年第 3 期（1990.8）。王志宇，〈歐事研究會初探（1914～1916）〉（台中：東海大學歷史研究所碩士論文，1992）。李盈慧，〈民初政局與僑界籌款〉，《華僑與孫中山先生領導的國民革命學術研討會論文集》（台北：國史館，1997）。
〔註11〕 蔣永敬，〈歐事研究會的由來和活動〉，頁 70。
〔註12〕 同上，頁 71。

為全國大規模武裝討袁鬥爭的爆發作出了積極貢獻。」〔註 13〕作者從整個討袁革命為著眼點，來敘述歐事研究會這支「迷途知返」的力量，由於論點不同，因此在探討海外華僑態度的問題上，也就著墨有限了。

松本英紀所以寫作〈中華革命黨和歐事研究會——第二次革命後孫文和黃興的革命觀〉一文，其在前言中稱是因未有學者能對歐事研究會的重大意義進行研究，因此「從中華革命黨和歐事研究會的組成，來看孫文和黃興革命認識」，〔註 14〕便是作者著作此文的目的。在文末，作者也從組織和活動方針來比較上述兩組織的不同；而有關華僑的陳述，並非其重心，因此從文中亦無法得知華僑的活動情形。

〈歐事研究會初探（1914～1916）〉乃是東海大學歷史所研究生王志宇於1992 年所完成的碩士論文。在前言中，作者對於大陸學者尹俊春等人述及黃興在這段期間的作為，是其生平的一大敗筆一事，認為看法有失公允；而且由於前述學者對於歐事研究會所提出的政治主張與其成員的思想特質多所忽略，因此覺得有對歐事研究會再進一步研究的價值。作者在該篇論文當中，確實討論且解決了一些問題：如作者推斷歐事研究會的成立是在 1914 年 8 月；且不認為黃興是歐事研究會的首領；再者，他從歐事研究會的成員分析中得知其骨幹是以軍人、議員為主，推翻了以往學者所認為的由士官生或黃派軍人所組成之說。作者不只將歐事研究會成員能進入護國軍核心的原因加以敘述，也率先討論了歐事研究會的政治理念問題。而在最後，作者對於歐事研究會含有較少之黨派色彩以及能夠包容異己的雅量，則是相當讚賞的。從王志宇的這篇論文當中，我們也可以知道作者的探討角度，是帶有一種為歐事研究會和黃興翻案的意味，雖然用新的角度為歷史人物或事件重新加以定位，可以看到歷史真象的另一面，然而對於歐事研究會與華僑的關係似乎又被忽略了。

李盈慧所著〈民初政局與僑界籌款〉一文探討的年代，從 1912 年臨時政府成立到 1916 年袁世凱政權結束為止。該文在內容上討論了二次革命前與討袁運動時在僑界的籌款情形，除了敘述歐事研究會與中華革命黨在海外激烈爭取華僑支援與捐款外，作者也從反面提出是否也有華僑支援袁世凱政府的

〔註 13〕李新、李宗一主編，《中華民國史》第二篇第一卷（1912～1916）下，頁 690。
〔註 14〕松本英紀著，王曉華譯，〈中華革命黨和歐事研究會——第二次革命後孫文和黃興的革命觀〉，頁 107。

看法？把問題的焦點拉開，不再只是侷限於中華革命黨或是歐事研究會身上，對於瞭解民國初年華僑對祖國的態度問題而言，是個很好的思考方向。而作者最後則在結論總結稱：「國民黨與北京政府關係破裂後，華僑對中國政局的態度也變得分歧，一部份華僑仍繼續購買北京政府的公債，顯示其擁護袁世凱的北京政府，有些華僑則捐款給孫中山所創立的中華革命黨，致力於打倒袁世凱政府；一部份華僑則捐款給李烈鈞、陳炯明等舊國民黨員，對於是否倒袁，態度猶豫不決，同時不願放棄國民黨這塊招牌；另一些華僑則同時贊助孫中山和李烈鈞，因此中國政局的紛擾也造成海外華僑的無所適從。」〔註15〕由於作者本身即是華僑史的研究者，因此可以明顯地看出該文探討角度與上述文章的不同之處。關於該文之論述內容，筆者以爲對於進步黨在海外僑界的活動，亦不妨於文章中一併討論之；而除了從籌款爲切入點外，也應可以從華僑參加政黨或參與政治活動等方面，來討論袁世凱統治時期華僑對祖國的態度問題。

從以上所述的學者研究成果中可以發現，有些文章太著重在華僑參與討袁的這個焦點上；而有些則是將歐事研究會等海外組織放在整個國內政局變化中來討論，或說明其在護國軍起義中的貢獻，或甚至討論其政治理念之問題，皆少從華僑的角度來研究當時的國內政局，可稱是個缺憾。而李盈慧所著〈民初政局與僑界籌款〉一文，將當時華僑用捐款表現對各政治團體的支援情況做了很仔細的整理與分析，在某種程度上已解決了一些本文所要探討的問題。不過由於該文只涉及籌款方面，其他層面尚未述及；且有關梁啓超爲主之進步黨在海外的活動也未能討論；加上筆者所欲說明的現象，尚包含華僑在護國軍起義時的活動情形，以及華僑在辛亥革命與討袁運動兩役中參與的比較，因此筆者以爲在袁世凱統治時期內，尚有對華僑問題做較深入研究的價值與必要。藉由華僑史角度的探究，相信亦更能突顯袁世凱統治時期歷史事實的另一種面貌。

三、研究資料與相關理論

本論文以引用文獻資料和學者研究成果爲寫作基礎，包括當事人書信、傳記資料；中國國民黨黨史會所藏檔案、照片；《革命文獻》；報刊、雜誌；《政府公報》；各國華僑史，以及中、外學者的研究成果等。藉由相關史料的搜集、排

〔註15〕 李盈慧，〈民初政局與僑界籌款〉，頁358。

比與分析，將袁世凱統治時期的華僑態度問題真實呈現，並與華僑參與辛亥革命的情形相比較，以說明華僑對民初國內政治事務在認知與參與上的差異。

首先在當事人書信、傳記資料部分，筆者將參考黨史會所出版的《國父全集》、《黃克強先生年譜》等革命先烈文集、年譜；以及大陸方面的《孫中山全集》、《李烈鈞集》與《黃興在日活動祕錄》等。由於這些內容大都為當事人的書信記錄，資料豐富，因此對於瞭解當時當事人的態度變化有很大的助益。其次，在中國國民黨黨史會所藏的檔案中，未能編入《革命文獻》裏出版的仍相當多，單就一般史料部分，筆者即發現珍藏有不少黃興從東京赴美後，受到大批華僑歡迎的照片；以及舊金山《民口雜誌》第 6 號與紐約《美洲國民黨佈告錄》第 18、21 期等。而在「上海環龍路檔案」裏，更藏有中華革命黨海外各支、分部與東京本部的書信往來資料，對於探知當時海外僑界的活動方面，皆有很高的參考價值。

報刊雜誌部分，筆者一共搜集了《順天時報》、《大公報》、《盛京時報》、《申報》、《華字日報》、《叻報》與《東方雜誌》等七份刊物。所以運用這七份刊物的原因，則是考量到它們的代表性與客觀性。筆者分別以《順天時報》、《大公報》、《盛京時報》、《申報》、《華字日報》與《叻報》等六份報紙，來代表北京、天津、瀋陽、上海租界、香港以及新加坡的輿論；而《東方雜誌》則是唯一的一份雜誌期刊。雖然出版地點也是在上海，而且雜誌內容有關事件的評論並不多，不過因為該雜誌裏提供有詳盡的國內外大事記，以及政府公告的法令條文等，對於掌握當時時事變化極有助益，是為筆者所以採納的原因。

《順天時報》是日本在北京所辦的第一份報紙，由於民初「國人所辦政論性報紙，格於報禁森嚴，動輒遭政府封禁迫害，能存在者或多所顧忌，或淪為政治的工具，不能代表真正的民意，發揮應有的功能。該報因有條約的保護，故能充分享有言論自由，遇事暢言，意無不盡。由是而普受群眾歡迎，逐漸擁有廣大的讀者。」〔註16〕加以該報自 1905 年起，即派通訊記者進駐上海、東京及其他中外要地，採訪緊要新聞、拍發專電，〔註17〕因此藉由此報，

〔註16〕吳文星，〈順天時報——日本在華宣傳機構研究之一〉，《國立台灣師範大學歷史學報》6（1978.5），頁 414。有關《順天時報》的立場偏向日本政府、明顯報導不公的問題，則是在 1919 年巴黎和會與五四運動之後。

〔註17〕同上，頁 415。

更能從中得知海外僑界對國內政治局勢的反應。

《大公報》則是天津的報紙，雖然在地緣上接近北京，輿論的代表性可能有與《順天時報》相重疊的情形，不過因爲內容多有內陸各省的專題報導，可補其不足之處；而且就報導的客觀性而言，也是值得肯定的，如1915年籌安會發起時，《大公報》對籌安會的報導，即得到《順天時報》的讚賞，而於該年8月24日第七版中，刊有一篇名爲「大公報之大公」的文章來公開讚揚之。由於《大公報》有這樣的性質，因此是筆者運用參考的原因。

《盛京時報》是在東北瀋陽的一份刊物，中興大學歷史學研究所學生吳素惠即以該報爲碩士論文做過研究，〔註18〕稱該報對袁世凱政府是相當支持的，不過當袁世凱暴露出稱帝野心後，該報的立場便又轉爲以討伐帝制爲主。由於《盛京時報》是當時少數報紙之一，又於東北刊行，有其代表性；雖在內容上有明顯的態度變化，不過從中亦可部份說明當時國人的普遍心態。

《申報》發行於上海租界，在報導上較不受北京政府的影響；而且由於居於經濟中心，可以從中看出當時商人對政治變化的態度。《申報》對於國內其他各省不唯有單獨的訊息報導，而且還經常將各單位的來函予以刊登，對於欲瞭解當時民間對政治的態度而言，參閱《申報》確實可以得到不少的眞實訊息。

《華字日報》因爲是香港租借地的刊物，在報導方面同樣較不受袁世凱政府的影響；而且在地緣上，處於南洋和僑鄉廣東之間，關於僑界的訊息不少，尤其在華僑募集公債、電請袁世凱爲總統，以及取消帝制方面的新聞，數量最多。

《叻報》是新加坡當地發行的報刊，也是筆者所引用的刊物中，另外一份海外僑界的報紙。然而就《叻報》內所刊載的新聞類別與數量而言，筆者認爲是以新加坡本地的報導最多；僑鄉閩、粵的份量居次；對整個祖國的報導則較少。在有關新加坡本地的報導中，多是一些社會新聞，且以華人犯罪的新聞爲最，對於欲研究新加坡華人社會現象者而言，相信會有很大的幫助。其次，在有關僑鄉的報導方面，《叻報》內闢有一版，專門刊載福建和廣東的新聞，不過在性質上也是以僑鄉的社會新聞爲多；有時雖刊有一些僑務方面的訊息，但多是關於華僑對暨南局廢立的反應態度。再者，在祖國訊息的報導方面，雖然這是《叻報》內容中刊載數量最少的部分，但是就筆者所整理

〔註18〕吳素惠，〈「盛京時報」之研究〉（台中：中興大學歷史研究所碩士論文，1995）。

1912 至 1916 年的相關報導，亦有數百筆之多，尤其是在籌安會成立後，針對帝制的批評論述部分。《叻報》在當時還闢有專欄討論國體問題，並且登載各省對袁政府有關變更國體的覆電，足見袁世凱稱帝的問題影響及於海外，而僑界刊物對於國內的政治問題也是密切關注著。

以上這些刊物，在台灣各圖書館的典藏情形，除了《叻報》、《華字日報》、《順天時報》皆是以微卷的形式製作外，其餘皆有複印本可供查閱。至於製成微卷的三份報刊，中研院郭廷以圖書館皆有收藏；而政大社資中心則亦存有《華字日報》、《順天時報》二報。

在政府公報的運用方面，本文將參考《臨時政府公報》、北洋《政府公報》與《洪憲公報》。由於袁世凱政府的施政措施，包括對於海外華僑的政策都收錄在公報當中，因此藉由該二份公報的參閱，即是瞭解袁世凱政府作為的最佳管道。

各國華僑史部分，筆者將參考大陸方面出版，如楊國標等著《美國華僑史》、羅晃潮之《日本華僑史》、林遠輝、張應龍的《新加坡馬來西亞華僑史》、黃昆章之《澳大利亞華僑華人史》、黃滋生等之《菲律賓華僑史》、李學民、黃昆章之《印尼華僑史》，以及澳洲學者楊進發之《新金山——澳大利亞華人1901-1921 年》、美國學者麥禮謙之《從華僑到華人——二十世紀美國華人社會發展史》。〔註19〕從這些各國華僑史當中，可以反映各地華僑在袁世凱統治時期的立場態度，不過由於這些著作大多著重在敘述華僑於討袁時的貢獻，而且著墨不多，因此仍需要靠其他的資料來補充，方能完整、客觀地說明此一現象。

上述之研究資料外，筆者亦擬將一些與本文相關之研究理論略加敘述，或能透過不同領域的思考，而對本文的撰述有所助益。首先，是有關海外華

〔註19〕楊國標、劉漢標、楊安堯，《美國華僑史》（廣州：廣東高等教育出版社，1989）；羅晃潮，《日本華僑史》（廣州：廣東高等教育出版社，1994）；林遠輝、張應龍，《新加坡馬來西亞華僑史》（廣州：廣東高等教育出版社，1991）；黃昆章，《澳大利亞華僑華人史》（廣州：廣東高等教育出版社，1998）；黃滋生、何思兵，《菲律賓華僑史》（廣州：廣東高等教育出版社，1987）；李學民、黃昆章，《印尼華僑史》（廣州：廣東高等教育出版社，1987）；楊進發著，姚楠、陳立貴譯，《新金山——澳大利亞華人 1901～1921 年》（上海：上海譯文出版社，1988）；麥禮謙，《從華僑到華人——二十世紀美國華人社會發展史》（香港：三聯書店，1992）。另外，台灣出版的各國《華僑志》，由於內容多敘述辛亥革命或對日抗戰時期的情形，討袁部分付之闕如，故筆者將不擬參考。

僑的移民類型問題。在本文之討論中最常論述到的，就是華商與一般華僑、華工等在參與革命運動時，認知與態度上的不同。而王賡武曾經依時間順序，將其分類爲：華商型、華工型，華僑型、華裔或再移民型四種。華裔或再移民型是最新近的移民類型，並不在本文的論述範圍內；而華工型，作者則稱是過渡性的，因此其曾就華僑型與華商型的關係解釋說：

> 華僑型對傳統的華商類型所起的作用至少表現爲兩種方式：這種類型最優先考慮的是愛國主義，和將民族主義觀念傳輸給所有的海外華人。儘管這種民族主義觀本身是現代的，但它也部分地重新恢復了民族傳統的輕商觀念，從而貶低了華商的地位。它重新樹立了政治信仰和品德重於商業成就和財富的觀念。華商不再被看成是促進變革和現代化的力量，而是被看成僅是維新和革命事業的可貴資助者，是現代學校和那些作爲社會和政治改革先鋒的政治組織的財政支持者而已。〔註20〕

該文探討的時間斷限至 1950 年代爲止，因此包含本文所討論的袁世凱統治時期在內，海外華商的地位是否因爲華僑之影響而貶低的問題，筆者對此是持保留的態度；然華商被看成是維新和革命事業的可貴資助者、是社會和政治改革先鋒的政治組織的財政支持者一事，筆者則相當贊同。

其次，有關革命運動的起因方面，Chalmers Johnson 曾經分析說：

> 失去均衡的社會體系的另一個特徵是，當社會體系的一些成員開始接受舊價值結構的意識形態的替代物時，社會有破裂成極化利益集團的傾向。……在不均衡狀態中，由於價值結構的穩定作用受到損害，地位的抗議可能會在整個社會體系中發展起來，甚至在大多數地位沒有直接受到初步變化原因的影響時也是如此。那就是說，當價值結構和勞動分工逐漸不同步時，（爲所有從屬地位所固有的）改變現狀的潛在利益會自趨明顯。這種現象不會立即發生。社會體系中阻礙這種現象的主要機制是多重角色扮演，一個人通常扮演多個角色……而且在均衡狀態中，一個角色和另一個角色的利益相互抵銷，從而使這個行爲者所處地位的全部利益模稜兩可。……在社會體系失去均衡時，多重角色扮演繼續阻止革命的立即發生或社會體

〔註20〕 王賡武，〈華人移民類型的歷史剖析〉，《中國與海外華人》（台北：臺灣商務印書館，1994），頁 13。

系的立即崩潰，但其作用不大。社會體系的不均衡日益嚴重時，各
種地位的人都會經歷個人間的緊張關係。有些人可能憑藉內部的心
理防禦機制來控制這些緊張關係，而其他人則靠異常行為來達到同
樣目的。然而，隨著時間的消逝，這些機制逐步失去功效，進行著
極不相同的地位抗議的人開始相互結合，並普遍與異常的人結合，
以形成異常的次文化群體或運動。……克服多重角色扮演的影響並
導致裂痕擴大的動態因素是意識形態。沒有意識形態，像違法集團、
宗教派別和狹隘愛國主義協會等異常的次文化群體就不會組成聯
盟，……然而，一旦顯露出潛在利益的人發展了一種意識形態，社
會往往極化成兩個群體：從維護現狀中獲益的群體，和具有改變現
狀的意識形態的群體。〔註21〕

作者從價值結構與意識形態來解釋革命團體的組成，也從多重角色扮演的角
度來談革命運動的可能發展，筆者以為皆可接受參考之。固然此番理論乃作
者主要從研究西方革命運動當中歸結而來，不全然適合於我國之辛亥革命或
討袁運動，但對於清末的改革派、革命派與民初的進步黨、中華革命黨之組
成以及其態度的轉變過程，應亦可從這些論述中來予以理解。

　　再者，則是有關執政者與人民心態之問題。這方面，孫哲在《獨裁政治
學》一書中，對於執政者的心理則說：

自霍布斯以來人們一直把權力慾看成是人類行為的基本能力。獨裁
統治者便是迷戀於權力的勝利並視之為力量象徵的人。……從心理
意義上講，對權力的貪婪不是起源於力量，而是根植於虛弱。權力
可以自動喚起人的愛慕、欽佩和心甘情願的服從，無論是對個人或
某一社會組織都是如此。權力使人著迷，並非因為某一特定權力本
身有什麼價值，只是因為它是權力而已。沒有權的人或組織機構自
然而然地產生某種屈辱感。人們正是發現自己沒有權力才想去攻
擊、支配他人，或者自甘墮落。這種思想的共性在於確信人的生活
是由人本身、情趣、意願以外的力量決定的，只有服從這些力量才
能有幸福。〔註22〕

〔註21〕 Chalmers Johnson 著，郭基譯，《革命：理論與實踐》（台北：時報出版社，1997），
　　　　 頁 82～83。
〔註22〕 孫哲，《獨裁政治學》（台北：揚智出版社，1995），頁 159。

有關「對權力的貪婪不是起源於力量，而是根植於虛弱」的說法，筆者以為或可參考以解釋袁世凱的當政與推行帝制；至於沒有權的人會產生某種屈辱感，以致想去攻擊、支配他人或自甘墮落的說法，筆者則持保留的態度，不過這樣的論述或許可以因此激發我們去找尋原始史料，以更清楚地呈現出歷史的真相。另外，作者還就人民的心態提出概念，當中甚有意思的即是「回歸權威」的說法。作者稱：

> 凡有重大危機時，社會中大多數人的衝動是找到一種「權威」並服從它。在這種時候，他們常常感到政治是困難的，他們最好還是追隨某個領袖。他們的這種感覺有時是本能、無意識的，……然而從某種意義上說，人一旦放棄自己個性的完整性和自由性，的確可以從自己依傍而入的權力中，分享新的安全與傲慢，還可以保護自己免受疑慮的折磨。〔註23〕

許多群眾的現象，有時是無法用史料來證明其心態或想法的，而研究者對此只能夠按常理，用推測的方式予以說明。上述回歸權威的說法，也是作者對人民心態的一種推測，而筆者以為這種推測說法是合理的，對於理解本文中有關華商所以支持當政者的現象，亦會有所幫助。

筆者舉出上述這些理論的用意，並非要套用在討袁運動中，來驗證上述理論的正確性與否？也不是要將討袁運動的發展與其中華僑之表現，硬是套上這些理論，以呼應本文的陳述。參考不同領域學者的說法，有時他山之石，常可因此攻錯。歷史學的研究雖較少運用理論與模式，因為歷史事件的異質性常是遠大於其同質性，然以此作為另類之反向思考，對於寫作思慮的周全性而言，相信亦會有所助益。

上述的理論以及報刊、公報等史料，都是本文寫作時將援引參考的重要資料。由於護國軍與進步黨方面較少有華僑參與資料的發現，因此在論述上，除了引用報紙的報導外，將不免僅從中華革命黨的史料中來推論、探討，此為本文在寫作上較無法避免的一個缺陷。然從另一方面而言，筆者以上述這些資料作為寫作之基礎，亦是一種較為可行的方式，希望本文之完成，能對該段歷史事實的瞭解有所助益，也能較為客觀來看待有關華僑對祖國貢獻的問題。

〔註23〕同上，頁165。

第一章　二次革命前華僑與祖國之關係

第一節　清末至二次革命前的中國政局

清末以來以至二次革命發生前，中國內政、外交事務繁多，為了扣緊本文論述之主題，在本節中將只著重在敘述康、梁維新派與孫中山革命派的發展；民國成立後國內黨派間之關係；以及袁世凱擔任大總統後之國內局勢等，以作為次兩節論述之背景。其他事務在本節中將不予敘述。

1889 年，光緒帝開始親政，對於朝政雖思有所作為，然慈禧太后仍大權在握，對光緒之行事頗為掣肘，二者之間逐漸存有嫌隙。〔註1〕1895 年，光緒革退接近慈禧的軍機大臣孫毓汶、徐用儀；慈禧也免職了擁護光緒的總署大臣汪鳴鑾、長麟，並於次年罷黜帝師翁同龢。〔註2〕帝黨與后黨之間的爭奪，已是明爭、而非暗鬥；兩黨的不合，在朝廷上也已是公開的事實。由於朝中大臣多支持握有實權的慈禧，帝黨只有光緒帝一個空名，勢力孤危，於是不得不引用新人以為自重，而這便是光緒帝與康有為等人接近，發起「戊戌變法」運動的由來。〔註3〕

〔註 1〕 光緒之兩名寵妃（瑾妃與珍妃）因欲仿慈禧賣官鬻爵，獵取錢財，結果不但遭慈禧革去名號降為貴人，且脫衣毒打，予以幽禁。光緒自知無力保護兩位寵妃，精神頗受打擊，因此與慈禧間的感情乃日趨惡化。一般朝廷大臣與疆吏看在眼裏，便隱然有支持光緒或慈禧的「帝黨」、「后黨」之分。參考左舜生，《中國近代史四講》（香港：友聯出版社，1962），頁 84。
〔註 2〕 郭廷以，《近代中國史綱》（上冊）（台北：曉園出版社，1994），頁 363。
〔註 3〕 左舜生，《中國近代史四講》（香港：友聯出版社，1962），頁 84。

　　1895 年，李鴻章率代表赴日簽訂馬關條約時，康有爲與梁啓超二位師徒正於北京參加會試。康因得知條約內容，乃令梁啓超發動廣東留京舉人一百九十人上書拒絕和議，後又聯合各省應試學人共十八省六百零三人聯名上書請願。康等除了堅決反對簽訂馬關條約外，其主要要求有四：（1）下詔鼓天下之氣；（2）遷都定天下之本；（3）練兵強天下之勢；（4）變法成天下之治。此即著名之「公車上書」。〔註 4〕這次「公車上書」的內容，光緒帝並未能看見，不過因其流傳甚廣，上海且有《公車上書記》的印行，對於人心鼓舞、士氣振作，頗有作用；加上康有爲考中第八名進士，也提高了康等人的社會地位。〔註 5〕

　　「公車上書」事件後，康有爲仍繼續上書光緒帝，另一方面，則創辦《萬國公報》與組織「強學會」，以宣傳維新改革的主張。《萬國公報》於 1895 年8 月 17 日在北京創刊，內容主要介紹西方各國的地理、兵制、商務、鐵路、礦務、學校、農學、農事等，著重向昧於外情的京城官紳宣傳新事物，以開風氣、開官智，進而爲維新變法製造輿論。後來《萬國公報》因與上海《萬國公報》同名，便於該年 12 月 16 日起改名爲《中外紀聞》，日後也成爲北京強學會的機關報。〔註 6〕「強學會」首先於 1895 年 10 月在上海成立，而北京強學會則成立於 11 月。康有爲於上海成立強學會，除了因上海是南北之匯，有利於擴大維新聲勢外；兩江總督張之洞對變法改革的支持態度，也是重要原因之一。〔註 7〕刊物方面，上海的強學會發行有《強學報》；北京強學會則附設強學書局，刊行上述之《中外紀聞》，形成南北呼應之勢。〔註 8〕

　　1897 年，隨著德國強佔膠州灣後，各國瓜分中國之舉日益急迫，國家危亡的呼聲遂使得維新變法運動也隨之高漲。1898 年，康有爲第五次上書光緒帝，意見書終獲光緒察見。光緒受其帝師翁同龢的影響，希望能施行變法以保大清國勢，加以翁對康有爲頗爲垂青，認爲要變法就要聯合改良派，因此康有爲遂進入宮中，戊戌變法也於焉展開。〔註 9〕戊戌變法的內容，在政治方

〔註 4〕　同上，頁 95；湯志鈞，《康有爲傳》（台北：臺灣商務印書館，1997），頁 95。
〔註 5〕　左舜生，《中國近代史四講》，頁 97。
〔註 6〕　徐松榮，《維新派與近代報刊》（太原：山西古籍出版社，1998）頁 60～62。
〔註 7〕　湯志鈞，《康有爲傳》，頁 125～126。
〔註 8〕　李創農，《中國近百年政治史》（台北：臺灣商務印書館，1992），頁 181；徐松榮，《維新派與近代報刊》，頁 62～63。
〔註 9〕　湯志鈞，《康有爲傳》，頁 163～164，191～192。

面，主張創辦報紙及裁撤通政司、光祿寺等衙門及部分地方巡撫，使中央及地方行政機構漸趨簡化；財經方面，令各省設商務局，並築路、開礦，整理財政；教育文化方面，主張廢八股、改革科舉制度，改書院爲學堂，重視翻譯、醫學、農業等；軍事方面則主張設京師武備大學堂、軍隊改練洋操、添造兵輪和培養海軍人才等。〔註10〕變法的內容雖佳，但因康的學說襲瀆儒家經典，引起大部分經生文人之眾怒；加以變法牽涉諸多人的利益，間接打破一些人的飯碗，〔註11〕變法只維持了一百零三天即告失敗，歷史上也因此稱之爲「百日維新」。

戊戌變法失敗，光緒被慈禧幽禁於南海瀛台，而維新派人士張蔭桓被發派戍邊、徐致靖遭永禁，其他譚嗣同、楊銳、林旭、康廣仁、劉光第、楊深秀等六人則遭處死，史稱「戊戌六君子」。康、梁二人在這場政變中，由於即時逃脫，得幸免於難。二人逃至海外後，即在僑界發展組織「保皇會」（又稱「保皇黨」），〔註12〕因其挾光緒帝衣帶詔之名義，因此聲勢盛極一時。而此時同樣在海外運動的另一個團體，即是孫中山的革命黨勢力。二派都在海外尋求僑民的支持，遂使得僑界因爲政治之因素，產生分派對抗的情形。有關此部分，將在第二節中加以敘述。

甲午戰爭失敗後，也正是孫中山革命活動開始運作之時。自從1894年孫中山於檀香山成立興中會之後，革命起義的活動就陸續在國內發起。興中會期間，在國內一共發起兩次革命運動：1895年的廣州之役與1900年的惠州起義。對於興中會的組織與活動，唐德剛評論稱：

> 興中會在革命理論上和行動上，都是有欠成熟的。要言之，他們在政治理論和形式上是完全抄襲美國。甚至連美國佬做官就職時，捧著《聖經》舉手發誓那一套洋皮毛，也照搬無訛。這原是一個「弱勢文化」在一個「強勢文化」的籠罩之下，反應在青年身上，「東施效顰」的普遍現象。⋯⋯再者，他們所採取的革命行動，卻又是百

〔註10〕左舜生，《中國近代史四講》，頁151～154。

〔註11〕李劍農，《中國近百年政治史》，頁187～189。

〔註12〕保皇會乃康有爲在1899年於加拿大所創（Chinese Empire Reform Association, 意即中華帝國維新會），抱持「非保聖主（光緒帝），不能保中國」的主張。1906年清廷下詔預備立憲後，康等人爲講求憲法、更求進步，乃改保皇會爲國民憲政會，不過卻用帝國憲政黨或帝國憲政會的名稱，至1907年才正式改名。

分之百的傳統「造反」方式；有時甚至是「恐怖主義」（terrorism）。例如孫中山在他所策畫的「十大起義」中第一次的「廣州起義」（一八九五年十月二十六日），中山自己的計畫，便是在武裝攻打督署之外，「四處放火」、「施放炸彈、以壯聲勢」。而他們那時的革命群眾則全靠「會黨」。會黨雖是從反清復明開始的，但發展至清末已經變了質；甚至變成橫行「地下」的黑社會，爲正當人士所不取，而興中會諸公卻以他們爲主力，因此就沒有眞正的革命群眾和「倚靠的階級」了。〔註13〕

　　1905 年，同盟會成立，又陸續發動了八次革命起義運動。而該時期的活動策略與性質，則與興中會時期大同小異。張玉法在《清季的革命團體》一書中稱：

> 革命戰術，則分暗殺與起事二途。起事的戰術大體是傳統的，需要有利的客觀環境和高度的組織力來配合，而金錢的籌集、武器的購買與運輸，尤爲先決條件。如非利用原有的秘密社會和突發的反抗情緒（如抗捐等），很難在清廷嚴密的監視和貪利之徒的自動舉發下，從容布置。暗殺戰術的應用雖源於俠客，大部是受西方虛無主義（包括俄國的民粹主義和歐美的無政府主義）的影響，……此種戰術雖非疆場決勝，然以目標單純，易於保密，費用無多，成功的機會較大。暗殺可用於阻嚇，用於宣傳，當起事一時未能發動時，作革命的火花，實與起事有相長相成之效。〔註14〕

張玉法將革命黨所以利用會黨等秘密組織的原因做了解釋，而當中也透露出革命黨在起義的過程中多用暗殺之手法，這除了造成清廷官員的恐慌外，革命黨人所自認懷抱的「俠客」心態亦有影響。

　　革命黨領導發動的革命運動，在 1911 年辛亥革命成功、建立民國後，終告一段落。然而民國建立，國內氣象雖然一新，但是政治上卻仍存在著諸多問題與爭端，這包括袁世凱的就任臨時大總統、國會的紛爭以及宋教仁被刺等，茲將民國初年政局敘述如下：

> 辛亥革命成功後，孫中山被選爲臨時大總統，1912 年 1 月 1 日於南京就

〔註13〕 唐德剛，《晚清七十年（五）：袁世凱、孫文與辛亥革命》（台北：遠流出版社，1998），頁 187～188。

〔註14〕 張玉法，《清季的革命團體》（台北：中央研究院近代史研究所，1982），頁 419。

職，是為南京臨時政府。然當時的混合內閣尚不健全，各省都督又不盡聽命於中央，加以清室尚未退位，孫中山之行事頗見困難。因此，孫對內主張將總統讓予袁世凱，假袁之手，推翻滿清，以早日實現共和。〔註15〕孫對袁擔任總統的條件，一是清廷必須退位；二是新任總統必須到南京來就職；三則要新任總統遵守臨時約法。清廷退位問題，於1912年2月12日，已由隆裕太后頒布宣統皇帝辭位懿旨，宣佈退位。新總統到南京就職的條件，原是孫欲袁離開其在北京的根據地，擺脫使館區的特殊勢力。然袁對於南北成見甚深，更不願置身在革命黨控制下的南京，遂藉口北方秩序不易維持，軍旅須加部署，且東三省人心未盡一致，推拖不肯南下。2月29日，北京發生兵變，天津、保定等地接連而起，各國公使皆調兵前來京津。黎元洪乃電請早定國都，成立政府，以杜外人干涉，更主張不宜捨北而南；段祺瑞與馮國璋也力言政府須設在北京，袁不能赴南京受任；蔡元培亦說兵變後外人極為激昂，若再有兵變發生，外人將自由行動，因此必須速建統一政府於北京。於是袁乃在北京就任臨時大總統，而南京臨時政府亦告結束。再者，憲法制定以前，國內先制定臨時約法，以為過度時期所需。臨時約法對於國會的權力盡量提高，對於總統的權力則多方限制，性質上與內閣制相近。革命黨以為既以總統一職讓袁，乃希望自己仍能組織內閣，捨名取實；而袁亦知道臨時約法乃是同盟會為他而設，遂不甘於俯首聽命。日後雙方的衝突，實由此而起。〔註16〕

　　民國建立之初，國內政黨紛亂龐雜，許多投機人士為求進身，紛紛登記入黨。1912年8月，同盟會結合統一共和黨等組成國民黨後，在當時政壇中勢力頗盛，不少人士即因此爭相加入，視政黨為勢利團體。〔註17〕然而國民黨之中的同盟會一派，因為挾建立民國之功，表現出不可一世的態度，對待黨中其他各派同志，也是一副盛氣凌人的姿態。當時報紙即注意到國民黨內部的不合情形：

　　　　京師某報云：國民黨自成立以來，本係六團合併。表面上勢力頗為
　　　　澎漲，然黨人大權純入於同盟會之手。各黨中除統一共和黨尚有數
　　　　人可以發言外，其餘各團體在黨中不過隨班逐隊靜聽同盟會指揮而

〔註15〕郭廷以，《近代中國史綱》（下冊）（台北：曉園出版社，1994），頁474～475。
〔註16〕同上，頁478～482。
〔註17〕張玉法，《中國現代政治史論》（台北：東華書局，1995），頁56。

已。……一切執事人員，同盟會一黨已居十之八九，則各黨中人心之不平，自屬意中之事。此未來之暗潮一也。……自合併後，各團體在黨中之資格，又若在同盟會新進會員之下。除掛名黨籍外，無一事可做。同盟會對於各團體其一種盛氣凌人之概，實有與人以難堪者。因之，各團體中在本黨向有權勢者，自合併後反盡失其權勢。人人心理中時存一黨勢，雖加擴充，不過爲他人作牛馬，於己毫無益處，反不若昔時在本黨中能以自由行動。此種議論外間時有所聞，此未來之暗潮二也。……〔註18〕

由於國民黨內部不合問題頗爲嚴重，加上新加入黨員多爲逐利而來，日後便容易被袁世凱從中利誘、分化。1912～1913 年間，國內依法選舉眾議員與參議員，選舉結果國民黨大勝，佔有議會之優勢。（參見表一）彭懷恩對此現象指稱：同盟會犧牲或妥協原有的政治理念，合併其他政黨與人士，在選舉中一舉掌握多數席次，如此作法雖符合民主政治的運作原則，但是其弊害則是使得政僚政客充斥黨內，原有的革命理想與主義皆因此而完全喪失。〔註19〕彭的見解可謂切中要害，是以個人私利重於黨的利益，國民黨能在國會中發揮的影響力，也將大打折扣了。

表一：

議院 \ 黨派		國民黨	共和黨	民主黨	統一黨	跨黨派	無黨籍	總計
眾議院	票數	269	120	16	18	147	26	596
	百分比	45.1%	20.1%	2.7%	3.0%	24.7%	4.4%	100%
參議院	票數	123	55	8	6	38	44	274
	百分比	44.9%	20.0%	3%	2.2%	13.9%	16.0%	100%
總計	票數	392	175	24	24	185	70	870
	百分比	45.0%	20.1%	2.8%	2.8%	21.3%	8.0%	100%

※本表數據引自張玉法，《中國現代政治史論》，頁 68。其中眾議院與參議院之百分比，爲筆者所加。

〔註18〕〈國民黨未來暗潮〉，《申報》，1912 年 10 月 17 日，第 2、3 版。
〔註19〕彭懷恩，《民國初年的政黨政治──政治發展角度的觀察》（台北：洞察出版社，1989），頁 65～66。

　　1913 年 1 月，袁世凱發布國會召集令，限當選議員於三個月內齊集北京。該年三月，國民黨領袖宋教仁等乘議員北上之便，召集同黨議員共商大政方針於上海，並且發布〈國民黨大政見〉一文，主張採責任內閣制，國務總理由眾議院推選，省行政長官則由民選制漸進於委任制。〔註 20〕宋並在南京攻擊袁政府，稱中華民國的基礎極為動搖，都是現在之惡政府所為；主張正式國會成立後，內閣應由政黨組成，憲法由國會自訂地方與中央分權，取消腐敗政府，國務總理由國會選舉，不必由總統提出與任命，使政府成為國會政府。面對宋教仁這樣的露骨批評，袁世凱與國務總理趙秉鈞自是難以忍受。〔註 21〕然就選舉結果而言，國民黨既佔有國會優勢，不但有組織政黨內閣的可能，而且因總統由兩院聯合選舉，更有可能進一步問鼎總統一職。袁世凱考量若宋教仁之主張得以實現，其即可能喪失政治權力，為此遂遣人於 3 月 20 日刺殺宋教仁於上海車站，並收買國民黨籍議員，使其自國民黨中分化出來，削減國民黨勢力。另一方面，則運作共和、民主、統一三黨，於 5 月合併組成進步黨，在國會中抵制國民黨。〔註 22〕

　　國民黨在袁的分化下，陸續有黨員另組小黨，分別為：相友會（劉揆一等，計二、三十名）、政友會（山西籍議員景耀月等，計六、七十名）、集益社（廣東籍朱兆莘等，共二十餘名）、癸丑同志會（湖南籍議員陳家鼎等，有會員十餘人）以及超然社（湖南籍議員郭人漳等，會員三十餘人）等五個政團。〔註 23〕國民黨員的出走另組政治團體，雖有袁世凱的收買、誘惑促成之，但國民黨內部的不統一也是主因。先是宋教仁在遇害之後，國民黨其餘的領袖並未能赴北京領導主持，國民黨非但不能聯絡他黨，內部意見亦不一致；再者，黨魁在上海的主張，又常與北京本部相左，孰是孰非，遂令黨員無所適從。〔註 24〕反觀同樣是合併後的進步黨，由於接受袁政府的資助，加上人數與分化後的國民黨不相上下，在國會中便常與國民黨相互抗爭。〔註 25〕

　　清末逃至海外的保皇黨領袖梁啓超，於 1912 年 10 月回到國內，受到袁世凱與各黨派、議員、記者的歡迎。當時梁啓超即有聯合保守派政黨，以與

〔註 20〕 張玉法，《中華民國史稿》（台北：聯經出版社，1998），頁 66。
〔註 21〕 郭廷以，《近代中國史綱》（下冊），頁 490。
〔註 22〕 張玉法，《中華民國史稿》，頁 66；張玉法，《中國現代政治史論》，頁 68～69。
〔註 23〕 李守孔，《民初之國會》（台北：正中書局，1992），頁 211～212。
〔註 24〕 鄒魯，《澄廬文選》，轉引自張玉法，《民國初年的政黨》，頁 310。
〔註 25〕 張玉法，《中國現代政治史論》，頁 69。

國民黨相抗衡的想法。於是梁不僅是民主黨的重要人物，而且在次年 2 月，更加入共和黨。5 月，進步黨成立，梁啓超成爲該黨的實際領導人物，梁的政黨主張以及關於國權主義的理論，都被奉爲進步黨的政綱與大政方針。〔註 26〕袁世凱對於梁啓超早有合作的考量，梁回國後，袁不但每個月餽贈三千元予梁，還積極協助梁籌組大黨，聲稱若黨組成後，袁即助其二十萬元。〔註 27〕後來進步黨成立了，在國會當中果眞成爲國民黨的一大反對勢力，然而袁也因藉由該黨之助，逐漸走上了獨裁之路。

民國初年的議會中，國民與進步兩黨爭論的問題主要有宋教仁案（簡稱「宋案」）、大借款案，以及中俄協約案。〔註 28〕宋教仁被殺之案情於 1913 年 4 月公佈後，事涉內務總長趙秉鈞與大總統袁世凱，進步黨乃主張訴諸法律解決，而國民黨內部則有黃興等人主張訴諸法律及孫中山等人主張興兵討袁之不同。同樣於該年 4 月與英、法、德、日、俄五國銀行團簽訂的二千五百萬大借款，因爲未經國會事先同意，國民黨認爲不能同意而提出彈劾；但進步黨則以借款不易，主張承認借款，惟應以改組內閣來擔負措施失當之責。中俄協約簽訂於 1913 年 5 月，主要目的在使外蒙古與中國脫離關係。國民黨對此主張不能承認；而進步黨則認爲外蒙古事實已與中國脫離關係，協約可以承認。〔註 29〕同時兩黨對於國家主權也有不同的看法。國民黨主張議會政治，國家主權應由議會來行使；而進步黨則主張權在國家，應由總統代表國家主

〔註 26〕楊克己編，《民國康長素先生有爲梁任公先生啓超師生合譜》（台北：臺灣商務印書館，1987），頁 306～307；李喜所、元青，《梁啓超傳》（北京：人民出版社，1995），頁 313～315。

〔註 27〕楊家駱主編，《梁任公先生年譜長編初稿》中冊（台北：世界書局，1958），頁 407，411～412。梁覺二十萬元不足，尚擬要求袁增至五十萬元。

〔註 28〕俄國垂涎外蒙由來已久，日俄戰爭後，因俄在滿洲之擴張被阻，日本又承認它在外蒙的特殊利益，於是俄對該地窺伺愈力，清政府不得不變更以往之消極政策，允許漢人出邊開墾，漢蒙通婚。武昌革命後，蒙古活佛宣布獨立，俄繼之要求中國不在外蒙駐兵、不殖民、不干涉內政，如有改革，須得俄國同意。袁世凱就任大總統後，分勸外蒙與俄取消獨立，然俄考量外蒙勢力薄弱，如果獨立，將成爲俄國之負擔；如果坐視不管，則中國對外蒙之統治勢力必將加強，因此最好能使外蒙自治，由俄獨佔經濟權益。經過長時間交涉後，1913 年 5 月，中、俄議定解決蒙事條文六款；11 月，中、俄換文，俄國承認中國在外蒙的宗主權，中國承認外蒙的自治權，不駐兵、不設官、不殖民，僅可任命大員及專員，分駐庫倫等地，其他問題另行協商，是爲中俄協約案。參考郭廷以，《近代中國史綱》（下冊），頁 498～499。

〔註 29〕同上。

權，並主張中央集權，擴大元首權力。由於兩黨分別有反袁與擁袁政府的不同態度，因此在國會內外，兩黨皆處於對抗的狀態。〔註30〕

　　宋案發生後，誠如上述，國民黨內部對於如何處理袁世凱問題，意見並不一致，有著激進和緩進之看法。以當時情勢與軍力衡量，國民黨實不足以與袁相對抗，以是當時報紙報導有國民黨重要人物尋求對袁讓步之舉動：

　　　　國民黨對於日前大問題，其態度至為曖昧。自宋案發生，一部分人
　　　　激於感情用事，對於中央時表露一種反抗論調。數旬以來，風聲鶴
　　　　唳，一日數驚，聞國民黨中重要人物日前致電北上。國民黨重要人
　　　　物將大政方針決定：
　　　　（一）舉袁項城為總統。（筆者按：河南項城為袁世凱祖籍，此處代
　　　　指袁氏。而袁原為擔任中華民國臨時大總統一職，今所指乃是正式
　　　　大總統。）
　　　　（二）實行政黨內閣。
　　　　（三）宋案和平了結。
　　　　對於袁項城如此之讓步者，其原因有三：（一）擬以總統交換政黨內
　　　　閣；（二）因實力不能與項城相抗；（三）因武昌之事有所畏懼，讓
　　　　步實出於不得已也。又聞尚有秘密消息數端，其為人所傳出者只（兵
　　　　力不足只可平和處置）數字而已。〔註31〕

可見當時國民黨內部對於討袁之舉，並不是那麼地全然贊成。後來隨著袁與五國簽訂二千五百萬鎊的善後大借款，而國民黨三都督又相繼被袁所罷免，〔註32〕國民黨才決心起兵討袁，是為二次革命。

　　從康、梁逃至海外發展，組織保皇黨以來，海外僑界就有著保皇與革命兩黨的活動。兩派對於華僑力量無不極力拉攏，以壯大自己的聲勢，確實使得僑界因支持不同的對象，在政治立場上造成分歧。民國成立後，原任臨時大總統的孫中山因迫於情勢，難有作為，不得不將職位讓予袁世凱，以達推翻滿清、實現共和之目的；同時，國民黨挾建立民國之功、盛氣凌人，雖然在參、眾議員選舉中獲得大勝，佔有議會之優勢，但因當中不乏投機人士，該黨遂又為袁世凱所收買、分化；而袁並因此主導成立了進步黨，在國會中

〔註30〕張玉法，《民國初年的政黨》（台北：中央研究院近代史研究所，1985），頁308。
〔註31〕〈國民黨最近之方針〉，《盛京時報》，1913年4月29日，第3版。
〔註32〕三都督為江西都督李烈鈞、廣東都督胡漢民和安徽都督柏文蔚。

與國民黨相對抗。國民黨與袁世凱政府的抗衡，隨著宋教仁之被暗殺與袁政府之簽訂大借款等因，國民黨最終乃發動二次革命討袁，而雙方關係至此遂公然決裂，討袁失敗的國民黨員也因被通緝而逃往海外。是以國內局勢如此發展，影響所及，海外僑界的立場便又產生了變化。

第二節　僑界長期的分裂——清末以來華僑對祖國的態度

清朝末年，原有的海禁政策逐漸廢止之後，昔日視華僑「出國會通盜爲匪」、是「漢奸、邊蠹」的觀念，也隨之漸漸改變。〔註33〕朝野在認識到可以利用華僑的經濟力量來振興商務與鞏固國防後，便開始了保護華僑的措施。〔註34〕而海外康、梁的保皇黨（維新派）以及孫中山的革命派，亦紛紛藉由華僑的支持，來實現其政治目的，因此海外僑界從戊戌政變後，對於國內政治態度即呈現分裂的局面。〔註35〕有關這段期間華僑對祖國政治之態度，筆者將從清政府、保皇派與革命派三方面來著筆，茲分別敘述如下：

一、華僑與清政府

清末洋務運動興起，國家政策著重在求富求強。當朝野有識之士見到海外華人的經濟力量可以借用來振興商務、經略國防，而華人又對清廷表示向心後，清政府乃改變其對華僑之政策。〔註36〕清政府的華僑政策可從設立領事館、保護歸國華僑、籌建海外總商會、注重華僑教育、遣使訪問僑界、向華僑捐官和鼓勵投資等方面看出來。首先，清政府分別在新加坡、美國、秘魯、古巴、墨西哥等處設有領事館，各處領事館的設立過程中，雖遭遇到困難不一的阻礙，但皆能發揮其處理僑務之功能。如新加坡領事館除了護僑、

〔註33〕莊國土，《中國封建政府的華僑政策》（廈門：廈門大學出版社，1989），頁99～105。

〔註34〕同上，頁138～144。

〔註35〕由於華僑在海外數代的發展，部分僑民已有落地生根、歸籍當地的現象，政治認同的對象，也轉爲以當地國爲主。是以清政府、保皇黨與革命派在海外的活動，非但引不起這些華人的興趣，也對其發揮不了大作用。因此本文將著重在討論那些仍關心祖國、參與祖國事務的華僑，上述已歸屬當地國籍的華人或華裔，將非本文所探討的主要對象。

〔註36〕莊國土，《中國封建政府的華僑政策》，頁143～144。

爭取僑民對祖國的支持外，也兼有監視和打擊海外反清分子活動的作用；而美國、秘魯、古巴與墨西哥等處領事館除上述功能外，因華工問題頗多，也兼有保護華工、處理華工交涉案之責。〔註37〕保護歸國僑民的政策，最早是由黃遵憲等人提出的。黃遵憲由於曾擔任駐倫敦公使參贊和駐新加坡總領事，對於華僑遭遇的問題認識頗深，加上私下與僑民交談的經驗，得知其不願回國的主要原因，乃是擔心受到土豪劣紳的敲詐勒索和貪官污吏的迫害。為了使僑民能與祖國發展密切關係，黃乃發起保護歸國僑民的政策，而當時這樣的主張，曾使得東南亞一帶的僑民相當地興奮。〔註38〕1899 年，清政府終於在廈門成立了保護回國華僑的「保商局」，專門用以保護籍隸漳、泉兩地的歸僑。雖然這個機構後來因為官員貪污等而告失敗，然而於此可見清政府在對僑民政策上，著實有了與昔日完全不同的態度。〔註39〕

　　清政府對設立總商會一事，主要採取兩種作法：一、將原本已成立且凌駕各幫派、社團組織之上的商務局，改稱為中華總商會，並修改原來章程，使其符合商部的商會章程規定；二、在缺乏統一的華人社團地方，則設立中華總商會，以協調、統一華人社會。因此海外各地，幾乎都有清政府所設立之總商會機構。雖然總商會是商業之性質，但是其作用則是成為領事館的外圍機構、代表華人社會對外交涉；協調華人社會內部衝突紛爭；協助清政府對抗海外反清之活動；組織社團活動；〔註40〕以及將僑民和祖國經濟扣緊關係，藉由僑民資本，促進祖國經濟現代化。〔註41〕而在注重華僑教育方面，1902 年清廷頒布的學堂章程中，飭諭各省建立新式學堂、積極扶植海外華僑教育，因此可視為華僑教育發展的重要指標。同時，清政府又規定各類使臣

〔註37〕同上，頁 166。

〔註38〕顏清湟，《出國華工與清朝官員——晚清時期中國對海外華人的保護（1851～1911 年）》（北京：中國友誼出版公司，1990），頁 272～275；Yen Ching-hwang, "Ch'ing Protection of the Returned Overseas Chinese after 1893, with Special Reference to the Chinese in Southeast Asia." *Studies in Modern Overseas Chinese History.* （Singapore: Times Academic Press, 1995），pp. 32-33.

〔註39〕顏清湟，《出國華工與清朝官員——晚清時期中國對海外華人的保護（1851～1911 年）》，頁 282～289。

〔註40〕莊國土，《中國封建政府的華僑政策》，頁 301～304。

〔註41〕Yen Ching-hwang, "Ch'ing China and the Singapore Chinese Chamber of Commerce, 1906-1911." edited by Leo Suryadinata, *Southeast Asia Chinese and China: The Politico-Economic Dimension.* （Singapore: Times Academic Press, 1997），p. 150.

都負有勸學的任務，並派遣海外視學專使，視察華僑學校興辦情形，遂也使得僑民皆積極響應辦學。1906 年，清廷籌建專供華僑子弟回國就讀之暨南學堂，由於章程明確、管理有方，一時暨南學堂之名聲乃遠傳海外，對於海外僑民之心向祖國頗有助益。〔註42〕莊國土對於清廷的華僑教育政策指出：

> 康、梁流亡海外，在海外各埠大聲疾呼開發民智，發展教育，在華
> 人社會中也有相當影響。孫中山革命黨人也對華文教育的發展作出
> 貢獻，……辦教育需要經濟基礎，因此，晚清政府促進辦學的成效
> 無論如何遠非康、梁及革命黨人所能比擬。〔註43〕

可見一個政府以其財力推行教育政策之作為，其作用與影響仍是相當深遠的。

清廷派遣專使赴海外僑界訪問，於甲午戰前即已成行。然而其差別是甲午戰前主要目的是在勸捐，一為賑災捐輸，一是海防集資；而甲午戰後，因為清廷擔負巨額賠款、財政困難，遣使的目的便在勸誘華商回國投資、宣揚朝廷德政，以號召華人效忠為主。清廷仿傚西方國家以艦隊為後盾進行擴張殖民地與商務活動的做法，遣使訪問僑界時亦以軍艦成行；加上海外華僑也盼望清廷能派艦隊巡訪海外，使僑居地之統治者能收斂對華僑之苛待，因此在清末派艦外訪僑界，曾經一度蔚為風氣。清廷派遣專使、軍艦巡訪僑界，激發了僑民的愛國情感，雖然未能達成促使華僑捐資籌建海防的目的，不過卻因此使得華僑更加關注國內事務，並擴大清廷在海外僑界的影響力。〔註44〕

清廷另一項華僑政策，也是最能看出華僑支持祖國態度的，則是清政府在海外的捐官。1887 年，湖廣總督張之洞建議朝廷鬻官予海外華僑，以維持駐新加坡、呂宋之領事館及購買軍艦；同年，在直隸總督李鴻章建議將鬻官新條例刊於新加坡的《叻報》後，海外華僑乃得以款項買官封銜。唯海外僑界之捐官，都限於虛銜。〔註45〕以新、馬一帶為例，顏清湟即指出，1877～1912 年間，擁有清朝官銜的 295 名新、馬華僑中，只有 5 位是因科舉及格和立下軍功取得官銜，所佔比例不到 2%，可見華僑捐官在新、馬一帶之盛行！〔註46〕華僑所以熱衷捐官，除了是僑界環境造就，使其先取得財富，再謀求

〔註42〕莊國土，《中國封建政府的華僑政策》，頁 309～313，317～318。
〔註43〕同上，頁 321。
〔註44〕同上，頁 244～255。
〔註45〕顏清湟，〈清朝鬻官制度與星馬華族領導層（1877～1912）〉，《海外華人史研究》（新加坡：新加坡亞洲研究學會，1992），頁 4，8。
〔註46〕同上，頁 7～8。

聲望、權勢外，「光宗耀祖」傳統想法、擁有受人敬重的社會聲望，以及英國
殖民政府未對華僑進行賜封、不承認僑領之地位，皆有關係。〔註 47〕這些擁
有官銜的富商，多半躋身僑界領導階層，既是僑社的重要菁英，也是維護與
控制社會秩序的重要力量。〔註 48〕他們在清政府、保皇派、革命派三股勢力
運動下，選擇了捐官支持清政府，是「認為清朝政府是一個較有價值的政治
權能的出處」，〔註 49〕當然更不會支持革命派來推翻清朝政府，讓自己已購買
的官銜和擁有的社會地位付之流水。

　　此外，清政府還有鼓勵華僑回國投資的政策。1903 年商部的創辦，即是
作為對海外僑資統一運作的機關，派員赴海外考察、鼓勵華僑回國投資便是
重要任務。1908 年，由商部改制的農工商部，奏請頒訂《華僑辦理實業爵賞
章程》，遂有依投資金額多寡，將官銜與爵位授予回國投資者之例。〔註 50〕海
外華僑於清末回國投資的案例也相當地多，諸如 1904 年，印尼華僑張煜南兄
弟招募 300 萬元，創辦潮汕鐵路公司；1904～1905 年，旅美華僑陳宜禧也招
募港幣 365 萬元，創辦新寧鐵路公司；1905 年，閩省華僑招股 300 多萬元，
投資福建鐵路；1906 年，新馬華僑投資的廣州永恆電燈公司；以及 1908 年，
同樣是新馬華僑沈漫雲投資的上海中華銀行等。〔註 51〕以廣東一省為例，當
時華僑投資的行業即以交通業為最主要，其次則是商業、金融業、工業、房
地產、農礦業等等。〔註 52〕雖然一因滿清本身的經濟體質不佳，二因國內又
多官紳侵擾，加上僑商本身多籍隸閩、粵兩省，對於投資僑鄉以外之地方不
感興趣，以致華僑回國投資之事業最後宣告失敗。不過清政府將華僑富商拉
攏，使其與祖國經濟產生聯繫，不惟促進華僑對祖國經濟之援助，另一方面，
也令其投鼠忌器，不致加入反清之運動。〔註 53〕

〔註 47〕 同上，頁 9～12。
〔註 48〕 黃建淳，《晚清新馬華僑對國家認同之研究——以賑捐、投資、封爵為例》（台
　　　　　北：中華民國海外華人研究學會，1993），頁 273。
〔註 49〕 顏清湟，〈清朝鬻官制度與星馬華族領導層（1877～1912）〉，頁 12～13。
〔註 50〕 顏清湟，〈海外華人與中國的經濟現代化（1875～1912）〉，《海外華人史研究》，
　　　　　頁 47～49。
〔註 51〕 林金枝編著，《近代華僑投資國內企業史資料選輯（上海卷）》（廈門：廈門大
　　　　　學出版社，1994）頁 12；黃建淳，《晚清新馬華僑對國家認同之研究——以賑
　　　　　捐、投資、封爵為例》，頁 220～222。
〔註 52〕 林金枝、莊為璣，《近代華僑投資國內企業史資料選輯（廣東卷）》（福州：福
　　　　　建人民出版社，1989），頁 42～47。
〔註 53〕 莊國土，《中國封建政府的華僑政策》，頁 285～286。

　　清政府對於華僑政策的轉變，讓華僑感受到祖國政府對其之關心。華僑從請求政府交涉華工案、籌辦華僑教育、以至捐官、回國投資等，都代表著華僑之中存在一股支持祖國政府的力量。戊戌政變之後，康、梁逃至海外發展，雖宣傳挾有光緒帝之衣帶詔，但就政治權勢而言，實難與清廷相抗。康、梁在海外，游移於對抗清廷、又鼓吹保皇愛國的夾縫之中，立場相較於革命派的反清主張爲模糊，然而也因此得以吸收到支持清政府的一些華僑富商。反觀革命派主張革命、推翻滿清的看法，則只能吸收華僑富商以外的人士；或者在革命情勢愈趨樂觀時，方能得到華僑富商之支持。

二、華僑與保皇派

　　康、梁於戊戌政變後，遭清廷通緝、逃亡海外。而當康有爲在日本得知光緒帝被幽禁之消息後，便「不得不以營救爲己任，於是倡復辟之義，謀勸王之舉，騰報中外，聯絡華僑，積極活動不遺餘力。」〔註54〕這即是康、梁籌組保皇會之開端。保皇會後來在海外紛紛設立分會，得到許多華僑的支持，聲勢頗爲一振！而這也直接使得革命派的活動，遭受許多的阻撓與困難。有關各地華僑與保皇派的關係，茲分別介紹如下：

1. 新、馬地區

　　新、馬一帶，於1896~1899年間，已組織有「好學會」及創辦《海峽華人雜誌》、《檳城新報》、《天南新報》、《日新報》等刊物，這些皆宣傳變法維新的思想，在康有爲尚未流亡海外之前，改革維新的思想，已在當地華僑知識界和工商界中產生了很大的影響。〔註55〕1900年2月，康有爲即受當地僑商邱菽園之邀，抵達新加坡宣傳維新與立憲之主張。由於康、梁與邱早有私交，後來保皇會在新加坡成立分會後，便以邱菽園擔任分會會長一職。〔註56〕因康、梁之勢力比革命派早至新、馬一地活動，同時吸納了如邱菽園等僑界重要領袖之加入，根基已形穩固；反觀孫中山於1900年到新加坡時，當地尚無革命派人士之重要活動，要等到1906年才有同盟會新加坡分會的成立，是

〔註54〕楊克己編，《民國康長素先生有爲梁任公先生啓超師生合譜》，頁157。

〔註55〕林遠輝、張應龍，《新加坡馬來西亞華僑史》（廣州：廣東高等教育出版社，1991），頁279。

〔註56〕吳慶棠，《新加坡華文報業與中國》（上海：上海社會科學院出版社，1997），頁65~66。

以遠遠晚於保皇會在當地的發展。〔註 57〕

　　保皇與革命兩黨的分部成立後，為進行長期的對抗，乃利用學校與社團作為活動的機關。保皇派由於在海外提倡新式教育，掌握了新、馬絕大多數的學校；且一些超越方言群限制的組織，如中華總商會、禁煙協會等，早已有保皇派勢力介入，遂也成為其活動之機關。〔註 58〕因這些社團的領導者，多半是具有廣大社會基礎和影響力的華僑富商，其選擇加入保皇會陣營，對於保皇會在海外的活動而言，不論在財力和號召力上，都能發揮相當大的助益。而這亦使得革命黨在當地的活動，只能退而求其次，尋求其他較不富有之中、下層人士的支持。〔註 59〕

　　在保皇派的言論報刊方面，亦可從中見到當地僑商對保皇派的支持態度。如上述宣傳維新變法思想的《天南日報》，乃是 1899 年由僑商邱菽園出資創辦、徐勤等人擔任主編，後來不但成為保皇派的機關報，還曾一度與革命派之《圖南日報》相對抗。〔註 60〕此外，1905 年，革命派人士陳楚楠、張永福創辦《南洋總匯報》以作為宣傳機關，然因合股之僑商陳雲秋等人反對登載激烈文字，遂又於 1906 年提議拆股，以抽籤方式決定承接報業。抽籤結果，該報為陳雲秋等人所得，之後乃同保皇派商人朱子佩加股合辦，《南洋總匯報》遂從革命黨人手裏轉入保皇黨，改稱《南洋總匯新報》。〔註 61〕由保皇派僑商經營的《南洋總匯新報》後來與革命派新辦的《中興日報》相互攻訐，其不但在種族革命和民權憲政的議題上與革命派爭辯；〔註 62〕而且指稱革命派為「逆黨」，互罵對方是「臭蟲」、「瘋狗」、「妓女」等，甚至還因此在法庭

〔註 57〕 顏清湟著、李恩涵譯，《星、馬華人與辛亥革命》（台北：聯經出版社，1982），頁 108～111。1906 年尚成立了同盟會吉隆坡分會與庇能分會。

〔註 58〕 同上，頁 182～189。

〔註 59〕 同上，頁 291～294，308。

〔註 60〕 《圖南日報》初刊時印有一萬份，後來減少至一千份，然實際上長期的訂户則僅有三十餘份。由於該報非商業性報紙，廣告收入甚微，加上當時新加坡華僑的觀念相當閉塞，故雖然早在 1906 年同盟會新加坡支部成立前即已創刊，但其活動與影響力實是有限。參考吳慶棠，《新加坡華文報業與中國》，頁 70～72。

〔註 61〕 馮自由，〈南洋各地革命黨報述略〉，《革命逸史》第四集（台北：臺灣商務印書館，1978），頁 147～148。

〔註 62〕 李恩涵，〈辛亥革命前革命派與維新派在新、馬的思想論戰〉，《珠海學報》15（1987.10），頁 121。

上互控誹謗。〔註63〕可見支持保皇會之當地報刊，對於悍衛保皇派的形象仍是不稍鬆懈。

2. 印尼、菲律賓、緬甸

　　印尼的保皇黨分會，在1903年康有為抵達爪哇後，首先於巴達維亞（筆者按：Batavia，即今雅加達）成立。康以其挾有光緒帝之衣帶詔，與當地僑民相號召，遂吸引了不少華僑資本家加入保皇黨。〔註64〕印尼之保皇黨分會還製作印有光緒帝與康、梁畫像的金、銀、銅質徽章，依華僑繳納金錢多寡分別授予入黨黨員，是以當地成員多以華人官吏、地主、商家和士紳階級為主。據聞當地尚有華僑資本家為求得康有為親筆墨寶，奉送七十萬金以為交換，可以想見該處僑商對保皇黨之嚮往。〔註65〕而保皇黨在爪哇的宣傳機關，則有《鳥島日報》。〔註66〕

　　菲律賓方面，1899年，保皇會已在卡維特一地建立支部，之後該支部遷至馬尼拉，並陸續辦有《益友新報》及《岷益報》，以為改良運動作宣傳。〔註67〕保皇黨在菲律賓的活動一度因會員離散而中止，然而在1906年，康、梁重新派徐勤到馬尼拉組織憲政黨支部後，該黨才又再次活躍起來。〔註68〕1908年，光緒帝去世，該地僑社還曾為此深表哀悼，是以黃滋生、何思兵二人指稱保皇黨對菲律賓僑界的影響力，要大於革命黨。〔註69〕

　　緬甸仰光的保皇會支部成立於1904年，由康有為推舉閩籍僑商莊銀安為會長，吸收了不少華僑加入；同時，由莊銀安創辦的《仰光新報》，也隨之成為保皇黨之喉舌機關。〔註70〕1908年，革命黨居正和莊銀安等人創辦《光華日報》，但不久該報亦被保皇會僑商奪走，易名為《商務報》，步上新加坡《南洋總匯報》的命運。〔註71〕是以從革命黨的報刊屢被保皇派僑商奪走一

〔註63〕顏清湟著、李恩涵譯，《星、馬華人與辛亥革命》，頁209。

〔註64〕李學民、黃昆章，《印尼華僑史》（廣州：廣東高等教育出版社，1987），頁338。

〔註65〕同上。

〔註66〕同上。

〔註67〕黃滋生、何思兵，《菲律賓華僑史》（廣州：廣東高等教育出版社，1987），頁405。

〔註68〕同上。

〔註69〕同上，頁408。

〔註70〕阢冰峰，〈清末革命與君憲的論爭〉（台北：中央研究院近代史研究所，1980），頁130。

〔註71〕徐松榮，《維新派與近代報刊》，頁266。

事看來，保皇派在南洋僑界所建立、經營的勢力，實非革命派所能比擬。而在仰光一地，尚有李鳴鳳等所創設之「輔仁學校」，是爲保皇會事業之一部分。〔註72〕

3. 澳門、香港

澳門原爲孫中山早年策動革命之地，1895 年廣州起義失敗後，孫與澳門消息隔絕，保皇會乃進入該處辦報、興學校（東文學校），由何穗田擔任會長。澳門總會成立於 1899、1900 年間，總會會址設於知新報社，爲亞、美、澳各區保皇會的總機關，宣傳刊物爲《知新報》。而香港由於資料有限，僅知該處分會同樣成立於 1899、1900 年之間，並創辦有《商報》爲其喉舌機關。〔註73〕

4. 澳洲

澳洲新南威爾士的保皇會分會成立於 1900 年，其創始人絕大多數由悉尼一地的華商所組成，而行業則橫跨進出口業者、零售店主和水果商等。〔註74〕澳洲學者楊進發對於這個現象解釋稱：

> 即在那個階段，華商認爲有了一個現代化和改良的中國，他們自己
> 在外國的聲望就會提高。此外，華人的傳統思想是「富」則「貴」，
> 這也會在悉尼華商的心理上起作用。〔註75〕

保皇會分會成立之後，就有二百五十人左右入會，會員每份四先令，當時即有華僑一人認購五十份，〔註76〕而且累計前三個月的會員捐款，即達三千鎊之多。〔註77〕至 1907 年，保皇會的會員已達二千人。〔註78〕是以在 1908 年革命派進入澳洲之前，保皇黨著實活動了八年，未曾遭遇過任何的挑戰。〔註79〕

〔註72〕 張玉法，《清季的立憲團體》（台北：中央研究院近代史研究所，1971），頁 239。
〔註73〕 同上，頁 235～236，239。
〔註74〕 楊進發著，姚南、陳立貴譯，《新金山——澳大利亞華人 1901～1921 年》（上海：上海譯文出版社，1988），頁 170～172。
〔註75〕 同上，頁 172～173。
〔註76〕 劉渭平，〈梁啓超的澳洲之行〉（上），《傳記文學》38：1（1981.1），頁 20。
〔註77〕 楊進發，《新金山——澳大利亞華人 1901～1921 年》，頁 173。
〔註78〕 黃昆章，《澳大利亞華僑華人史》（廣州：廣東高等教育出版社，1998），頁 175～176。
〔註79〕 楊進發，《新金山——澳大利亞華人 1901～1921 年》，頁 173。另外，劉渭平指稱：當時澳洲華僑因受到當地政府排華政策的不合理待遇，痛心祖國衰弱，因而激起強烈的愛國情緒。對於任何能致中國於富強的主張，幾乎一律無條

保皇會在澳洲，還曾兩次大規模地發售其旗下企業之股票：1903 年，爲成立香港中國貿易公司，出售價值八萬元（約八千鎊）股票；1906 年，新南威爾士的一百一十名保皇會會員，又購買了即將在墨西哥成立的中國銀行股票二萬零六百六十元（約兩千鎊）。〔註80〕股票之外，保皇會也出售「保皇票」，每條售價一鎊，買十條即許以利祿，買二十條則許以頂子。〔註81〕康、梁相當知道其在海外發展，最需仰賴的就是金錢，而這也是其努力爭取華僑富商支持的原因。最後，在言論機關部分，1898 年，由悉尼華商劉汝興等人成立的《東華新報》，在保皇會支部成立後，成爲該會的言論機關。1902 年，該報改名爲《東華報》。〔註82〕

5. 日本

保皇黨在日本，曾以橫濱大同學校作爲活動據點，並向僑商募資。該校成立於 1897 年，由徐勤任校長，以振興孔教爲務；後因與革命派失和，該校乃瀕於解散。1899 年，又成立了東京高等大同學校，梁啓超自任校長，經費同樣由梁向橫濱華商募集而來。〔註83〕當時由華商等組成的「親仁會」，不但是保皇會的忠誠支持者，而且也拉攏了不少革命派人士轉而加入保皇會。如原來橫濱興中會創辦人的馮鏡如、馮紫珊兄弟，即分別擔任保皇會《清議報》之總理及保皇會會長。〔註84〕

在刊物的創辦上，首先是 1891 年於橫濱刊行的《清議報》。該報爲旬刊性質，每月出三期，該報不但是保皇會在日本的第一份刊物，也是在海外最早創辦的報刊。〔註85〕其次，則是 1902 年仍創辦於橫濱的《新民叢報》，其開辦經費，都是梁啓超與馮紫珊等人，分別向華商籌措而來。該報內容皆以培養民德、開發民智等議題爲主，最盛時曾發行達一萬四千多份，除日本外，

件接受。由於當時革命派在澳洲尚未展開積極活動，於是大多數僑民在別無選擇的情況下，便加入了保皇會。參考劉渭平，〈清末保皇黨在澳洲僑界的活動〉，《傳記文學》59：6（1991.12），頁 104。

〔註80〕《東華報》，1903 年 7 月 11 日、1906 年 11 月 24 日，轉引自楊進發，《新金山——澳大利亞華人 1901～1921 年》，頁 178。

〔註81〕《中國國民黨澳洲黨務發展實況》，頁 136，轉引自劉渭平，〈梁啓超的澳洲之行〉（下），《傳記文學》38：4（1981.4），頁 126。

〔註82〕楊進發，《新金山——澳大利亞華人 1901～1921 年》，頁 168～169。

〔註83〕張玉法，《清季的立憲團體》，頁 237～238。

〔註84〕羅晃潮，《日本華僑史》（廣州：廣東高等教育出版社，1994），頁 292～293。

〔註85〕劉家林編著，《中國新聞通史》（上冊）（武昌：武漢大學出版社，1995），頁 193～194。

包括國內各大城市、香港、澳門、朝鮮、越南、澳洲以及美、加等地都設有分銷處，可見其影響力之大。〔註 86〕該二份報紙之外，另有神戶一地《亞東報》，內容也是在提倡保救光緒之主張。〔註 87〕

6. 美洲地區

　　美洲是保皇會最早成立的地方。1899 年，康有為取道加拿大維多利亞欲赴英求救被拒後，即回到維多利亞，於該年 7 月組織「中國維新會」（Chinese Empire Reform Association，意即中華帝國維新會），又名保皇會。而總理一職，由華商李福基擔任。〔註 88〕同年，加拿大溫哥華、新西敏寺，以及美國的波特蘭、西雅圖、舊金山等地，也都先後設立保皇會機構。〔註 89〕保皇會在美洲的活動與新、馬一帶較為不同，其反而積極聯絡洪門等秘密社會，希望藉由其廣大的組織來達到政治之目的。而這樣的策略也相當奏效，所以至 1903 年時，全美洲以及夏威夷即成立有十一個總會、一百零三個支會，會員人數號稱達十萬人，是當時美國華人社區中最大的政治組織。〔註 90〕

　　保皇會在美洲不惟加強了和華商之間的關係，而且也因此開辦了許多企業。如 1906 年，康有為和墨西哥華商合股，成立華墨銀行（Compania Bancaria Chino Y Mexico）；同年，又以該銀行名義，向墨西哥政府承辦建築市區電車路；並且投資酒樓、酒店、米行、礦務公司、報館、學校、書局等等。〔註 91〕楊國標等人即稱保皇會在二十世紀的最初幾年內，在美國的勢力達到了高峰；於美洲集商股、辦實業，共募集了一百五十萬元！〔註 92〕是以康、梁當時只挾光緒帝衣帶詔即流亡海外，如今卻能擁有如此龐大之企業與資金，實不能不歸因於海外華僑富商對其之資助！

〔註 86〕　同上，頁 194～197。
〔註 87〕　羅晃潮，《日本華僑史》，頁 293。
〔註 88〕　張玉法，《清季的立憲團體》，頁 228～229，233；麥禮謙，《從華僑到華人——二十世紀美國華人社會發展史》（香港：三聯書店，1992），頁 177。
〔註 89〕　負責人分別是：葉恩（溫哥華）、劉康恆（新西敏寺）、李美近、梁鴻軒（波特蘭）、甄賞、劉瓊、胡拔南（西雅圖）、崔子堅、譚樹彬（舊金山）。參考張玉法，《清季的立憲團體》，頁 233～234；麥禮謙，《從華僑到華人——二十世紀美國華人社會發展史》，頁 177。
〔註 90〕　麥禮謙，《從華僑到華人——二十世紀美國華人社會發展史》，頁 179。
〔註 91〕　同上，頁 181。
〔註 92〕　楊國標、劉漢標、楊安堯，《美國華僑史》（廣州：廣東高等教育出版社，1989），頁 422。

在言論機關方面，檀香山有《新中國報》、《華夏報》、《麗記報》；舊金山有《文興日報》、《華洋報》、《大同日報》、《世界日報》等；紐約有《中國維新報》、《紐約日報》、《光報》等；墨西哥有《墨西哥朝報》；溫哥華則有《日新報》、《實業界》和《留美學生會年報》等。〔註93〕而在檀香山與舊金山兩地，則是保皇派和革命黨報刊激烈論爭之地。〔註94〕

從上述各地華僑對保皇會的支持情形可以發現，支持維新改革的多以華僑富商為主；而保皇派為了能夠在海外發展，主要尋求合作的對象也是有財力、有社會地位的僑界富商。僑商擁有許多社會資源，在政治態度上原本即傾向於保守；僑商既幾乎一面倒地支持清政府或保皇派，革命黨在革命形勢未見優勢之前，便不得不以中、下層華僑作為支持的對象。

三、華僑與革命派

有關華僑對革命派的支持，在學界上一向最被熱烈討論，尤其是華僑參與辛亥革命這個焦點上。然而本文論述之重點並不在此，筆者仍僅扼要地陳述海外華僑確有支持革命派的情形，以說明民國建立之前，僑界在政治立場上分歧的現象。關於這部分內容，筆者將從華僑加入革命黨的情形、華僑的捐款以及華僑參與實際革命行動等方面來說明。

1. 華僑入黨情形

革命黨在檀香山建立興中會後，共有會員一百三十人；日本橫濱分會方面，有馮鏡如等二十餘人；南非洲分會，則有黎民占等數十人；河內分會與舊金山分會人數雖無明顯記載，但分別由洋服店主黃隆生與加州大學教授鄺華泰博士主持，皆曾在當地引起一陣風潮。〔註95〕同盟會成立後，據當時《中興日報》的報導，1909 年革命黨在海外的黨員人數：東京與橫濱有一萬五千人、舊金山與溫哥華各一萬人、暹羅一千人、安南五百人、新加坡二百人、菲律賓一百五十人、巴黎一百人、神戶五百人、爪哇一百人和倫敦五十人等。〔註96〕緬甸分會則在 1904～1905 兩年間，發給會員底號實數達二千三百四十

〔註93〕徐松榮，《維新派與近代報刊》，頁 212。
〔註94〕丌冰峰，〈清末革命與君憲的論爭〉，頁 63～69。
〔註95〕《中國國民黨在海外（上篇）：海外黨務發展史料初稿彙編》（台北：中國國民黨中央委員會第三組編印，1961），頁 79～86。
〔註96〕轉引自張玉法，《清季的革命團體》（台北：中央研究院近代史研究所，1982），頁 341～342。

三人。〔註97〕除了上述這些地方之外，同盟會在馬來亞、荷屬帝文、緬甸、加拿大維多利亞、古巴、歐洲的比利時、德國、瑞士等，以及澳洲、紐西蘭、檀香山等地都設有分會，〔註98〕可見加入革命黨的華僑人數當更爲眾多。

　　有關華僑加入革命黨的情形，並未有確切的統計資料，很難說明其人數有多少？然而藉由上述這些資料的敘述，當亦能瞭解革命派在海外確實擁有不少的華僑黨員。

2. 華僑的捐款

　　革命黨在海外僑界活動，主要仍是爲了在國內發動革命起義，而軍械、軍餉的來源，即必須靠華僑的捐款支助。爲發動第一次廣州革命起義，在檀香山方面，孫中山兄長孫德彰除撥出一部份財產作爲革命經費外，還出售牧場牛隻充作義餉；僑商鄧蔭南則變賣經營的商店及農場，捐作回國起義軍費；加上當時會員費，共籌得港幣一萬三千元。〔註99〕而在香港，則有黃詠商變賣洋樓一所，捐資八千元，加上余育、鄭士良等人的捐款，數額應在三萬元之間。兩相統計，共有港幣四萬三千元用於廣州之役。〔註100〕第二次起義，計有香港李紀堂、菲律賓彭西等，共捐有三十四萬五千元。〔註101〕從第三次潮州黃崗之役到第八次河口之役，軍火等開支總數爲港幣二十萬元，當中有新、馬、荷屬東印度各地及安南、暹羅之華僑捐助。〔註102〕第九次廣州新軍之役，有香港林直勉、李海雲各捐二萬元，美國華僑捐助九千元，共計四萬九千元。〔註103〕第十次黃花岡之役因計劃周密，海外籌款情形也相當踴躍，計有新、馬華僑捐助四萬七千餘元；荷屬各埠捐助三萬二千餘元；安南、暹羅地區三萬餘元；美國華僑捐一萬五千元以及加拿大捐七萬四千元等；另外，

〔註97〕〈緬甸中國同盟會會員題名錄〉，《革命文獻》第65輯（台北：中國國民黨黨史委員會，1974），頁211～348。

〔註98〕參考〈中國同盟會海外各地之組織活動〉，《革命文獻》第65輯，頁417～545。

〔註99〕僑務委員會僑務研究室，《華僑愛國自動捐獻》（台北：僑務委員會，1969），頁4～5。

〔註100〕陳樹強，〈辛亥革命時期南洋華人支援起義經費之研究〉，《辛亥革命與南洋華人研討會論文集》（台北：辛亥革命與南洋華人研討會論文集編輯委員會，1986），頁244。

〔註101〕同上。

〔註102〕同上，頁246～248。

〔註103〕同上，頁248～249。

古巴和越南西貢亦有華僑的捐款支助，總計有二十二萬四千餘元。〔註104〕而第十一次武昌起義，海外華僑的捐款則有新、馬、安南、荷屬各埠、緬甸、美國、香港、日本、古巴等處，捐得二百九十八萬餘元。〔註105〕

從上述各次起義的捐款情形可以發現，華僑從第一次廣州之役起，即開始支持革命黨的起義活動，而且隨著革命的發動，捐款數目亦有愈來愈多的趨勢，至武昌起義時，更達約三百萬元。是以海外華僑對革命派的支持，由此捐款之情形，亦可見密切關係。

3. 華僑參與實際革命行動

在第一次起義中，有來自美、日的華僑返國參與；〔註106〕1907年的潮州黃崗之役，則由南洋同盟會員黃乃裳進行宣傳、新加坡華僑許雪秋領導指揮；同年的惠州七女湖之役，也是委派華僑鄧子瑜等人從新加坡回國來策劃，參加起義之人員，主要皆以華僑為骨幹。〔註107〕1908年發起的欽州、廉州之役中，黃興與河內同盟會員王和順，曾率領一支由河內、海防華僑二百多人組成的短槍隊加入起義行列，和清廷進行過數十次交戰。〔註108〕1911年的黃花岡之役，共有成仁的華僑烈士三十一人，佔所有八十六名殉難者三分之一強。

辛亥革命前後，美國芝加哥埠由梅培組織飛機隊，回國投入起義；留港之僑工七十餘人，亦自購短槍械具，回國參加革命，後來在上海擴大組織為「廣東華僑敢死隊」，由馬超俊擔任隊長。越南方面，隨胡漢民回國者有數十人之多，分別擔任警衛，護守廣九鐵路等；而暹羅則有三百餘名振興書報社社員回國從軍、參與革命，其中有八十餘人還加入了華僑炸彈敢死隊；印度亦有二十餘人回國參加革命的行動。〔註109〕日本方面，男女留學生因回國參與辛亥革命革命起義，還一度造成留日學生的人數驟減。〔註110〕

由以上這些華僑甘願拋棄生命安危，直接回國實際參與革命黨的起義活動，可見其已從後援的捐款角色，站到了戰場的第一線。這除了表示華僑對

〔註104〕同上，頁249～251。
〔註105〕同上，頁251～253。
〔註106〕華僑革命史編纂委員會，《華僑革命史》（下）（台北：正中書局，1986），頁48。
〔註107〕吳鳳斌編，《東南亞華僑通史》（廈門：廈門大學出版社，1994），頁509。
〔註108〕同上。
〔註109〕《華僑革命史》（下），頁283～288。
〔註110〕沈殿成主編，《中國人留學日本百年史（1896～1996）》（上冊）（瀋陽：遼寧教育出版社，1997），頁285～289。

於革命黨理念的堅持與信仰外，也是意味著僑界中支持革命派的聲勢，已逐漸在擴大。

　　清朝末年，當清廷對華僑的經濟實力有所認知後，為了能使其對祖國財政有所裨益，即改變其華僑政策：保護歸國華僑、華工交涉、捐官鬻爵、鼓勵華僑回國投資等，以爭取海外華僑的認同；康、梁於戊戌政變後，在海外組織保皇黨，除了爭取華僑富商的支持，也從事銀行等企業之投資，在海外一度頗具聲勢；孫中山的革命黨以倡導革命、推翻清政府的主張，頗難引起華僑富商的認同，於是在海外便轉而以吸納中、下層僑民為主。海外僑界因為國內政治情勢的發展，使得政治立場一分為三，直到民國成立後才告終止。雖然這段期間的立場分裂，表面上是由國內這三股勢力在海外運作劃分而成，但是海外華僑對於這些政治團體的活動，亦會以自身的利益出發，多所考量、以作選擇。是以從清末到民國建立這段期間，在僑界政治立場形成分裂的過程中，華僑亦是個握有選擇權的主動角色。

第三節　僑界短暫的一致──民國建立至二次革命前華僑對祖國的態度

　　民國建立後，祖國以共和的體制新生，氣象一新。而華僑由於參與民國的建立，對於祖國的關係也較為密切、主動與關心。有關此一時期華僑對祖國的態度，可分孫中山任職時期、袁世凱統治時期以及宋案發生後三個階段來說明，茲分別陳述如下：

一、孫中山任職時期

　　民國建立後，孫中山被推舉為臨時大總統，於南京就職，是為南京臨時政府。孫就職後，即有海外華僑致電慶賀：

　　孫大總統鑒：聞公被選為中華大總統，闔境華僑歡極，慶國得人，齊祝萬歲□！繼發致公堂慈善團文

　　按雲南西南都督兼土司代表　旅港香山同鄉　又中國同盟會　溫哥華埠籌軍債局　又致公堂大漢報　小呂宋同盟會　加利福尼亞致公堂　又中國同盟會　舊金山陽和會館　又全體華僑　智利國華僑　檀香山西邐埠華僑　新加坡同盟會等，亦均有電到滬祝賀孫大總

統。因電稿過多，不及備載。〔註111〕

而檀香山華僑對於孫擔任臨時大總統，則特別召開大會慶祝：

> 此間華人得孫中山被舉爲中華民國總統之消息，極爲歡忻。因火奴魯魯爲孫總統生長之地，華人特開大會慶祝，夜間燃放煙火，並舉行提燈會。（火奴魯魯）〔註112〕

巴達維亞方面，僑民除了慶祝民國成立與孫就職外，也一併籌集了國民捐匯交新政府：

> 自蒙傳知中華民國成立，紀元改爲陽曆，準定正月十五號補祝新年，遂於是日開會慶賀，兼祝　孫大總統即位大喜。同時籌集國民捐，計收荷銀九百十五盾七方五仙，經向直葛埠荷蘭銀行購上匯票一紙，請爲代匯南京新政府查收，並附原捐人姓名單。敝埠人數無多，區區此款，聊盡微忱而已等由。到會當將原票轉向匯豐銀行，購上匯票一紙，計洋銀七百十八元二角四分，用特備函寄奉台收，伏乞見復爲荷。……〔註113〕

而日本的神戶，則有華僑因爲慶祝會之故，甚至與日方警察發生衝突：

> 居留神戶之華人，以清帝退位，特慶祝中華民國成立。於二十四日夜，舉行提燈行列。聞神戶商人初恐難得兵庫縣警察部之許可，決計展期，適東亞協會中之日本人出爲幹旋，遂得警察部之許可。而其中附以各種條件，如不得使用樂隊、不得加入日本人、步行中不得呼萬歲等，以及其他條件。華商既得許可，即於午後六時會合於中山手通六丁目中華會館，來者共有千餘人。……行列之前，仍有樂隊，且連呼萬歲。行至四宮神社附近時，警官以音樂隊爲言，頗有干涉之狀。此時會中千餘人，大爲憤激，因此兩方遂互起爭執。旋仍經過生田前元居留北海岸通宇治川元町通，以至福建商業會議所，齊呼萬歲者三，乃散隊。〔註114〕

可見得神戶華僑在該次遊行會中，情緒頗爲激動。後來這場糾紛，經由神戶華商和當地警察部交涉妥協後，才又再重新舉辦提燈會。〔註115〕此外，在巴

〔註111〕〈溫哥華埠電〉，《申報》，1912 年 1 月 2 日，第 5 版。
〔註112〕《申報》，1912 年 1 月 6 日，第 4 版。
〔註113〕〈巴達維亞華僑致財政部函〉，《申報》，1912 年 2 月 26 日，第 7 版。
〔註114〕〈紀神戶華僑提燈會與日警齟齬事〉，《申報》，1912 年 3 月 3 日，第 2 版。
〔註115〕〈神戶華商提燈會復活〉，《申報》，1912 年 3 月 8 日，第 3 版。

黎的留學生和橫濱的華商，也都有慶祝中華民國誕生的集會活動！〔註 116〕至於美國部分，留美中國學生會和美國華人公會等，皆上書請求美國政府能儘速承認中華民國。〔註 117〕而在國內，則有馮自由等人發起，在上海組織「華僑聯合會」，「以聯合國外華僑，共同□致振興祖國，增政治、經濟、外交之活動及保護僑民為宗旨。」〔註 118〕

　　1912 年 2 月，南洋華僑對於選舉新任大總統一事，曾致函國內表達了一些意見：

> 頃得上海來信言：南洋各埠華僑有電到滬，言統一政府將次成立，大總統雖尚待公舉，而臨時總統亦不可輕率以畀人。若仍舉孫文，吾人決不承認。經公同發表意見，臨時總統以袁世凱君為最合宜。蓋袁於外交、內政均係熟手，其才望又為中外人士所敬仰，當此過渡時代，非得新舊兼全之人才不可。稍有所偏，即足貽誤大局。〔註 119〕

此信的真實性如何，尚不得而知？但顯然海外僑界對於國內大總統人選相當關心，已能主動表達其看法。同月，當孫中山稱其願讓位予袁後，「海外華僑雖有賀電，然反對者居多數。」〔註 120〕孫為促進團結，還因此發電向華僑解釋、替袁世凱辯白。〔註 121〕是以此事在民初，亦算是華僑對祖國事務關心的一個表徵。

　　孫中山任職期間，對華僑的保護也不餘遺力，其不但要求外交部妥籌禁絕販賣豬仔及保護華僑的辦法，也行文廣東都督要求嚴禁豬仔販賣。〔註 122〕而當時泗水一地所發生的華僑受苛虐案，也要求政府能夠出兵保護：

> 泗水華僑急電稱，敬日（筆者按：應為「近日」）和官加調馬步兵（筆者按：和官指荷蘭之官員），圍擄男女小兒百餘人，死傷未查悉。書報社國旗被碎，槍聲轟轟，如臨大敵。呼救無門，閉門待斃。非兵

〔註 116〕《申報》，1912 年 2 月 25 日，第 2 版；〈橫濱華商開祝賀會〉，《申報》，1912 年 2 月 28 日，第 3 版。
〔註 117〕《申報》，1912 年 2 月 21 日，第 1 版；1912 年 3 月 1 日，第 2 版。
〔註 118〕〈華僑聯合會之出現〉，《盛京時報》，1912 年 3 月 1 日，第 4 版。
〔註 119〕〈華僑對於袁內閣之注重〉，《大公報》，1212 年 2 月 18 日，第 1 張第 6 頁。
〔註 120〕〈孫中山為袁總統辯白〉，《大公報》，1912 年 2 月 28 日，第 1 張第 5 頁。
〔註 121〕同上；〈孫總統布告海外同志文〉，《盛京時報》，1912 年 3 月 2 日，第 4 版。
〔註 122〕《臨時政府公報》，42 號（1912 年，日期不明），〈令示〉，頁 2～3。

力保護不可，否則石玉俱焚。〔註123〕

該事件起因於華僑升五色旗慶祝民國成立，遭荷蘭官吏撕爛干涉，同時殺死華僑三人、傷十餘人、擄禁百餘人。〔註124〕由於當時中國局勢仍相當混亂，既有南京政府之外交部，又有清朝的外務部，南北兩處分頭進行交涉，函電往來，影響時效；再者，荷蘭政府又藉口尚未承認民國而推諉拖延，該一事件之交涉遂持續了相當久的時間。〔註125〕對此一事件，李盈慧稱：

> 此案在華僑史上的意義，在於肇事的原因是華僑為民國政府的成立而熱烈慶祝。事發後，華僑一再透過華僑聯合會及其他國內團體，向政府請願，要求保僑，可見其對民國政府期望很深。〔註126〕

而由此亦足見泗水華僑對於民國政府之嚮往。

二、袁世凱統治時期

1. 華僑之賀電

袁世凱於 1912 年 3 月就任臨時大總統後，即有海外華僑團體致電祝賀，分別有墨京致公堂、小呂宋中華商會、大阪中華商務總會、舊金山華僑陳健源等、墨西哥工商總會、澳洲憲政會、檀香山僑商趙蔭榮等、檀香山新中國報陳宜侃及憲政會全體會員、小呂宋華商會館、小呂宋布業商團、旅美總商會、大阪中華商會、美國芝加哥中華會館、香港粵東七十二行公安會與出口洋莊商會等、香港共和促進會、怡朗華僑代表葉昭明暨中華學堂全體人員、漢城朝鮮京城華商總會、香港廣東自治研究社等，幾乎涵蓋世界各地僑居地之僑民。〔註127〕袁除了向這些僑團覆電表示感謝外，也即致電華僑聯合會，表達其對華僑建立民國的敬意：

> 華僑聯合會鑒：中華民國之搆造，經吾同胞幾許艱難困苦而後克底

〔註123〕〈荷人虐待華僑之交涉〉，《盛京時報》，1912 年 3 月 5 日，第 4 版。
〔註124〕李盈慧，《華僑政策與海外民族主義（一九一二～一九四九）》（台北：國史館，1997），頁 189；《東方雜誌》，8：10（1912.4），〈中國大事記〉，頁 16。
〔註125〕李盈慧，《華僑政策與海外民族主義（一九一二～一九四九）》，頁 189。
〔註126〕同上，頁 191～192。
〔註127〕《臨時公報》，（1912 年 2 月 14 日），〈電報〉，頁 2～3；（1912 年 2 月 18 日），〈電報〉，頁 3；（1912 年 2 月 20 日），〈電報〉，頁 4～5；（1912 年 2 月 21 日），〈電報〉，頁 3；（1912 年 2 月 23 日），〈電報〉，頁 8～9；（1912 年 2 月 25 日），〈附錄〉，頁 6；（1912 年 2 月 26 日），〈附錄〉，頁 12；（1912 年 2 月 27 日），〈附錄〉，頁 4；（1912 年 2 月 29 日），〈附錄〉，頁 10。

於成。現在破壞事業告終，建設事業方始，海外同胞前此直接、間
接盡瘁於共和，其效甚著！本大總統深所欣佩，夙興夜寐思所以副
海內外同胞之望，尚望各抒愛國保種之熱誠，以促祖國文明之進步，
是所深企！中華民國臨時大總統袁世凱眞〔註128〕

而華僑聯合會也回電表示：

民國統一，得公爲總統，定可達共和完全之目的，使中華民國雄飛
於世界。至僑等爲國宣力，此乃天職，仍當盡國民義務，以副厚望。
華僑聯合會叩元〔註129〕

華僑聯合會是華僑在國內的一處重要機關，是以其向袁表達了支持的善意，
則僑界的態度當亦不致與其大相違背。

2. 華僑的捐輸

在袁任職臨時大總統這段期間，國家財政仍然困難，袁除了派遣專使赴
海外籌款外，〔註130〕華僑對於政府的號召，也都能夠捐輸響應、不遺餘力。
如有澳洲、秘魯、南洋各埠華僑，購買軍需公債達十一萬餘元及三千六百餘
鎊；〔註131〕而霹靂華僑還建議袁發起「全國國民籌還國債捐」，擬將國債一次
還清，使得各國再無藉口可以干涉祖國之財政；〔註132〕並有南洋華僑打算組
織僑民銀行，專門「向祖國貸與鉅款，以救國危而抵制外債。」〔註133〕而在
實際捐款方面，有小呂宋僑商余和焜等，以愛國賣物會籌集一萬四千二百兩
電匯給財政部；〔註134〕巴達維亞華僑國民捐總會，匯了四萬銀元回國；〔註135〕
荷屬大亞齊埠匯來洋二千一百八十餘元。〔註136〕旅美華僑則以政府和各國銀
行團簽訂借款條件，有感喪權辱國，而籌有十萬餘元的款項：

總統府人云，昨袁總統接到駐美代表張蔭桓一電，其略謂在美華僑

〔註128〕《申報》，1912年3月13日，第1、2版。
〔註129〕〈上海華僑聯合會電〉，《申報》，1912年3月25日，第2版。
〔註130〕如1912年3月，袁派遣湯壽潛、陳啓輝等人至南洋籌款。參考〈港商歡迎湯
　　　　壽潛紀盛〉，《申報》，1912年3月26日，第6版。
〔註131〕《政府公報》，84號（1912年7月23日），〈呈批〉，頁185。
〔註132〕〈霹靂華僑發起國債捐之提議〉，《叻報》，1912年5月14日，版頁不明。
〔註133〕〈華僑組織貸款銀行〉，《順天時報》，1912年5月30日，第7版。
〔註134〕《政府公報》，150號（1912年9月27日），〈呈批〉，頁265～266。
〔註135〕《政府公報》，212號（1912年11月29日），〈通告〉，頁723。
〔註136〕《政府公報》，268號（1913年2月3日），〈通告〉，頁587。

聞各銀行團百端要挾並所訂之墊款七條件，以爲喪權辱國，故極抱不平。及聞黃留守（筆者按：黃興）提倡國民捐，均表同情，紛紛傾囊捐輸。其捐款自五元以上至五百元以下不等，現十餘日間，已集捐款約十萬餘元，擬再集二十萬元，即行匯交本國政府云。〔註137〕朝鮮方面，有京城華僑一百餘人召開國民捐大會，共捐得五千元；〔註138〕暹羅、緬甸兩處，分別有華僑各捐得二十萬元；〔註139〕南洋地區之大學學生則以演戲，將所得戲資捐作國民捐。〔註140〕1913 年 1 月，則有南洋華僑組織「祖國救財團」，希望藉由華僑的捐款，專門作爲擴充海、陸軍以及興辦實業之用。關於該組織之詳情，當時的《申報》有如下之記載：

中國旅外華僑最多之區，首推南洋群島一隅；而財產之最多者，亦以該地爲首屈一指。前爪哇島、斯瑪蘭島僑商等，因祖國政治、財政困難，遇事掣肘，加以近日俄蒙事起，軍費在在需款。僑商等熱心愛國，故特聯合南洋各島僑商組織一華僑祖國救財團。斯瑪蘭僑商，業於去冬十二月二十號在該埠華僑商會開會討論聯合全體華僑並籌捐辦法，現已一切議妥，分電中央政府及武昌黎副總統報告情形。茲錄該電內容如下：

（甲）聯合辦法　一聯合南洋各島商埠華僑，組織祖國救財團。　一華僑各東家捐全體財產二十分之一；各雇工於五年間，每年捐一月份之雇價。　一全體華僑共捐八千萬元，分五年攤齊。　一此項捐款，專供擴充海、陸軍、興辦實業之用，他項用途不得支撥。　一各島舉代表一人，在祖國都會地方設立祖國救財團事務所，監督政府之用途，以免濫支。　一此團由斯瑪蘭埠發起，即將團址設立於此，並舉該埠華僑商會總理麥克欽君爲團長。

（乙）斯瑪蘭島埠籌款情形　一該埠擔任一千五百萬元之捐款，分五年撥匯。所有捐款均歸麥克欽君一人經理，匯兌中國都會所有地

〔註137〕〈旅美華僑之國民捐熱〉，《盛京時報》，1912 年 6 月 15 日，第 4 版。
〔註138〕〈旅鮮華僑之國民捐熱〉，《盛京時報》，1912 年 7 月 7 日，第 2 版。
〔註139〕〈咨請優獎暹羅僑商〉，《申報》，1912 年 8 月 2 日，第 6 版；〈國務院初四日紀事〉，《大公報》，1912 年 9 月 5 日，第 1 張第 4 頁。
〔註140〕〈南洋大學第二次演劇助捐〉，《申報》，1912 年 6 月 20 日，第 7 版。

方華僑祖國救財團事務所，以供中國政府之用。〔註141〕

另外，於 1913 年 6 月，由袁政府所公布的第一屆捐助國民捐人員與獎給各等愛國徽章之清單中，也可以統計各處的捐款情形：如新加坡商務總會三十六萬餘元、舊金山十五萬元、霹靂二十九萬餘元，以及緬甸仰光十五萬元等，而朝鮮一地也有萬元左右之捐款，〔註142〕可見民初華僑對於祖國捐輸之踴躍。

3. 華僑請求設領與保護

捐款之外，華僑也主動要求政府在海外設立領事，以保護僑民。如 1912 年 4 月，有旅俄僑商請求設立領事：

> 在俄華僑，居於苛例之下，呼籲無門。全俄之大，竟無一中國領事，
> 實屬不合！應請派遣領事駐紮俄境，以保華僑等語。〔註143〕

袁政府對於在俄設領一事，雖早有此議，不過因種種原因，仍未能成立。面對華商的要求，袁政府只得又回電表示無法立即辦理。〔註144〕6 月，《順天時報》甚至以社論的形式，要求政府在赴俄築鐵路之華工聚集處設領：

> 自俄西卑里亞鐵路告成，與東清鐵路接聯，交通利便。華人貧苦者
> 游邊謀食，而俄築鐵路需工人亦多，遂廣募華工從事苦役。而華工
> 往者亦益廣，此俄招華工之始，而華工赴俄之由來也。……（一）
> 請求派員與俄交涉，訂結優待華工條約。（二）請在華工□集處之阿
> 穆爾、伊爾庫斯克設領事，保護華工是為上策。〔註145〕

另外，印度加耳嘎答（筆者按：加爾各答）華僑、〔註146〕緬甸華僑曹華碧、〔註147〕以及荷屬東印度華僑，〔註148〕也都要求政府能在該處設領，以發揮保護華僑之功效。

要求政府在當地設領，是華僑訴請政府保護的一個方式，然大多數的情況下，華僑主要還是透過電函，要求政府能夠出面與當地國政府進行交

〔註141〕〈華僑發起祖國救財團〉，《申報》，1913 年 1 月 21 日，第 3 版。
〔註142〕《政府公報》，408 號（1913 年 6 月 25 日），〈公文〉，頁 297～304。
〔註143〕〈旅俄僑商請設領事〉，《順天時報》，1912 年 4 月 5 日，第 7 版。
〔註144〕〈籌商設領事問題〉，《順天時報》，1912 年 4 月 7 日，第 7 版。
〔註145〕〈論保護赴俄華工〉，《順天時報》，1912 年 6 月 13 日，第 2 版。
〔註146〕〈印度加耳嘎答華僑公電〉，《申報》，1912 年 9 月 12 日，第 2 版。
〔註147〕〈國務院三十日紀事〉，《大公報》，1912 年 10 月 31 日，第 1 張第 4 頁。
〔註148〕《申報》，1913 年 1 月 29 日，第 2 版。

涉。如 1912 年 4 月，婆羅洲發生華僑流血衝突事件，希望政府能出面交涉：〔註149〕

> 婆羅洲八釐八板電稱，譚亞萬因看電戲，巫人多名強爭椅位，被刀傷手臂，致起衝突。荷官不察，忽令警兵開槍，彈中頭部斃命。眾大譁，又傷斃多人，請醫來驗，不給證書，希圖含糊了事。乞電呈袁總統與荷交涉等因。荷警屢因細故槍斃人命，其虐待華僑已極，非嚴重交涉，不足以杜後患。〔註150〕

同年 6 月，又有小呂宋華僑因為檢查疫症事件，由華僑聯合會代為要求政府交涉保護：

> 北京袁大總統、唐總理、外交部總次長鈞鑒：小呂宋來電，近日華人到呂，醫生查視疫症，必須刺入肛門取糞驗看。不分老幼及婦女，一概受驗，情實難堪。懇轉請政府與美使交涉等因，乞即轉商美使，電呂於查驗時，男飲瀉品，女予寬免，勿再恥辱為幸！華僑聯合會叩魚〔註151〕

該一事件，顯示菲律賓政府對待當地華僑已相當的歧視，如此作法確已極盡人格之侮辱。同月，還有恰克圖華商因遭蒙古人欺侮、搶掠，無處申訴，而請求袁總統保護；〔註152〕以及美國新訂之禁止華人入境條例，由華僑聯合會代為要求政府交涉、取銷新例。〔註153〕

7 月，墨西哥因前年擊斃華人案，有關賠償問題，該國有意忽視之，因此華僑代表乃呈請政府出面交涉：

> 去年墨國亂黨在菜苑埠殺斃華人三百零三名，前清政府曾派外交員與墨廷交涉。墨廷已允賠償損失銀三百一十萬元，定期今年七月一號如數解清。……上、下議院已於五月三十一號閉會，此案無人提議，須俟九月開院方能定奪。屆時期限已過，無款可付，中央政府難免無責言等。……伏懇大總統飭令外交總長、駐美代表，速向墨

〔註149〕 該事件由上海華僑聯合會代為電請政府交涉。參考《東方雜誌》，8：12（1912.6），〈中國大事記〉，頁 4。
〔註150〕 〈華僑聯合會電〉，《申報》，1912 年 4 月 28 日，第 2 版。
〔註151〕 〈上海華僑聯合會電〉，《申報》1912 年 6 月 7 日，第 2 版。
〔註152〕 〈恰克圖華商之求保護〉，《順天時報》，1912 年 6 月 26 日，第 7 版。
〔註153〕 〈華僑聯合會電〉，《申報》，1912 年 6 月 30 日，第 2 版。

廷交涉，以紓民困。而全國體不勝屏營待命之至。〔註154〕

4. 華僑對法令權利的要求

　　除了僑居地的排華問題，華僑請求政府出面交涉外；國內對待僑民的舊制苛例，華僑也主動要求政府廢止。如1912年5月，華僑聯合會針對廈門徵收回國華僑入口稅問題，即致電袁政府要求取銷：

> 今幸民國成立，華僑歡欣鼓舞，均願回國興辦實業。但求政府毋再蹈前清故轍，以失其內嚮之心。……廈門代表周君壽卿宣布來意，謂廈門勒收回國華僑入口稅每人一元之例，實為他省所無！……今民國既成，則海外華僑歸來自應保護，不宜歧視。何得仍前徵收？請轉總會電致袁總統，將此苛例刪除云云。〔註155〕

同時，對於政府新制定、原擬採取「出生地主義」的國籍法，亦不滿意。華僑聯合會認為此一國籍法，將剝奪出生於海外之僑民的國籍，希望政府能改為以「血統主義」為考量的法令。〔註156〕此事後來經華僑革命黨人白蘋洲力爭，才改為以血統主義為主，而以出生地為輔。〔註157〕而袁世凱於1912年年底，也發表布告保護華僑：

> 方今民國肇興，凡屬中華國民咸得享同等之權利。所有閩、粵等省回國僑民，應責成各該省都督、民政長，通飭所屬認真保護。其有藉端需索、意存侵害者，務當隨時查察，按法嚴懲，俾遂僑民內嚮之誠，益彰民國大同之治。〔註158〕

此代表著袁政府在政策上，仍承續著清末和孫中山時期的保護華僑政策。

5. 華僑的投資

　　此一時期華僑對於祖國政府的態度，還表現在回國投資方面。1912年4月，南洋華僑胡國仁等，籌有三千萬元之股份，擬投資於東三省，經營開礦拓殖之事業。〔註159〕6月，又有南洋華僑贊助興建當時國內唯一之大建築—

〔註154〕〈美洲華僑全權代表呈文並批〉，《順天時報》，1912年7月28日，第5版。
〔註155〕〈華僑聯合會紀事〉，《順天時報》，1912年5月14日，第4版。
〔註156〕〈華僑聯合會電〉，《申報》，1912年8月28日，第2版。
〔註157〕李盈慧，《華僑政策與海外民族主義（一九一二～一九四九）》，頁102。
〔註158〕《政府公報》，225號（1912年12月12日），〈命令〉，頁120。
〔註159〕〈僑商擬投巨資於東三省〉，《盛京時報》，1912年4月19日，第2版。

一漢口新市場。〔註160〕1913 年 3 月，遭受荷人苛虐，商務大受損失的泗水華商，也因袁政府的招集，組織達五千萬元之華僑資本團，擬回國投資、興辦各種實業。〔註161〕而據林金枝等人的研究記載，當時還分別有美國及越南華僑回國投資「順德大成公司」、「江門集豐米機廠」和「順德大經絲廠」等。〔註162〕可見華僑對於回國興辦實業，皆具有相當的熱誠。

三、宋案發生後時期

宋教仁的被刺，因事涉袁世凱，國民黨還曾一度想發動反袁戰爭。僑界方面，新加坡吉礁書報社為此特別致電政府希望嚴辦兇手；〔註163〕荷屬華僑則稱：「趙秉鈞主謀殺宋鐵証昭彰，猶不明正典刑，是何用意？」〔註164〕足見其對宋案之堅定態度！但是當時在海外的華僑反應，則不如我們想像中來得激烈，仍有不少人支持袁政府。如 1913 年 4 月，即有來京之華僑代表接到海外各團體電函，「敦囑贊助目下之政府」；〔註165〕而金山中華會館商會也致電表示贊同此意。〔註 166〕5 月，新加坡、澳大利亞與檀香山華僑，皆電舉袁世凱為中華民國第一任正式大總統。〔註167〕南洋與檳榔嶼的僑商，也致電參、眾兩院，表示「正式總統非袁莫屬」。〔註168〕5 月 14 日的《華字日報》又報導：

> 香港華人商會願袁世凱被舉為總統之電，已有六起到北京。又鳥約、
> 芝加高、雲哥華等處之華商（筆者按：紐約、芝加哥、溫哥華），亦
> 各有電到京，均同此意。〔註169〕

當時南、北美洲確有不少華僑，皆致電擁戴袁世凱。〔註 170〕在新加坡的《叻報》，當時則刊載了香港各界支持袁當正式大總統的電文，計有：米行、麵粉行、新舊銅鐵行、番禺工商所、順德商務局、南北行、三水商工局、可叻庇

〔註160〕〈漢埠市場借款之通過〉，《盛京時報》，1912 年 6 月 5 日，第 4 版。
〔註161〕〈華僑資本團回國之先聲〉，《順天時報》，1913 年 3 月 24 日，第 3 版。
〔註162〕林金枝、莊為璣，《近代華僑投資國內企業史資料選輯（廣東卷）》，頁 44。
〔註163〕〈愛國華僑電紛馳〉，《叻報》，1913 年 5 月 15 日，第 2 版。
〔註164〕〈荷屬華僑來電〉，《盛京時報》，1913 年 5 月 21 日，第 2 版。
〔註165〕《申報》，1913 年 4 月 12 日，第 2 版。
〔註166〕《政府公報》，336 號（1913 年 4 月 14 日），〈公電〉，頁 485。
〔註167〕〈北京特派員電〉，《華字日報》，1913 年 5 月 7 日，版頁不明。
〔註168〕〈九號報社公電〉，《華字日報》，1913 年 5 月 10 日，版頁不明。
〔註169〕〈十三號北京特派員電〉，《華字日報》，1913 年 5 月 14 日，版頁不明。
〔註170〕〈十五號北京特派員電〉，《華字日報》，1913 年 5 月 16 日，版頁不明。

能行、疋頭綢緞行、洋參冰片行、鹹魚行、牙科行、檀香行、金山庄與花紗行等。〔註171〕其他在小呂宋、檀香山、海參威等地區，也都有華僑致電表示推袁之意。〔註172〕

這些華僑除了致電表示支持袁外，還譴責國民黨製造動亂。《華字日報》中，即有此相關報導：

> 此間輿論大罵南方為暴民政治，并謂各黨人盤踞要津如一家私產。
> 剝民肥己，以致盜橫商敝，民不聊生。近日得接滬漢港及南洋群島、
> 南北美洲各華商來電，益信民國大局非袁為正式總統，迄莫能定。
> 各界人士愈以堅其推舉袁氏之意。〔註173〕

而《大公報》裏，也報導加拿大華僑的情形稱：

> 總統府前日接得坎拿大全體華僑來電，略謂孫、黃煽亂，華僑公憤，
> 乞速嚴辦等語。袁閱後，以該僑民等對於祖國情形尚未盡悉，因於
> 日昨覆去一電，大略係告諭該僑民等，孫、黃為革命偉人，對於民
> 國前途無不盡力維持，煽亂二字係為一般破壞者所捏造，萬毋輕信
> 浮言，致令黑白顛倒云。〔註174〕

可見袁還為此向華僑解釋孫、黃等國民黨人，並無作亂的意思！而 1913 年 5 月，香港部分僑商則藉眾議院反對簽訂五國借款之機會，致電譴責議會，〔註175〕希望其能儘快推選袁為正式總統：

〔註171〕〈香港各界致北京電文一束〉，《叻報》，1913 年 5 月 20 日，第 5 版；5 月 22
日，第 5 版；5 月 27 日，第 3 版。

〔註172〕〈小呂宋華僑推袁電文〉，《叻報》，1913 年 6 月 12 日，第 3 版；〈檀香山華
僑之推舉項城〉，《華字日報》，1913 年 7 月 7 日，版頁不明；〈哈濱海參威華
僑之推袁電〉，《華字日報》，1913 年 7 月 10 日，版頁不明。

〔註173〕〈十六號北京特派員電〉，《華字日報》，1913 年 5 月 17 日，版頁不明。

〔註174〕〈大總統電諭華僑勿疑孫黃〉，《大公報》，1913 年 5 月 19 日，第 1 張第 3、4
頁。

〔註175〕眾議院以袁政府簽訂五國借款案並未經其同意，視為違法。然黎元洪則認
為議員對於借款一事皆認有必要，只因政府於簽約之後，未能咨覆議院。
如此手續未周之處，除歸咎政府外，也應要追究議院失職之過。於是黎元
洪便於 1913 年 5 月 30 日，會同十六省都督，「電責國會翻覆」。部分香港
僑商即因支持黎等之看法，遂也致電譴責在當中國民黨佔有優勢的議院。
參考李守孔，《民初之國會》（台北：正中書局，1997），頁 243～246，248；
郭廷以編著，《中華民國史事日誌》第一冊（台北：中央研究院近代史研究
所 1979），頁 95。

> 議員違法，屢搗亂議院，大失國體。延不舉總統，事事不得成議，
> 豈不負國民所託？請國務院轉達兩院，當順輿情，立行宣佈舉袁公
> 爲正式總統，以固邦本。〔註176〕

是以從上述這些推舉袁任總統的電函中，即可以知道華僑對於國民黨發動反袁、反政府的舉動，相當地不以爲然！在此可以舉當時橫濱華僑致華僑聯合會的一封信函爲例，從當中或可了解華僑並不贊同國民黨發動革命的原因：

> 查宋案周傳海外，凡我國民皆引領觀望，以待水落石出。則似當靜
> 待法庭裁判，自有主名，況此案嫌疑及於政府，影響即關於全國，
> 我國民尤應如何審慎言論，豈能於未受裁判以前吠聲吠影，以動國
> 本而惑人心？雖謂程都督應省長曾將證據宣布，但證據雖得而罪狀
> 未宣，究不足以成定讞。故無論是否確爲袁、趙所嗾使，總之，一
> 日未經判決，即一日不得定爲罪名也明矣！乃貴會不察，謬然以此
> 通布海外，并慫我華僑預備後盾，是不獨落井下石，直恐民國之不
> 破爛而預備以破之，國民之不流血而預備以流之。誠不解貴會是何
> 肺腸也？將以我華僑皆爲好亂之種子乎？〔註177〕

部份海外華僑認爲民國初建，一切尚在草創，在珍惜與維繫民國創立維艱之餘，並不容許國民黨再起革命、再次興亂的主張；何況當時尚未宣判袁世凱等人有罪，華僑也多不認同國民黨對此做出過度的反應！

宋案發生後，華僑對於祖國政府仍持續有捐款的活動。如1913年4月，財政部僉事李心靈與日本橫濱華僑吳廷奎，分赴日本、南洋各埠陸續募集債票至四十餘萬元。〔註178〕而霹靂僑民商號廣嘉興等，也因倡捐巨款、急公好義，分別由袁頒布命令，授與一至三不等之愛國徽章。〔註179〕

其次，在請求政府交涉保護方面，1913年4月，日本華僑有貨輪遭扣留事件，要求政府處理：

> 日本神戶華僑商務總會呈稱，據僑商同孚泰等聯名呈謂：商等上年
> 所辦貨物，由日本二辰丸輪船裝運赴粵。該輪因國際交涉被粵省扣
> 留，以致該商等損失頗鉅，迭向日政府據理請求賠償損失，迄無效

〔註176〕〈港商切責議員催舉總統通電〉，《華字日報》，1913年5月31日，版頁不明。
〔註177〕〈橫濱華僑痛駁華僑聯合會函〉，《叻報》，1913年6月11日，第3版。
〔註178〕〈熱河都統熊希齡呈論獎勵募債華僑文〉，《大公報》，1913年5月9日，第2張第2頁。
〔註179〕〈命令〉，《申報》，1913年6月27日，第2版。

果。應請政府轉飭外交、工商兩部設法維持，保全商本。政府閱悉
後，以海外華僑關懷祖國、踴躍輸餉，深堪嘉許。已奉大總統諭交
外交部妥籌相當辦法，以副該華僑之殷望云。〔註180〕

可見袁能即刻反應，表達出對僑商利益的關心。而這樣的作為，也當能再一次拉近袁政府與華僑的距離。6 月，墨西哥華僑致電北京，「言該國又起第貳次革命，請政府速設法保衛華商。」〔註181〕同月，越南華僑則因被指與越南革命有關，遭法國政府殺戮。越南華僑在電函中稱：

> 無論吾僑民於越南革命之事，絕無關係，縱有一二為之暗助。而法
> 政府偵騎四出，不能緝獲，反責於我幫長尤，絕無公理者也。……
> 吾祖國同胞苟不協力一爭，將忍令僑民之被外人屠戮淨盡已矣？
> 〔註182〕

袁政府是否曾交涉此案，並不得而知？但僑民與僑商皆希望政府的交涉保護，在宋案之後則依然如此！

宋案發生後，還有華僑對於國事提出建議者。當時報紙曾有如此刊載：

> 國務院消息海外亞、非、美、歐、澳五洲二百埠華僑聯合會來電：……
> 為今之計，欲救危亡：第一、國會議員必須泯私見而顧大局。第二、
> 必須速定憲法以安人心。第三、必須選袁公為正式大總統，以服眾
> 欲。第四、必須速改省制，以期南北意見統一。第五、必須用積極
> 之外交，以重信用。第六、必須移民實邊，以固邊圉。第七、必須
> 速將蒙藏籌設自治區域，以安職產云云。〔註183〕

這二百埠華僑聯合會的來電建議，涉及內政、外交各方面，顯見海外華僑對於國事的關心與了解。

從以上所述可以發現，民國成立後，海外僑界沒有國內政治團體的活動，華僑對於祖國的政治立場未受到分割，對於這個新成立的共和體制國家，多能抱著支持態度。從致電慶賀大總統就職、捐資購買國民捐、回國投資興辦實業、要求政府設立領事、請求政府交涉保護、要求廢止華僑回國苛例，到修改國籍法和建議國事等，這些作為一方面是華僑對祖國經濟的實質援助措

〔註180〕〈僑商請向日人索償損失〉，《華字日報》，1913 年 4 月 8 日，版頁不明。
〔註181〕〈四號北京特派員電〉，《叻報》，1913 年 6 月 4 日，第 3 版。
〔註182〕〈越南華僑之血淚痕〉，《申報》，1913 年 6 月 19 日，第 6 版。
〔註183〕〈海外二百埠華僑電陳七事〉，《華字日報》，1913 年 7 月 5 日，版頁不明。

施，另一方面則是華僑主動的求援，代表著華僑對祖國政府富強的期望，因此都表示海外華僑和祖國之間維繫著密切的關係。當孫中山表示要讓位予袁時，海外僑界雖曾有人表達反對意見；而且在宋案發生後時期，也有華僑要求政府嚴辦孫、黃等國民黨人之煽亂，但在孫、袁二人的勸說影響下，多能不再起爭端，繼續維持國家統一的局面。華僑能深知民國建立之維艱，多所退讓，亦是僑界政治立場能大體維持一致的重要原因。

第二章　二次革命至袁稱帝前華僑對祖國政治立場之分歧

　　在孫中山任職、袁世凱統治以及宋案發生後三個時期裏，華僑對於祖國的態度大體不變，都能維繫著密切互動的關係。然而當袁繼續簽訂善後大借款和罷免國民黨三都督後，孫中山所領導的國民黨便發起了討袁的二次革命。二次革命失敗，國民黨員被迫逃至海外發展，僑界在政治立場上好不容易形成的一致情況，遂告結束。此時國民黨因意見不同而分裂，加上海外又有梁啓超等進步黨勢力的活動，僑界便再次進入了逐鹿爭霸的局面。

第一節　二次革命至袁稱帝前的政局演變

　　1912 年，袁世凱繼孫中山擔任臨時大總統之職後，即在北京逐漸鞏固其勢力。1913 年，由於袁深怕國民黨員宋教仁於勝選後，可能挾國會勢力以組織內閣，又忌其有能力、有操守，不肯受袁金錢、作袁私黨，乃派人將宋刺殺。〔註1〕宋被刺殺後，震撼國內政局，孫文見袁在政治上頗有獨裁稱帝的野心，故力主討伐之，然而黃興以爲南方武力不足恃，主張靜待以法律方式解決，討袁之舉乃告作罷。隨後，袁世凱又簽訂二千五百萬鎊的善後大借款並且罷免國民黨三都督，國民黨遂決心討袁，是爲二次革命。

　　二次革命的發動，表面上雖然是爲了宋案與大借款案，但是就張玉法的研究，其實尚有更深層的原因有以導致之。首先，是辛亥革命結束後，各省

〔註 1〕 李劍農，《中國近百年政治史》（台北：臺灣商務印書館，1992），頁 389。

革命軍紛紛被遣散，官兵不僅未能獲得革命的利益，而且生活上還發生問題。
因此袁世凱繼任臨時大總統後，湖北等省被遣散的革命軍將士就有二次革命
的呼聲。其次，南北統一後，袁任臨時大總統、黎元洪任臨時副總統，二人
與革命皆無淵源，難以令革命派心服。加上內閣中革命黨員的人數逐次減少，
更無法安頓老革命黨之心。其三，孫中山讓臨時大總統之位給袁後，黃興亦
辭去南京留守之職，二人均集中全力推展實業建設與社會革命。而宋教仁在
卸掉農林總長之職後，也繼續以政黨政治的方法推展政治革命。但是當宋被
暗殺後，孫、黃的建設事業落空，革命的理想化爲泡影，遂不得不再起革命。
〔註2〕1913 年 7 月 19 日，國民黨議員即擬於國會提案，討論其私下之決議事
項：南方發亂皆政府違法之行爲所致；要求宋案須依法律解決；大借款案則
須經國會之追認；以及取銷總統府所頒布的命令。〔註3〕然而實際上國民黨員
對於二次革命的看法並非相當一致，加上政府的勸誘，該黨很快地就形成意
見分歧乃至分裂的局面。當時報紙對國民黨內部情形有這樣詳盡的報導：

> 有某政界中人評此事，謂國民黨中素有激烈派及溫和派，於政界思
> 想態度均不似舊同盟會派之堅決。此次南省事起，亦無奮袂決起之
> 觀念。其中有間受政府之勸誘，遂傾嚮於政府者；亦有因被拘束於
> 黨派，未便公然決其去留者，屢見不鮮；並有思想堅實，未受外力
> 之誘惑，然以南省起事大不謂然者。政府熟悉此間消息，故因此次
> 南省起事，即促該黨反省，一面勸誘、一面威壓，務使溫和、激烈
> 兩派可明旗幟，難於聯袂。此集益會之所以發生於今日，又總檢察
> 廳之所以用嚴厲之手段於國民黨，以促其轉換局面也。〔註4〕

國民黨內部呈現分歧，而國內對二次革命的發起亦不甚支持，不過最終還是
有所謂的十八省之代表通過由岑春煊來擔任討袁軍大元帥。〔註5〕有關當時討
袁的戰力情勢，鄰近的日本參謀本部早已估計到袁勝孫敗的結局，〔註6〕而英
國一向支持袁世凱，美國又認爲袁是最有資格維持一個穩定政府及維護美國
利益者，〔註7〕因此列強在本身經濟利益的考量下，皆支持袁世凱政府，〔註8〕

〔註2〕 張玉法，《中華民國史稿》（台北：聯經出版社，1998），頁 67-68。
〔註3〕 〈國民黨議員議決各條件〉，《盛京時報》，1913 年 7 月 22 日，第 2 版。
〔註4〕 〈國民黨改名集益會之原因〉，《盛京時報》，1913 年 7 月 31 日，第 3 版。
〔註5〕 〈十八省代表公舉討袁軍大元帥〉，《盛京時報》，1913 年 8 月 1 日，第 3 版。
〔註6〕 俞辛焞編，《黃興在日活動秘錄》（天津：天津人民出版社，1998），頁 29～30。
〔註7〕 郭廷以，《近代中國史綱》（下冊）（台北：曉園出版社，1994），頁 508。

而這又勢必注定二次革命無法成功的命運。

　　二次革命從 1913 年 7 月至 9 月，持續兩個月終告失敗，孫中山於檢討原因之餘，對黃興頗有微詞。在其與黃論二次革命失敗之信函中即稱：

　　　　公謂民國已經成立，法律非無效力，對此問題宜持以冷靜態度，而待正當之解決。……文當時頗以公言爲不然，公之不聽。及其後也，烈武（筆者按：柏文蔚）、協和（筆者按：李烈鈞）等相繼被黜，靜山觀望於八閩，組安反覆於三湘，介人復盤據兩浙，而分南方之勢，以掣我肘；……文於此時，本擬親統六師，觀兵建康，公忽投袂而起，以爲文不善戎伍，措置稍乖，遺禍非淺。文雅不欲於兵戈擾攘之秋，啓兄弟同室之鬩，乃退而任公。公去幾日，馮張之兵，聯翩南下。夫以金陵帝王之建都，龍蟠虎踞，苟得效死以守，則大江以北，決不致聞風瓦解，而英士、鐵生亦豈一蹶不振。乃公以餉絀之故，貿然一走，三軍無主，卒以失敗，堯卿、海鳴難爲善後，而如火如荼之民氣，於是殲滅無遺，推原其故，文之非歟？公之咎歟？固不待智者而後知之矣。〔註9〕

孫文認爲宋教仁被刺後，國民黨便該立即討袁，而不應等到大借款後，袁世凱有了充分準備方才舉事。〔註 10〕對於黃興的態度，孫實有很大的不悅。而在革命派本身組成份子上，孫亦有其感慨與不滿。其認爲：「當時黨員雖眾，聲勢雖大，而內部分子意見分歧，步驟凌亂，既無團結自治之精神，復無奉令承教之美德，致黨魁有似於傀儡，黨員有類於散沙。迨夫外侮之來，立見摧敗。患亂之志，疏如路人。」〔註 11〕於是乃欲將國民黨改組爲中華革命黨，規定入黨黨員須宣誓、按指模，「必自問甘願服從文一人，毫無疑慮而後可。」〔註 12〕黃興面對孫中山這樣的主張，則認爲當時亡命日本的國民黨員，都是

〔註 8〕　日本因自我利益考量，加上其實力與英、美等國有所差距，不敢不顧該二國對袁之態度，因此在二次革命中是抱支持袁世凱政府的態度。參考《黃興在日活動秘錄》，頁 29～30。

〔註 9〕　〈與黃興論癸丑失敗之由並勸其歸國函〉，《國父全集》第三冊（台北：中國國民黨黨史會編印，1981），頁 323。

〔註 10〕　周震鱗，〈關於黃興、華興會、和辛亥革命後的孫黃關係〉，收於左舜生，《黃興評傳》（台北：傳記文學出版社，1981），頁 182。

〔註 11〕　〈民國三年致南洋同志書〉，胡漢民編，《總理全集》第三集（上海：上海書店，1990），頁 239。

〔註 12〕　同上。

參加討袁而被通緝的，不應該在這時候對其嚴加整肅，而應在原有的基礎上發展，團結更多的力量以爲討袁之用。〔註13〕再者，中華革命黨總章中規定：

十一　凡於革命軍未起義之前進黨者，名爲首義黨員；凡於革命軍
　　　起義之後，革命政府成立以前進黨者，名爲協助黨員；凡於
　　　革命政府成立之後進黨者，名曰普通黨員。

十二　革命時期之內，首義黨員悉隸爲元勳公民，得一切參政執政
　　　之優先權利；協助黨員得隸爲有功公民，能得選舉及被選權
　　　利；普通黨員得隸爲先進公民，享有選舉權利。

十三　凡非黨員，在革命時期之內，不得有公民資格；必待憲法頒
　　　布之後，始能從憲法而獲得之。憲法頒布以後，國民一律平
　　　等。〔註14〕

而且在籌餉局獎勵章程中，又以出資之多寡，來獎予勳章、建立銅像，以及給以經營礦山和各種實業之優先特權。〔註15〕以當時參加革命者，只佔總人口的百分之一、二，且多數國人不知共和爲何？不懂權利義務？甚至不知道清帝已經退位？〔註16〕而孫文卻以利益爲考量，將國家權益出賣於肯捐款、有貢獻的少數人手中，黃興對此即疑慮地譏諷道：「反對自己十餘年所提倡之平等自由主義，不惜以權利相號召，效袁氏之所爲。」〔註17〕由於彼此間在認知上產生很大的分歧，主張緩進的黃興終未能加入以積極討袁爲主張的中華革命黨陣營裏。

　　二次革命失敗後，國民黨黨員遭受通緝，紛紛逃亡海外。孫文到了日本，爲了整合東京的革命勢力，先後成立了「浩然廬」、「政法學校」以及創辦《民國雜誌》。浩然廬成立於1913年12月1日，專爲培養軍事幹部，學生共有53人；政法學校則創於1914年2月9日，相對地，則是作爲一個培養政治幹部的地方。全校學生一共180人，皆是革命黨人及其子弟，主要由黃興與李烈鈞所資助；而《民國雜誌》創辦於1914年5月10日，主要是在宣傳革命討

〔註13〕周震鱗，〈關於黃興、華興會、和辛亥革命後的孫黃關係〉，頁182～183。

〔註14〕鄒魯，《中國國民黨史稿》（台北：臺灣商務印書館，1976），頁167。

〔註15〕同上，頁316～317。

〔註16〕閻沁恆，〈袁世凱當政初期的政情分析〉，《現代中國軍事史評論》第4期（1988.2），頁22～25。

〔註17〕〈黃興致劉承烈函〉1914年6月，轉引自李雲漢，〈中華革命黨的組黨過程及其組織精神〉，《孫中山先生與近代中國學術討論集》第二冊（台北：孫中山先生與近代中國學術討論集編輯委員會，1985），頁300。

袁。〔註 18〕然而不久，孫中山改組中華革命黨後，因要求入黨黨員一律服從孫一人的主張，得不到一些黨員的認同，舊國民黨的聲勢遂繼上述集益會之後，又再次分裂。由於未入黨的舊國民黨員當中，不乏開國元勳如黃興、李烈鈞、陳炯明等人，中華革命黨未能將這些國民黨員吸收，不僅使討袁聲勢有所降低，而且更成為日後在海外籌款的一大阻礙。

　　黃興到日本之後，其作為與孫中山大不相同。孫中山至日本，即投入新的革命運動準備之中。由於孫希望在兩年內革命成功，因此便努力爭取日本的支持。然而黃興則只訪問過外務省政務局局長小池深造，此後便與日本財界、軍部毫無往來。黃興還在日本購買一間房子，平常與訪客議論、下棋，或是讀書、學英文，對於爭取日本的援助並不積極。〔註 19〕後來孫中山以中華革命黨大會召開在即，黃興既不入會，就勸他靜養兩年（黃患有胃病），並希望他在此期間不要妨礙中華革命黨所推進的反袁運動。〔註 20〕加上購屋之事，成為黨人攻擊的把柄，〔註 21〕黃興考量在日本之同志，言論漸趨分歧，頗滋誤會，乃決意前往美國。〔註 22〕陳新政稱：

　　　　凡與黃先生懷同調者，亦皆離開東京，前來南洋。本黨因有東京派、
　　　　南洋派之名稱。同人極力調和，終歸無效。〔註 23〕

而李烈鈞、陳炯明等人，即是懷同調至南洋發展者。這些未加入中華革命黨的舊國民黨員，便由李根源發起，在 1914 年底於日本東京共同組織「歐事研究會」，對於袁政府主張採取緩進的態度。〔註 24〕

〔註 18〕 俞辛焞編，《黃興在日活動秘錄》，頁 40～41；張玉法，《中華民國史稿》，頁 73。
〔註 19〕 俞辛焞編，《黃興在日活動秘錄》，頁 42～43。
〔註 20〕 湖南省社會科學院編，《黃興集》，轉引自彭澤周，《近代中國之革命與日本》
　　　　（台北：臺灣商務印書館，1989），頁 111。
〔註 21〕 俞辛焞編，《黃興在日活動秘錄》，頁 43。
〔註 22〕 李雲漢，《黃克強先生年譜》（台北：中國國民黨黨史會編印，1973），頁 367。
　　　　孫中山於〈與黃興論癸丑失敗之由並勸其歸國函〉中則稱黃興與陳英士等
　　　　人互相齟齬，溥泉、海鳴又從而煽動之所致。另外，就俞辛焞的研究指出，
　　　　其實黃興到日本後，即想前往美國。一來因二次革命時，日本政府不但未按
　　　　其允諾孫文之要求援助革命勢力，甚至還參加五國借款團，向袁世凱提供巨
　　　　額貸款。因為日本當時態度的失當，才令革命黨陷入今日之地步；再者，美
　　　　國沒有加入五國借款，因此黃興對其抱有好感，遂期待美國能有助於其緩進
　　　　的革命主張。參考俞辛焞編，《黃興在日活動秘錄》，頁 44。
〔註 23〕 陳新政，〈華僑革命史〉，《陳新政遺集》（下）（出版社及出版日期不明），頁 38。
〔註 24〕 蔣永敬，〈歐事研究會的由來和活動〉，《傳記文學》34：5（1979.5），頁 66。

　　國內政局方面，以梁啓超爲首的進步黨，其立場是擁護袁世凱政府。梁啓超自從戊戌政變，與其師康有爲逃亡海外後，憑藉著各處林立的保皇黨勢力，在僑界爲光緒帝的復出而努力。光緒帝死後，保皇黨改爲憲政黨，梁啓超等人尚在海外發展，而該黨在海外的根基也依然穩固。梁在未歸國前之致袁信函中，對袁即推崇備至；而袁世凱也想拉攏梁，以壯大個人聲勢。〔註25〕因此二人早有合作的想法。梁啓超當時對於國內政局曾稱有兩派勢力在爲害國家：一爲腐敗官僚，一爲亂暴勢力（筆者按：指國民黨）。〔註26〕爲圖民國初建時之安定發展，即必須阻止官僚的再腐敗與暴民政治的發生。後來由國外回國的梁啓超，在政治上鼓吹著「國權主義」，認爲主權在國家，與國民黨主張的「主權在民」明顯不同。梁的目的即是想通過袁世凱這個強大的當權者，在共和的形式下，將國家引上憲政的軌道。其認爲若沒有袁世凱，國家前途將會不堪設想。〔註27〕梁啓超對袁世凱的觀感如此，故自1912年正式國會選舉後，即聯合共和、民主、統一三黨於次年合併爲進步黨，以對抗國會中佔多數的國民黨。方法便是要藉著聯袁，來削弱國民黨的氣勢。〔註28〕

　　當時國民與進步兩黨的見解南轅北轍，主要的差異則表現在對宋案、大借款案以及中俄協約案的爭論上。對於宋案的看法，國民黨議員分爲激烈與穩健兩派，激烈一派已相率南下參與討袁軍；穩健一派則主張早日制定憲法，束縛袁世凱。進步黨議員則一致認爲宋案純爲法律問題，應循法律途徑來解決。大借款案，國民黨主張政府違法簽約，斷不承認；進步黨則以爲既成事實，但應監督其用途。至於中俄協約案，國民黨以爲該協定無異割棄外蒙於俄人，應視爲無效；進步黨則以中國實力既不足以收復外蒙，何若忍一時之痛暫時同意該約。〔註29〕進步黨並於1913年提出的六項大政方針，其中主張：

〔註25〕張朋園，《梁啓超與民國政治》（台北：漢生出版社，1992），頁66～67。

〔註26〕梁啓超，〈共和黨之地位與其態度〉，《飲冰室文集》第11冊（台北：中華書局，1983），頁19。

〔註27〕李喜所、元青，《梁啓超傳》（北京：人民出版社，1994），頁308。《梁啓超與民國政治》，頁43,59。

〔註28〕進步黨原本要推舉袁世凱爲理事長，一因袁氏實權在握，只有擁袁，進步黨才有足夠聲勢與力量來和國民黨相抗衡；再者，進步黨人希望用合議制來約束袁世凱，並引導其走向政治的正軌。梁啓超即是如此。參考張朋園，〈進步黨之結合與權力分配〉，《中華民國史料研究中心十週年紀念論文集》（台北：中華民國史料研究中心，1979），頁292。

〔註29〕李守孔，〈民初之政黨、國會與黨爭〉，《傳記文學》34：1（1979.1），頁22。

「凡爲政黨者必由黨中預推總統候選人，進步黨自理事長黎元洪以下多囑意於袁世凱，即推袁爲正式總統候選人。」〔註30〕同年，國民黨發動二次革命時，梁除了陸續發表〈說幼稚〉、〈革命相續之原理及其惡果〉、〈共和黨之地位與其態度〉等文章與演說，對革命與革命派大加撻伐外，〔註31〕也召集進步黨議員二百四十餘人討論通過，在眾議院中正式提出討伐案。〔註32〕對於日後中華革命黨對袁世凱所採取的聲討態度，梁更是不予苟同。

　　袁世凱本身身爲大總統，是正統的中央政府領袖，自能得到絕大多數之認同，再加上有梁啓超爲首的進步黨員支持，聲勢自然提高不少。二次革命後，國民黨的勢力，幾乎盡被袁逐出至海外，而袁則在國內成立所謂「第一流人才內閣」，〔註33〕國內政局因此曾氣象一新。隨著國民黨籍議員資格之取銷、政治會議的召集以及國會之被解散，國內政權幾乎已完全控制在袁世凱手裏。當時外國的報紙，即有這樣的評論：

　　　近日總統之施一政、出一令，以其表面觀之，似與國家有莫大關係。然審其實際，毫無效力，與國家之否泰初無應響之可言。如廢撤內閣制一事，天下人民聞之莫不色然，駭以爲內閣操中國政權，今一旦廢之，中國根本勢將動搖。實則內閣有名無實，廢撤之不過中國政治舞臺上少一腳色耳，與政治前途無涉也。何者？今中國政事盡發生於總統府中，其權亦操於總統一人，內閣各總長事事必遵命而行，若不得其諾，則雖治國平天下之大針亦不敢私行，故閣員不過一傀儡而已。……蓋今日袁總統之勢已完全爲狄克推多（筆者按：dictator），國中無人足以肘制之。……政治議會爲代總統任咎之處，凡總統所爲不法之舉，其過咸歸之議會，故政治議會實大有造於總統，且政治議會議員皆爲總統變形，不然即其變形之變形，猶一身分而爲手足臟腑。……他日之約法議會，亦不過爲政治議會之變形，

〔註30〕《申報》，1913 年 1 月 19 日，轉引自張玉法，《民國初年的政黨》（台北：中央研究院近代史研究所，1985），頁 121。

〔註31〕李喜所、元青，《梁啓超傳》，頁 318。

〔註32〕〈黨務報告〉，《中華雜誌》1：7，轉引自張朋園，《梁啓超與民國政治》，頁 48；黃遠庸，《遠生遺著》（下冊）（台北：文星出版社，1962），頁 149〜151。

〔註33〕即以第一流人才組成之內閣。其成員有總理兼財政總長熊希齡、陸軍總長段祺瑞、海軍總長劉冠雄、內務總長朱啓鈐、外交總長孫寶琦、交通總長周自齊、司法總長梁啓超、教育總長汪大燮及農商總長張謇。參考李劍農，《中國近百年政治史》，頁 402〜403。

換湯不換藥耳！且其議員資格甚高，非有大名及行政經驗而爲博學宏儒者，皆不得被選。此舉顯係爲擯斥國民黨等人物而起。……以上所言，惟我西人始敢略道一二，若華人則噤若寒蟬，不敢則聲是。蓋積威之下不得不然也！今華人心目中亦莫不知袁總統之行爲簡直一前清皇帝，亦敢怒而不敢言。……〔註34〕

梁啓超初欲與之聯合的袁世凱政府，已逐漸在改變其作爲。袁的獨裁意圖一次次展露出來，也令梁啓超漸漸認清與失望，最終使得雙方漸行漸遠。

民國初年，財政極其窮困。袁世凱除了簽訂二千五百萬鎊的善後大借款外，也向各國借了不少外債。〔註35〕而當袁察知海外華僑多傾心祖國，往往樂輸鉅款、補助中央後，即對海外華僑事務相當關心。或保護華僑、交涉不平等條例，或考察華僑商務、注重僑民教育。然而在這背後，無非是要華僑能多捐款、多購買公債，來幫助祖國度過經濟的困境。

袁世凱政府需要僑界的支持與籌款；梁啓超等在海外仍保有昔日保皇黨的勢力；孫文的中華革命黨與黃興爲首的歐事研究會，又被迫在海外發展。在這樣的政局演變下，各派在僑界極力活動、爭取支持，海外華僑的支持對象便產生了分歧：有些支持當政的袁世凱政府；有些是傾向於梁啓超的陣營；有些則跟從黃興等人的歐事研究會；更有些還是支持著孫中山的中華革命黨。在袁世凱暴露出稱帝野心前，海外華僑便因爲國內的政爭，在僑界形成力量分散的情形。

第二節　華僑與袁政府

袁世凱出身北方，對於海外華僑的了解並不透徹，也較不重視。然而在當了大總統後，一方面緣自於華僑對祖國的向心，另一方面袁世凱於當政後，逐漸對華僑事務有所認識，也瞭解到爭取華僑支持與認同的重要，因此既身爲中華民國的元首，便時常對海外僑界予以適切的關注與幫助。而華僑對於政府的支持擁護，也可從購買公債票券與請求政府出面交涉排華苛例、保護華僑事件中看出來。華僑與袁政府之間的關係，實是相當密切，而華僑也並

〔註34〕〈西報之政局評〉，《盛京時報》，1914 年 2 月 21 日，第 3 版。
〔註35〕徐義生編，《中國近代外債史統計資料（1853～1927）》（北京：中華書局，1962），頁 114～133。

非皆是以支持反袁、討袁的國民黨爲主。茲將二次革命至袁世凱稱帝前這段時期，華僑與袁政府的關係，敘述如下：

一、華僑對袁政府的支持

　　這部分可從華僑對袁世凱就任第一任大總統的慶賀、華僑對內國公債的購買和捐款，以及華僑要求政府出面交涉、保護等事件中表現出來。

　　首先，在袁世凱當選第一任大總統方面，早在 1913 年 2 月，到北京的華僑選舉代表即均相信袁世凱必能當選大總統。〔註36〕1913 年 10 月 6 日，袁世凱果眞當選後，來自海外僑界的賀電即陸續湧來。香港南海僑商公局電稱：「國基是賴，咸慶得人。」〔註37〕旅港要明會甯四邑商會更言：「惟我袁公乃能有濟世英雄，□數千年創見之關係。」〔註38〕此外，香港銀業行、旅港番禺工商公所、旅港順德商務局、南北行、金山庄行等，也都拍電致賀。〔註39〕新加坡方面，除共和黨駐新加坡支部交通事務所拍來賀電外，〔註40〕「各行店一律休業，又復懸旗結彩；夜則張燈，以誌歡欣。而總領事府依時邀集士、商各界，茶會招待殷勤。凡各來賓莫不喜溢眉梢，互相稱賀云。」〔註41〕學界與中華商務總會，也都有慶祝的活動。〔註42〕而在日本的橫濱與東京，亦有華僑舉辦慶祝袁世凱就任總統的活動，且來賓頗多。〔註43〕

　　其次，在購買內國公債和捐款方面，雖然二次革命後，華僑對袁政府的

〔註36〕　〈北京電〉，《申報》，1913 年 2 月 16 日，第 2 版。
〔註37〕　〈電賀袁總統一〉，《華字日報》，1913 年 10 月 8 日，版頁不明。
〔註38〕　〈電賀袁總統三〉，《華字日報》，1913 年 10 月 8 日，版頁不明。
〔註39〕　〈賀袁黎兩總統電〉、〈賀袁大總統電四〉、〈賀袁大總統電五〉，《華字日報》，1913 年 10 月 9 日，版頁不明。〈南北行賀袁黎兩總統電〉、〈金山庄行賀兩總統電〉，《華字日報》，1913 年 10 月 10 日，版頁不明。吳倫霓霞、莫世祥對於民初香港商人的舉措，曾稱其切身利益的得失，是決定其政治態度的根本依據。由於發動二次革命討袁，一併帶來社會動盪，使其在經濟上遭受重大損失，於是選擇支持袁世凱、反對國民黨，乃爲商人揣度經濟實惠的結果。參考吳倫霓霞、莫世祥，〈粵港商人與民初革命運動〉，《近代史研究》總第 77 期（1993.9），頁 210〜211。
〔註40〕　〈中華民國共和黨駐新嘉坡支部交通事務所賀電〉，《叻報》，1913 年 10 月 9 日，第 2 版。
〔註41〕　〈海外歡騰〉，《叻報》，1913 年 10 月 11 日，第 2 版。
〔註42〕　〈中華商務總會對於總統就職日之慶賀〉、〈學界之慶祝〉，《叻報》，1913 年 10 月 9 日，第 2 版。
〔註43〕　〈駐日華僑之慶祝〉，《順天時報》，1913 年 10 月 12 日，第 2 版。

捐款大幅減少，〔註44〕不過仍有不少華僑依然對袁政府抱持支持的態度。除了有華僑向外交部詢問認購公債的辦法外，〔註45〕政府也在 1914 年加足了公債票額二千萬元，來方便華僑認購。〔註46〕1915 年，農商部又接到華僑來電詢問該年內國公債是否仍將照辦？何時發行？以及債額多少的問題？〔註47〕於是袁世凱除了諭令財政部對華僑所擔負的內國公債、國民捐等數目詳細查明，準備獎勵外，〔註48〕對於該年內國公債的發行，也決定從華僑方面開始著手。〔註49〕除了由匯豐銀行代為銷售公債，〔註50〕也派遣司徒穎、劉始昌等，前往小呂宋群島；〔註51〕溫左才、劉星橋、蕭道南等至南洋；〔註52〕以及李心靈赴南洋與美屬各埠勸募公債。〔註53〕其銷售情形，在新加坡方面，由中華商務總會幫忙刊登公告，鼓勵華僑認購公債；〔註54〕美國的舊金山銷售了三十萬元的債券，〔註55〕而在波士頓，則由僑商認購了五十餘萬元。〔註56〕總計由各埠華僑承認包募、代募的四年公債票額，一共超過二千四百萬元。〔註57〕李盈慧在其〈民初政局與僑界籌款〉一文中，彙整當時資料指出，北京政府從 1912 到 1926 年發行的公債共有二十七種之多，且絕大多數都是在 1914 年以後所發行的。而袁世凱為此還特別設立一內國公債局，以處理借債事宜。1915 年發行內國公債時，自 4 月至 9 月底，共收票款即二千六百多萬元，已逾定額二百多萬元。而 1914 年的六厘公債、新華儲蓄票和 1916 年的六厘公債也都曾向華僑招募，可見確實有不少的華僑間接地在支持袁世凱政府。〔註58〕

〔註44〕李盈慧，〈民初政局與僑界籌款〉，《華僑與孫中山先生領導的國民革命學術研討會論文集》（台北：國史館，1997），頁 346～349。

〔註45〕〈僑民電詢公債辦法〉，《大公報》，1914 年 8 月 12 日，第 2 張第 2 頁。

〔註46〕〈國內公債有加足二千萬消息〉，《順天時報》，1914 年 8 月 25 日，第 7 版。

〔註47〕〈華僑電詢公債問題〉，《大公報》，1915 年 2 月 8 日，第 2 張第 2 頁。

〔註48〕〈大總統調查僑民擔負情形〉，《大公報》，1915 年 2 月 19 日，版頁不明。

〔註49〕〈北京電〉，《申報》，1915 年 3 月 6 日，第 2 版。

〔註50〕〈公債如何銷售於海外〉，《順天時報》，1915 年 4 月 14 日，第 2 版。

〔註51〕〈北京特電〉，《華字日報》，1915 年 4 月 6 日，第 1 張第 2 頁。

〔註52〕〈勸募公債專員已出京〉，《順天時報》，1915 年 5 月 31 日，第 2 版。

〔註53〕〈記李心靈在美募集內債事〉，《叻報》，1915 年 7 月 7 日，第 2 版。

〔註54〕〈催請同胞速購內國公債〉，《叻報》，1915 年 7 月 5 日，第 2 版。

〔註55〕〈舊金山華僑之公債熱〉，《順天時報》，1915 年 5 月 2 日，第 2 版。

〔註56〕〈北京特電〉，《華字日報》，1915 年 7 月 10 日，第 1 張第 2 頁。

〔註57〕〈四年內國公債之足額〉，《申報》，1915 年 8 月 4 日，第 6 版。

〔註58〕李盈慧，〈民初政局與僑界籌款〉，頁 356～357。

　　捐款方面，根據 1913 年 7 月公布的第二屆捐助國民捐人員愛國徽章清單，一共有印度加里吉打等十五處華僑團體與個人，捐得二十八萬一千一百餘元，獎以三至六不等的愛國徽章。〔註59〕1913 年 12 月第四屆清單裏，則有澳洲域省四邑會館等九處華僑團體、個人捐得二十八萬九千餘元，授以二至六等愛國徽章。〔註60〕1914 年 8 月，第六屆各處捐助國民捐清單上，計有日里吧噠華僑公會等十三個華僑團體與個人，捐得約三萬九千五百元，被獎以二等至六等不一的徽章。〔註61〕而 1915 年 2 月的第八屆清單中，則有望加錫埠商務總會等九個華僑團體、個人，捐得二萬六千五百餘元，被授以四到六等的愛國徽章。〔註62〕1915 年 5 月第九屆清單上，仍有澳洲總領事與舊金山中華會館等經募的款項。〔註63〕至 1915 年 9 月公布的第十屆清單中，則有二十萬二千九百餘元的捐款和一至六不等的徽章獎勵。〔註 64〕由以上所述的認購與捐款狀況，可以發現以 1913 年的捐款情況最為踴躍。至 1914 年以後，二十幾萬元的捐款，便一下子減少至二、三萬元。華僑對祖國捐款的大幅遞減，可能與華僑對國民黨的支持，以及僑商多願購買可回收的內國公債票有關。至於第十屆的捐款突然增加至二十餘萬元，則可能因當時中日交涉案所引起華僑對祖國之愛國心所致。不過，從上述低潮期僅存的二、三萬元捐款數目，以及海外各埠仍然持續的籌捐中可以想見，仍有一些華僑對袁世凱政府依然是支持和向心的。

　　其三，在華僑要求政府交涉、保護方面，1913 年，加拿大加珠雲省華僑聯合會致函政府，希望能憐憫該地僑民之苦況，與駐京公使交涉保護措施。〔註65〕又吧南瑪埠（筆者按：巴拿馬）華商來電陳述該處華人遭驅逐出境，攸關生命財產之安全，由香港金山庄行代為致電政府請求保護。〔註66〕1914 年，暹羅華僑要求政府在磐谷（筆者按：曼谷）設立公使，保護僑民利益；〔註67〕

〔註59〕《政府公報》，442 號（1913 年 7 月 29 日），〈公文〉，頁 719～723。

〔註60〕《政府公報》，592 號（1913 年 12 月 26 日），〈公文〉，頁 711～716。

〔註61〕《政府公報》，818 號（1914 年 8 月 15 日），〈呈〉，頁 625～627。

〔註62〕《政府公報》，985 號（1915 年 2 月 4 日），〈呈〉，頁 143～145。

〔註63〕《政府公報》，1086 號（1915 年 5 月 17 日），〈呈〉，頁 687～688。

〔註64〕《政府公報》，1197 號（1915 年 9 月 6 日），〈呈〉，頁 243～246。

〔註65〕〈為華僑旅居加拿大之苦況敬告海內同胞（續）〉，《大公報》，1913 年 11 月 3 日，第 2 張第 4 頁。

〔註66〕〈金山庄代華僑呼籲電〉，《華字日報》，1913 年 11 月 18 日，版頁不明。

〔註67〕〈北京電〉，《申報》，1914 年 3 月 30 日，第 2 版。

印度瑪達加斯加島的華僑因法員徵收特別稅，群抱不平，乃發電至廣州，希望中央政府能出面交涉。〔註68〕又該年 6 月，法人在廣州灣抽收人頭稅，該處華僑代表王之良等即上書外交部，要求與法使交涉，解民倒懸。〔註69〕7 月，巴達維亞華僑電請政府，設法阻止荷蘭警察槍斃犯賭之華人及侵擾華人寓所；〔註70〕而留美的中國商民，則因該國只允許官吏、學生、商人、遊歷者和宗教家入境，且遭受種種苛虐，乃聯合向袁世凱政府陳情。〔註71〕

一次大戰爆發後，因各國戰爭激烈，旅歐僑民生命財產備受威脅，乃屢電政府，請求設法保護。〔註72〕1915 年，因古巴迭頒苛例，該處中華總會及華商總會亦致電外交部與農商部，希望政府出面設法解決。〔註73〕6 月，美國新訂取締旅美華商規則，加上有華僑五千餘人面臨失業，旅美華商乃紛電袁政府，請求交涉保護。〔註74〕以上所述可知，雖然中華革命黨在海外組織綿密、人員眾多，但是當旅居海外的華僑遭受到不平等的苛例虐待時，唯一可以幫得上他們忙的，也就只有擁有政治權力和外交交涉權力的袁世凱政府了！而這應該也是華僑與祖國政府仍保有密切關係的原因。

二、袁政府對華僑的照顧保護

1913 年，袁世凱在北京接見回國的華僑代表時，向華僑們表示：

> 我華僑，奮志經營，氣不少餒，且人人具有愛國思維。雖久居外邦，而念念不忘祖國。此我國民之特性，直令人可欽可佩。即如此次民國成立，亦深賴華僑諸君之力。前此政府財政困難，頗有人提議派員赴外國各商埠，向華僑募捐者，余大不謂然。蓋以華僑屢次出資助餉，數逾距萬，且近年華僑所經營之工商各業，不盡獲利，困苦不堪者，亦頗有之，政府何忍再事剝削？……余前在北洋任內時，即主張竭力保護海外華僑，請派楊士琦前往海外，詢問疾苦。但國

〔註68〕〈廣州電〉，《申報》，1914 年 4 月 18 日，第 2 版。
〔註69〕〈廣州灣華僑之呼籲〉，《順天時報》，1914 年 6 月 12 日，第 11 版。
〔註70〕〈巴太維亞電〉，《申報》，1914 年 7 月 18 日，第 2 版。
〔註71〕〈留美華人之排美說──留美華人之陳請〉，《順天時報》，1914 年 7 月 22 日，第 9 版。
〔註72〕〈旅歐華僑懇請保護〉，《盛京時報》，1914 年 8 月 16 日，第 3 版。
〔註73〕〈兩部會商古巴華僑來電〉，《順天時報》，1915 年 1 月 28 日，第 2 版。
〔註74〕〈北京電〉，《申報》，1915 年 6 月 20 日，第 2 版；〈旅美華僑近狀之述聞〉，《大公報》，1915 年 6 月 21 日，第 1 張第 6 頁；〈北京特電〉，《華字日報》，1915 年 6 月 21 日，第 1 張第 2 頁。

勢不強，所謂保護，亦是有名無實。……尚有請諸君注意者一事，即我海外華僑子弟教育事業是也。華僑子弟，聰穎者甚多，……願我華僑多設學堂，教其子弟。……余凤願僑民，參與政事，同心協力，以達救國之目的。……深望選出學識穩練之人，以爲代表。……將來僑民代表，常駐此間，時以僑埠情形，告諸國會，以訂完善之保護法律。余亦得常與諸代表相見，詳求各埠僑民之情隱，內外聯絡一氣。〔註75〕

袁世凱表示早在他於北洋任職時，就有保護華僑的主張。不管事實上是否如此，然而這樣的一席話，無形之中確實拉近了華僑和他之間的距離，尤其是這群具有商人身份、經濟富裕的華僑代表們。

上述有關華僑教育的作爲方面，袁政府有下列幾項措施：首先在 1913 年，由教育部頒行〈領事經理華僑學務規程〉，授予駐外總領事、領事或副領事有兼管華僑學務之任務。〔註 76〕這樣的規定，除了使華僑學務有專人來負責之外，也表示袁政府對華僑教育的關心。其次，在 1914 年，因考慮僑民子弟回國者日多，又頒布了〈僑民子弟回國就學規程〉，幫助華僑解決其子弟就學的問題。〔註 77〕再者，以招收華僑子弟就讀爲主的暨南學堂校舍，在當時因一度遭陸軍測量局佔據，復課無望。後來經華僑聯合會的數次陳請，以及教育部、江蘇馮都督的允諾，校舍乃能收回，而暨南學堂亦因此得以維持，繼續開辦下去。〔註 78〕

其次，在宣慰華僑方面，袁執政後，除了派遣徐勤、姚梓芳、向瑞琨等代表赴海外視查僑情外，〔註 79〕也佈告了諸多保護僑民的條文。〔註 80〕1914

〔註75〕〈袁總統對於華僑代表之演說詞〉，《申報》，1913 年 2 月 24 日，第 7 版。

〔註76〕《政府公報》，592 號（1913 年 12 月 26 日），〈命令〉，頁 316～317。

〔註77〕〈僑民子弟回國就學規程〉，《大公報》，1914 年 2 月 13 日，第 1 張第 6 頁；《政府公報》，632 號（1914 年 2 月 9 日），〈命令〉，頁 235。

〔註78〕〈教育部覆華僑聯合會電〉，《申報》，1914 年 3 月 20 日，第 2 版；〈華僑聯合會致教育部電〉，《申報》，1914 年 4 月 26 日，第 10 版；〈南京華僑聯合會代表電〉，《申報》，1914 年 5 月 31 日，第 2 版；《政府公報》，735 號（1914 年 5 月 24 日），〈公文〉，頁 915～916。

〔註79〕《東方雜誌》（上海：東方雜誌社），10：2（1913.8），〈中國大事記〉，頁 2～3；10：6（1913.12），〈中國大事記〉，頁 9。

〔註80〕《政府公報》，171 號（1912 年 10 月 19 日），〈公電〉，頁 528；225 號（1912 年 12 月 12 日），〈命令〉，頁 119～120；徐有朋編，《袁大總統書牘彙編》（台北：文星書店，1962），卷二 政令，〈布告閩粵等省保護華僑文〉，頁 17。

年，袁世凱又特交宣慰華僑一案，由政事堂開會討論。其內容爲：（1）注意各華僑之生命財產；（2）華僑與外人之訴訟問題；（3）華僑營業戶口在中國註冊之事項；（4）提倡華僑之營業、教育方法。〔註81〕隨後派藍秀豪、楊杏城二人前往南洋撫慰華僑，兼募公債。〔註82〕此外，在該年9月以及1915年4月，也都派員到美國調查華僑商務等情。〔註83〕雖然袁政府派員至海外，大都以考察華僑商務爲主，但是另一方面所展現出來政府對僑界的關心，則是僑民可以感受得到的。

再者，在對外交涉、保護華僑上，袁政府則是盡了很大的心力。1913年，先是解決華僑遭日兵槍斃的昌黎案：

> 去歲九月，直隸昌黎縣日兵槍斃華僑案，經外務部於十一月間，向日使提出要求條件。日使初不承認，外交曹次長竭力抗爭。與日使山座氏會晤二十餘次，近始解決。日使允將滋事軍人交法官特別委員審問，給已死之警長卹金六千元，巡警四名每名五千元。本日由日使帶回參贊至國務院向孫外交總長道歉。〔註84〕

1914年，美、墨兩國發生戰爭，袁世凱交飭外交部趕快設法保護，以免華僑又蹈被虐殺之慘禍。〔註85〕同年，一次大戰爆發後，首先是政事堂要求外交部通電駐各國公使，比照日本對其僑民的保護辦法辦理。〔註86〕而外交部也奉了袁世凱大總統的交諭，電致駐俄、法、德、英、奧、比等公使，調查華僑有否被困及危險之情形？並和各該國政府交涉保護華僑。〔註87〕然而，面對旅歐華僑的紛紛來電表示僑民生命財產已處危險地位，要求政府設法保護，政事堂除了致電駐歐各公使安撫華僑外，也表示必要時，將派遣軍艦前往保護或接載出口。〔註88〕

〔註81〕〈保護華僑案之提出〉，《順天時報》，1914年8月2日，第2版。

〔註82〕〈將派藍楊募款南洋〉，《順天時報》，1914年8月5日，第9版。

〔註83〕〈大總統派員赴美之原因〉，《大公報》，1914年9月24日，第1張第7頁；〈派員赴美之原因〉，《大公報》1915年4月20日，第2張第2頁。

〔註84〕《東方雜誌》，10：11（1914.5），〈中國大事記〉，頁40。

〔註85〕〈會議保護旅墨華僑辦法〉，《盛京時報》，1914年5月3日，第3版。

〔註86〕〈議決保護戰地僑民辦法〉，《大公報》，1914年8月8日，第2張第2頁。

〔註87〕〈通電各公使保護僑民〉，《大公報》，1914年8月11日，第1張第7頁。

〔註88〕〈旅歐華僑懇請保護〉，《盛京時報》，1914年8月16日，第3版。亦有公使協助華僑回國者，如駐義大利公使即發給在義國經商貿易之137名僑商護照，並代其購買船票，以乘德商之輪船回國。參考〈意大利華僑回國〉，《申報》，1915年5月14日，第10版。

一次大戰影響的不只是旅歐的華僑，南洋方面也因戰爭的關係，華僑多紛紛回國。當時的《申報》報導稱：

> 「英、德宣戰後，新加坡異常震驚。粵省僑民返里，每次輪舶到港幾及千人，其無家可歸及年老廢病者，現由駐叻領事將人數彙交港督，遞送回省，由警廳送交華僑安集所妥為安置。」〔註89〕

而且新加坡吉隆錫礦也因停工，致使粵、閩兩幫約四萬人的華工，在拿到公司所發的船票後，亦踏上歸國之路。〔註90〕面對這麼多回國的僑民與華工，政府除了禁止華工再次出洋，以免再遭受危險外，袁世凱也發布命令，保護回國華工。其稱：

> 據福建巡按使許世英電稱：自歐洲搆釁以來，南洋華工陸續被遣回國。據報由廈門登陸者甚夥，萬里言旋飄流可憫，擬請設法妥為安插等語。該華工等遠離祖國，生計艱難，此次遣送回閩，瑣尾流離，依歸無所，尤深軫念。應由該巡按使迅飭財政廳於該省暫存候撥項下提銀三萬元，作為賑卹閩省回國華工之用，以資安集，而示勞來。一面仍飭各該地方官隨時稽查，加以約束，毋令滋事，是為至要！
>
> 〔註91〕

而該筆款項，「後因遣送各費，均從廈門紳商捐款並新嘉坡中華商會匯來之英政府補助金支付。此款迄未動支。現廈門道道尹，特將此款在廈門設一工藝廠，收容回國華工，授以技能，得免失所。」〔註92〕

歐洲、南洋之外，旅俄華工也因為戰亂，在這期間回國的人數相當多。為此，政府還通令奉、吉、黑等省交涉員，停止發給華人赴俄護照。〔註93〕而據各省報告自歐洲開戰以來華僑回國的人數，「計搭輪由上海回國者六百餘人；搭輪由福州回國者三千三百餘人；搭輪由廈門回國者一萬二千九百餘人；搭輪由汕頭回國者五千七百餘人；由澳門拱北回國者四千五百餘人；由香港九龍車站回國者二萬一千五百餘人；由東清鐵路轉道哈爾濱、長春等處回國

〔註89〕〈戰事影響之華僑狀況──新加坡華僑〉，《申報》，1914年9月4日，第6版。

〔註90〕〈□州電〉，《申報》，1914年9月7日，第3版。

〔註91〕《政府公報》，857號（1914年9月23日），〈命令〉，頁265～266。

〔註92〕《東方雜誌》，12：10（1915.10），〈中國大事記〉，頁1。

〔註93〕〈歐戰聲中之北京現勢譚──保護華僑文電〉，《申報》，1914年8月17日，第6版。

者一萬七千八百餘人，共約七萬五千八百餘人。」〔註94〕總之，袁政府對於一次大戰期間，在海外遭受戰亂波及的華僑，無不極盡保護之力。不管袁政府是否真的量力而為，派遣軍艦前往接載華僑歸國；或者是僅止於口頭上的應付聲援，〔註95〕然而所給予華僑的感覺應是政府對華僑真正有照顧與保護的誠心，這對於華僑而言，著實拉近了對袁政府的信賴和擁戴關係。

三、華僑參與對中華革命黨的對抗

海外僑界當中，華僑組成份子複雜，上述尋求袁政府出面交涉保護的華僑，在政治立場上並不是就意味著支持袁世凱。然而在購買內國公債的華僑群體中，於政治立場上支持袁政府的比例，相對就比較高了。因為華僑們所購買的公債，將來還需要這個政府來償還。有關華僑加入袁政府陣營，參與對中華革命黨的對抗，最早可從對二次革命的反應看出來。

二次革命發生時，海外不少華僑皆支持袁世凱政府，要求對孫、黃等亂黨大加討伐。這方面，尤以香港華僑為最。這當中包括香港蘇杭行李郁法等、九八行商會、九八行朱欣浦、銅鐵行梁澤紛、生藥行伍于如、紬緞行李基、銀業行李伯南、海味行王貞、麵粉行關伯楷、參茸行李公式，以及葉劍五與電報局等，都拍發電報要求政府討伐陳炯明。〔註96〕香港華僑也發電告知內地叛黨（筆者按：叛黨乃指發動二次革命的國民黨）多已逃匿香港，要求政府與駐京英使交涉，以免香港成為叛亂造亂的一處地方。〔註97〕另外，又有南洋華僑對於國民黨發動革命的行為極其激憤，力請政府嚴行討伐，並情願擔任籌餉之任務。〔註98〕而一些華僑議員，也提倡在南洋各處勸募款項，宣

〔註94〕〈慰問報業回國之工人〉，《申報》，1914年12月22日，第10版。有關華僑回國的人數，說法不一。有稱從新加坡回國的第一批人數，即有十萬人；又有言至1914年10月時，南洋華僑因失業回廣州的人數，即有三十萬人之多。另從俄回國的華工，也有數萬人之多。參考〈雜評三——可憐之華工〉，《申報》，1914年9月11日，第11版；〈無業華工回國〉，《大公報》，1914年9月15日，第3張第1頁；〈廣州電〉，《申報》，1914年10月8日，第2、3版。

〔註95〕有言政府對僑民仍無盡保護之責，僑民被虐情形，依然如故。而被遣回的華工無衣無食、生活困阨，對於政府的施救辦法，頗令人猜疑。參考〈雜評二〉，《申報》，1914年7月17日，第7版；〈雜評三——可憐之華工〉，《申報》，1914年9月11日，第11版。

〔註96〕《政府公報》，440號（1913年7月27日），〈公電〉，頁637，667～669。

〔註97〕〈關於南方亂事之交涉種種〉，《大公報》，1913年8月11日，第1張第7版。

〔註98〕〈華僑電請速張討伐〉，《大公報》，1913年7月27日，第2張第2頁。

布孫、黃罪狀，使華僑免受其欺騙。〔註 99〕在澳洲，則有新南威爾士中華商務總會於二次革命後，電請北京政府要求斥責叛亂分子與鎮壓叛亂。〔註 100〕為此，袁世凱還發布一道命令，對於新加坡、檳榔嶼僑商以及香港、澳門的各政黨、各行業商民人等，讚賞其「深明大義、任俠可風」！〔註 101〕由於港商曾公告表示：「連日官軍告捷，孫、黃械竭財窮，進亡失據，相率逃竄，將欲以兩粵為窩巢。我粵何辜，遭此荼毒？」〔註 102〕因此，香港僑商對二次革命的反應激烈，當與其僑民多來自粵省有關。由此亦可顯見，籍隸粵省的僑商並不大贊同同樣是來自粵省，但卻主張二次革命的孫中山。

1914 年，國民黨黨員相率逃亡海外，部分的華僑仍扮演著向袁政府告密的角色，報告國民黨以及改組後中華革命黨在海外的活動情形。如喀爾喀特華僑商會即向政府電告亂黨在印度設立秘密機關，陰謀推翻政府。〔註 103〕華僑主動支持袁世凱政府的固然有之，但是袁政府對於華僑團體主動拉攏的動作，還是比較大而且頻繁。二次革命發生時，上海的華僑聯合會由於角色曖昧，曾遭受質疑。而袁政府即趁機對其示好，加以籠絡。這段經過，該會領導人吳世榮在致各書報社華僑的信中曾寫道：

> 本會創設於今兩年，離黨爭之旋渦，取超然之主義，早邀洞鑒。今年夏秋間，內地二次革命風潮飆起雲湧，好事者以本會同人曾與於辛亥革命之役也，飛短流長，妄加揣測，於是本會竟處嫌疑之地。……前月中旬，燕京書來道達熊總理之意謂政府亦知吾僑未與此事，而人言可畏，不能不有以自解；且政府關懷僑務，亦欲共籌進行之方，特招榮赴京一行，以釋群疑。……相識者無不以政府貿然相招，適在積毀銷骨之際，勸榮暫緩北上，以圖自全。榮思不去，則疑終不解，本會之進行，大有阻礙；冒險一去，或可轉危為安。……前月二十日，乘輪北行。甫抵津門，即蒙派員招待，所見總統、總理，殷殷以海外事務相詢，並承諭以關於僑務、關於實業可徑與政府商

〔註 99〕〈華僑議員提倡南洋募款〉，《大公報》，1913 年 8 月 2 日，第 2 張第 1 頁。

〔註 100〕楊進發，《新金山——澳大利亞華人 1901～1921 年》（上海：上海譯文出版社，1988），頁 202。

〔註 101〕《政府公報》，440 號（1913 年 7 月 27 日），〈命令〉，頁 645～646。

〔註 102〕〈港商反對岑春煊之公啓〉，《大公報》，1913 年 8 月 15 日，第 3 張第 1、2 頁。

〔註 103〕〈北京電〉，《申報》，1914 年 1 月 21 日，第 2 版。

酌。榮爰以四事呈請政府：（一）設法獎慰僑民；（二）稽查光復時之有功者，呈請頒給勳章；（三）由僑商組織實業團回國考察一切，中央各省官廳力任保護；（四）通電各省贊助華僑雜誌。——均蒙總統批准，令行該管官廳。其第二項實業團保護事宜，（筆者按：應是第三項，為原文筆誤）且於十一月九日特頒命令。……至榮旅京□旬，承大總統豹皮藏香之贈，居處出入派兵保護。瀕行之，特隆以軍樂、護以憲兵，總統之次公子亦來送別，而各部總次長及各政團無不備加優遇。……〔註 104〕

華僑聯合會的主要會員，大都為同盟會與國民黨員。在民國初年，雖然其總部一再聲明自己是華僑團體，不便過多干預政治事務，可是二次革命失敗後，大多數幹部都被迫陸續回到僑居國活動，國內的工作也因此一度陷於停頓狀態。〔註 105〕袁政府對該會的拉攏行動，可謂直搗華僑與國民黨在國內的勢力重心。而兼具國民黨身份的華僑，在此時不得不面對袁政府的行動；另方面，也因為在國內僅剩的殘餘勢力無法有大作為，遂不得不向袁政府表示靠攏的合作立場。團體之餘，許多華僑個人也都在政治立場上轉而支持袁政府，如南洋的林文慶。〔註 106〕另外，資本家亦多傾向於支持袁政府，如陸祐、張振勳與上述之林文慶等。〔註 107〕美國方面，於 1914 年夏秋間，則有駐舊金山總領事、中華會館、中華商會各董事群聚於中華會館慶祝袁世凱生辰事。〔註 108〕

袁政府對於華僑的諸多保護政策，使得其在海外的籌募公債、考察商務

〔註 104〕〈華僑聯合會致各書報社函〉，國民黨黨史會藏，一般史料，檔號（385/2）。

〔註 105〕楊立強，〈華僑聯合會與孫中山先生領導的國民革命（一九一二～一九一九）〉，《華僑與孫中山先生領導的國民革命學術研討會論文集》，頁 260-261，265。

〔註 106〕〈星加坡第二分部黨史（民國元年至八年）〉，《革命文獻》第 45 輯（台北：中國國民黨黨史會編印，1969），頁 613。

〔註 107〕陸祐曾於 1915 年認購內國公債三十萬元，以「熱誠愛國」，被賞以二等嘉禾章。而張振勳則為僑界巨富，並兼任參政院參政，曾受袁世凱委任為南洋宣慰使。1914 年，以「緬懷祖國、好義急公」名義，亦被授以二等嘉禾勳章。參考〈北京特電〉，《華字日報》，1915 年 4 月 9 日，第 1 張第 2 頁；《政府公報》，1050 號（1915 年 4 月 11 日），〈呈〉，頁 393；《政府公報》，1052 號（1915 年 4 月 13 日），〈公電〉，頁 503；〈華僑約法議員之歷史〉，《順天時報》，1913 年 3 月 6 日，第 9 版；《政府公報》，899 號（1914 年 11 月 5 日），〈命令〉，頁 63。

〔註 108〕馮自由，〈林故主席與美洲國民黨〉，《革命逸史》第三集（台北：臺灣商務印書館，1969），頁 394。

等活動之進行尚稱順利，但是也常遭受到立場不同之華僑的抵制。當時的報紙，曾有這樣一段報導：

> 據美國來電云：黎某曩奉袁總統之命令，擬在美國募集公債二十萬元。前往美國，在舊金山埠特開華僑大會，慫恿認購。然所聚之各華僑等置若罔聞，交起而攻擊中國政府之政策，一時頗形擾鬧。〔註109〕

同時，李心靈在美國三藩市的勸募公債演說，不僅無法順利達成目的，而且華僑對他的質問，更是令他難以自容。

> 李心靈前夕在三藩市中華會館向華僑演說，冀誘僑美華僑購買國債票。查其債票每百元以九折計，週息六釐，力請華僑本愛國之熱誠，踴躍購買。嗣李氏演說完，即有某華商起問：政府此次發賣國債票以籌款，曾否經國會通過？李氏無言以答。隨有多人紛紛詰問，李亦無詞以對。乃有人大聲問之曰：廣東頻年水旱爲災，難民遍地，何政府絕不一顧恤？墨國華僑無辜被土匪石擲，□傷死亡不少，經本處屢次代電政府請予保護，何政府又置之不理？海外華僑屢次電告政府情願捐款拒外，何政府又偏爲退讓？種種詰難，李氏並不能置一詞。而在座者之言論愈爲洶湧，聲震戶外，李氏見勢不佳，即行退出。領事徐善慶始令主席宣告散議。〔註110〕

這些事件中，是否有中華革命黨員之從中破壞，並不得而知。不過，由於華僑在海外最爲關心的就是自己是否被苛例所虐待，以及僑鄉是否平安如故？而當華僑對祖國政府屢屢要求，卻又得不到政府的答覆與解決時，僑民忐忑的心情無法平復，又如何會去捐款、購買公債，以支持政府的政策？加上中華革命黨與歐事研究會在海外活動，華僑不支持袁政府者，即很可能會被這些黨派所鼓動、吸收。因此，袁政府雖然知道華僑多資財可資利用，但是若一味地只要求華僑捐款、買公債、派員考察華僑商務，不顧及到其他並不富有的僑民利益，則袁政府在海外僑界中所流失的將不只是財力，而是更多的僑民向心力。

〔註109〕 〈旅美華僑大會之釀成風潮〉，《盛京時報》，1915 年 4 月 25 日，第 2 版。
〔註110〕 〈記李心靈在美募集內債事〉，《吶報》，1915 年 7 月 7 日，第 2 版。

第三節　華僑與中華革命黨

　　革命派由於長年在海外發展、倡導革命，在僑界中奠下了穩固的根基。如今在辛亥革命後兩年，革命派卻因二次革命而被迫退至海外發展討袁勢力，於此，海外支持革命派者自然尚不陌生，也多願捐輸響應。國民黨在東京改組爲中華革命黨之後，即通告海外各埠全部改組爲中華革命黨之支部，〔註111〕海外的籌餉與宣傳工作便也依序展開。茲將各地華僑支持之情形敘述如下：

一、美洲方面

　　中華革命黨在美國成立的第一個討袁機構，便是 1914 年在三藩市所成立的「民國維持總會」。該會選舉林森爲主席，可說是國民黨美洲總支部所設立的討袁籌餉局。〔註112〕由於代理美洲正支部長的馮自由認爲如果用革命黨的名義公然在外國籌餉起兵，將會觸犯當地法令，造成困擾。因此建議爲便利籌餉起見，表面上還是應沿用國民黨的名義爲尚，以免外人藉口干涉。〔註113〕爲此，孫中山乃特許美洲總支部仍保留國民黨名稱，以此繼續在美洲活動。〔註114〕

　　民國維持總會成立後，林森、謝英伯、鄧家彥、馮自由、高鐵德等即分別前往中美、南美、北美各埠籌措討袁軍餉，「所至二百餘埠，僑胞中無論老弱婦孺，亦各解囊相助」。〔註115〕而據馮自由所言，民國維持總會所募集之款項，至袁世凱死爲止，前前後後共匯交給東京本部約達日金一百二十萬元；而林森於 1916 年回國時又親呈了十八萬美元給孫中山，因此在海外各地總支部的籌餉成績上，民國維持總會是躍居第一名的。〔註116〕中華革命黨總務部在嘉勉馮自由在美籌款的信函中，即說這些華僑皆有崇拜黨魁的優點，因此一旦受到熱心鼓導，即會捐出款項以濟國事之用。〔註117〕

　　1915 年，美洲總支部又於舊金山發起了另一壯大中華革命黨聲勢的活

〔註111〕〈黨務部爲海外各國民黨支部交通部改組爲中華革命黨支部通告〉，《革命文獻》第 45 輯，頁 77。

〔註112〕〈三藩市民國維持總會設立之經過〉，《革命文獻》第 45 輯，頁 417～418。

〔註113〕馮自由，〈林故主席與美洲國民黨〉，頁 388。

〔註114〕只有美洲總支部保留國民黨的名稱，其他各地皆非如此。

〔註115〕馮自由，〈林故主席與美洲國民黨〉，頁 390。

〔註116〕同上。

〔註117〕〈總務部覆函馮自由嘉勉在美籌款函〉，《革命文獻》第 45 輯，頁 440。

動，此即美洲同志懇親大會的召開（亦稱中國國民黨懇親大會）。大會代表方面，「日本橫濱，澳洲雪梨，秘魯利馬，中美掘地馬臘（筆者按：即瓜地馬拉），古巴夏灣拿（筆者按：即哈瓦那），墨西哥加蘭姐（Cananea），檀香山正埠及茂宜埠（Maui），希爐島（Hilo）等各一人，加拿大七人，美國各埠五十四人，計六十九人。」〔註118〕鄧家彥在《中國國民黨懇親大會始末記》裏，描寫 7月 25 日開幕當天的盛況稱：「日亭午，代表暨黨員觀禮者凡數百人，集支部內外，途爲之塞，……」而會場內，則「場內擁塞，後至者咸鵠立不得列坐。」在 7 月 30 日國民黨赴賽會日當天，「黨人赴賽會者以千數，交際部於日前特向電車公司賃市街電車八輛，並賃自由車十餘輛各乘之去，……」並且在典禮殿上，同時入殿觀禮的外國人士亦達數千人之多，氣象蓬勃。〔註119〕是故大會之盛，可以想見。

　　美洲同志懇親大會從 1915 年 7 月 4 日召開，以迄 8 月 3 日結束。當中不但通過了許多議案，使得中華革命黨在美國的活動更趨實際與完善，如通過劃清名稱案，規定美洲各支部採用西文名稱爲 The Chinese Nationalist League of America（Branch）；〔註120〕同時，也將美洲同志做了一次討袁力量的大團結，即如當時在美國活動的歐究研究會領袖黃興與鈕永建，也被舉爲大會的名譽正、副會長，〔註121〕使得中華革命黨在美國的聲勢更加壯大。對於日後美國華僑的踴躍捐輸，以致討袁能成功，其間不無關係。

　　在軍事組織方面，分別有在美國成立的救國社、美洲華僑軍事研究社、民強學校、中國民智航空社、列活航空學校（Redwood）、美洲華僑義勇軍，以及加拿大的強華飛行學校和華僑敢死先鋒隊等。〔註122〕救國社乃 1914 年由舊金山黨員張洛川、湯漢弼、黃芸蘇等人合作發起的一個秘密組織，該社之目的乃在募款討袁以及訓練航空人員，以供黨軍之用。雖曾派遣朱漢彝、劉

〔註118〕華僑革命史編纂委員會編，《華僑革命史》下冊（台北：正中書局，1986），頁 345。

〔註119〕鄧家彥，《中國國民黨懇親大會始末記》，文收《革命文獻》第 45 輯，頁 308〜316。

〔註120〕同上，頁 363〜376。

〔註121〕李雲漢，《黃克強先生年譜》，頁 389。該書稱黃興被舉爲名譽會長時間在九月，與上述七、八月開會時間有所出入。另有關黃興等人在美之活動，請參閱次節之敘述。

〔註122〕美洲同志懇親大會的正式議案中，雖通過設置「軍事法政講習所」，然終以人力、財力等因素而未見其成，僅成一種理想。參考《華僑革命史》下冊，頁 493。

恢漢學習駕駛飛機，然學成後卻仍留美工作，未能歸國服務。該社於國民黨改組爲中華革命黨後，即宣佈解散。〔註123〕美洲華僑軍事研究社創於1915年7月，設於美國貝市（Boise），社長爲馮自由，然實際負責的則爲教務長伍橫貫。伍氏以軍事常識灌輸給美洲各埠的青年黨員，以爲革命之需。1916年討袁之役時，伍橫貫即曾率領華僑青年返國效命，貢獻尤大。〔註124〕而根據《美洲華僑軍事研究社同袍錄》的記載，畢業者共有五十七人，大多爲粵籍僑民，且多是革命黨人士。〔註125〕民強學校乃爲華僑研究飛行之目的而設，以栽培航空人才，派遣回國效力。統計先後學成歸國者，共有楊仙逸等二十五人。〔註126〕中國民智航空社則是設在芝加哥的組織，除招收黨員外，非黨員只要對該社宗旨表示同情，亦得參加。而該社之宗旨乃在應用航空學術以鞏固共和。〔註127〕列活航空學校成立於1916年，以黃伯耀爲該校校長，當時參加受訓的有張惠長、吳東華、李光輝、葉少毅、譚楠芳以及陳慶雲等人。〔註128〕美洲華僑義勇軍乃是袁稱帝後，回國僑民爲討袁在山東濰縣由夏重民領導成立的。該軍共分三隊，合計九十三人，由美國回國參加者有伍橫貫、陳煊和雷震等〔註129〕，其他多爲加拿大華僑。加拿大的強華飛行學校爲1915年由沙市加寸（Saskatoon）的青年華僑所創，目的即在響應孫中山航空救國的號召，當時學生達百餘人之多。〔註130〕而華僑敢死先鋒隊則是仿照先前南洋華僑敢死炸彈隊的辦法組織而成，目的亦在反袁帝制。計其隊員共有胡漢賢等一百二十人。〔註131〕

中華革命黨在美洲除了籌款與成立軍事組織外，也有宣傳刊物之發行。

〔註123〕馮自由，〈林故主席與美洲國民黨〉，頁392。

〔註124〕《華僑革命史》下冊，頁495。

〔註125〕《美洲華僑軍事研究社同袍錄》，國民黨黨史會藏，一般史料，檔號（395/42）。

〔註126〕〈美洲華僑研究飛行之民強學校〉，《革命文獻》第45輯，頁429。

〔註127〕〈中國民智航空社臨時規則〉，《革命文獻》第45輯，頁431～432。

〔註128〕《華僑革命史》下冊，頁500。

〔註129〕〈中華革命軍華僑義勇團團員姓名錄〉，《革命文獻》第46輯，頁461～472。馮自由於〈林故主席與美洲國民黨〉一文稱華僑義勇軍中，由美國歸國者，有伍橫貫、陳煊、黃培、伍頌唐、雷振（震）等十數人；而加拿大有百十數人。另孫中山在〈民國五年通告華僑從軍經過及遣散情形函〉中亦言美國同志有數十人歸。可見在華僑義勇團的數額上，實有所出入。

〔註130〕陳匡民編，《美洲華僑通鑑》（紐約：紐約美洲華僑文化社，1950），頁477。

〔註131〕〈加屬華僑敢死先鋒隊規則及章程〉、〈加屬華僑敢死先鋒隊隊員名冊〉，《革命文獻》第45輯，頁504，507～522。

雜誌方面，有舊金山發行的《民口雜誌》（爲週刊性質）；報紙方面，則有紐約的《民氣報》、《紐約國民黨佈告錄》、《民國報》；舊金山的《大同報》、《少年中國晨報》；檀香山的《自由新報》（爲雙日刊性質）；加拿大的《新民國報》、《醒華報》和古巴的《民生報》等。〔註132〕《民口雜誌》發刊於 1914 年，初由謝英伯向美洲總支部提議創辦，因此認股者皆爲國民黨員，以提倡急起三次革命軍討伐袁世凱，最爲激烈。第一期發行後，因謝英伯赴美東留學，主編乃由馮自由繼任。該刊發行至 12 期時，由於印刷困難，便改在日本排印，直至袁世凱亡，遂刊至 24 期即自動停版。《民氣報》創刊於 1915 年，由謝英伯和鍾榮光所主持；《紐約國民黨佈告錄》則是創於 1916 年，以黨務消息爲主的報刊。《民國報》於 1913 年發刊，爲美東洪門致公堂的機關報。1914 年馮自由赴美東籌款時，該報經理人伍洪賓亦隨之鼓吹三次革命，相當盡力。《大同報》原亦洪門致公堂機關報，討袁時期籌餉鼓吹甚爲盡力，曾一度更名爲《中華民國公報》，1914 年又復名《大同報》。《少年中國晨報》的前身則爲1909 年的《美洲少年》週刊，1914 至 1916 年間，曾極力主張三次革命。而檀香山的《自由新報》乃 1914 年創刊，由《民生日報》改組而來，主持人爲吳榮新。〔註133〕加拿大的《新民國報》創於 1914 年，爲域多利的革命僑報，主持者有馮自由、黃伯度、謝英伯等人；而《醒華報》則是 1914 年在杜朗埠創辦的刊物，由李佛池、許一鶚和侯民一主持。〔註134〕至於古巴方面，《民生報》爲國民黨在該地之機關報，設於古巴京城夏灣拿埠。該報以舊金山《少年中國（晨）報》及檀香山《自由新報》的主張爲政見，於 1914、1915 年間曾邀美洲支部長林森往遊，黨勢由是大爲擴張。〔註135〕另外，該地還曾一度

〔註132〕加拿大沙市加寸的革命黨分部，也創辦有油印的《白話旬志》，每期印六、七百份，主要聲討袁世凱之罪行。參考胡漢賢，〈中華革命黨討袁軍美洲華僑敢死先鋒隊組織始末〉，轉引自黃昆章，〈澳、加華僑對孫中山先生領導的革命運動的貢獻〉，《從落葉歸根到落地生根——世界華人研究文集》（廣州：暨南大學出版社，1999），頁 188。

〔註133〕呂芳上，〈中華革命黨的討袁宣傳〉，《中華學報》6：1（台北：中華學報社，1979），頁 176～178。王璋琦，《中華革命黨之研究》（台北：正中書局，1982），頁 139～140。

〔註134〕任貴祥，〈辛亥革命時期的華僑報刊〉，《華僑華人歷史研究》第 4 期（北京：中國華僑華人歷史研究所，1997），頁 79；呂芳上，〈中華革命黨的討袁宣傳〉，頁 178。

〔註135〕馮自由，〈美洲革命黨報述略〉，《革命逸史》第四集（台北：臺灣商務印書館，1978），頁 141。

有《民聲日報》的組織，後因集股困難而作罷，只是曇花一現而已。〔註136〕
以上所述之刊物都或多或少地在美洲向僑界宣傳袁世凱的帝制野心，以及中
華革命黨討袁的決心，對華僑討袁的意志、款項之籌募等，實有促進與推動
之作用。

二、南洋方面

　　中華革命黨成立後，為了爭取南洋僑界的支持以及擴展南洋地區的黨務
工作，孫中山乃分別命鄧澤如、周之貞等人負責星馬黨務；戴金華、李思轅
等負責菲律賓；蕭佛成、陳逸村等負責暹羅；孫德彰、朱卓文等負責港、澳
地區；黃隆生、黃景南等負責安南地區；以及鄧子瑜、鄭螺生等負責荷屬東
印度群島。〔註137〕並於 1914 年 12 月委任鄧澤如為南洋各埠籌款委員長，負
責籌款事宜。〔註138〕由於南洋地區有英、荷屬地的不同，加上持有異議之舊
國民黨員的介入，並未能如美洲一般有領袖支部的設立，是以籌餉方面便須
經常派員前往籌款。〔註139〕而南洋一帶由於受歐戰之影響，籌款的情形並不
理想。〔註140〕為此，在 1915 年 9 月，孫中山更派了陳其美、胡漢民、許崇智、
楊庶堪、宋振、鄭鶴年以及鄧鏗等七人，分赴南洋各屬籌募與協辦黨務，希
望海外僑胞能在財力上輸將補助。〔註141〕面對中華革命黨的積極活動，南洋
華僑確實也在捐款上有所回應。如緬甸方面，就黃馥生的回憶，從 1913 年到
1915 年間，籌餉總數就在二十萬元上下；〔註142〕而菲律賓則在 1913、1914
短短兩年間，募得三十六萬比索。〔註143〕整個來說，南洋各埠是以新加坡、
芙蓉和怡保的籌款情形較為出色。〔註144〕

〔註136〕〈古巴民聲日報史略〉，《革命文獻》第 45 輯，頁 527。
〔註137〕葉夏聲，《國父民初革命紀略》（台北：孫總理侍衛同志社，1948），頁 87。
〔註138〕〈致鄧澤如改委為南洋各埠籌款委員長函〉，《國父全集》第三冊，頁 312～
　　　　313。
〔註139〕王瑋琦，《中華革命黨之研究》，頁 90。
〔註140〕〈鄧澤如為籌餉事務覆總理書〉，《革命文獻》第 45 輯，頁 535。
〔註141〕〈派陳其美等七人南下籌餉並協辦黨務致南洋同志函〉，《國父全集》第三冊，
　　　　頁 339。
〔註142〕黃馥生，〈辛亥革命前後緬甸華僑籌餉活動〉，《廣東文史資料》第九輯（廣東：
　　　　廣東省文史資料研究委員會，1963），頁 100。
〔註143〕黃滋生、何思兵，《菲律賓華僑史》（廣東：廣東高等教育出版社，1987），頁
　　　　418。
〔註144〕王瑋琦，《中華革命黨之研究》，頁 101。

除了募款，中華革命黨也在南洋發售債券。在中華革命黨的〈債券章程〉中規定，債券共分拾圓、百圓和千圓三種，以日本金幣爲標準，利息爲券面價格的一倍，計劃於該黨政府成立後三年內公告償還。〔註145〕然後來又有總部交許汝爲、鄧仲元、宋亞藩（宋振）、伍平一和周柏祥等人帶至南洋的另外一批公債券，其總面額即達四十五萬八千兩百元之多，在票券上亦有一千元、一百元、十元、五元及一元之差別，且訂有認購公債之獎章辦法。關於此次債券之發售情形，則共計發出三十三萬九千八百二十四元，可見南洋華僑在承受歐戰之經濟壓力下，仍對中華革命黨抱持著熱忱的支持。〔註146〕

南洋華僑在參與實際討袁活動方面，亦相當踴躍。根據駐澳門華僑交通辦事處馮炎公之調查，曾服務於周軍部下，且當時駐開平長沙辦理清鄉者，有怡保林楊武等五十三人；曾往汕頭、江門效力者，有怡保林熙官等十二人；華僑決死團正副總辦爲張志昇和張文達；而回鄉在鄉團候起義者有沈暢等六人；在順德三桂參與討伐廣東都督龍濟光之華僑鎭粵軍有何漢等三人；並且另有中華革命黨解散後，不願往赴周軍而自行解散者五十人。〔註147〕

中華革命黨在南洋亦有刊物之發行，如香港的《現象報》與《眞理報》；新加坡的《國民日報》、菲律賓的《民號報》，以及緬甸的《覺民日報》等。《現象報》創刊於 1915-1916 年間，主持人爲胡漢民、朱卓文等。該報採雜誌的形式，裝訂成冊，日出一份，其內容與各報無異，是革命黨人在香港的機關報。〔註148〕《眞理報》則創於 1914 年，由林煥廷等主持，經費多爲越南華僑所資助。後因林氏被香港政府所拘捕，累及該報而遭封閉。〔註149〕《國民日報》創於 1914 年，由陳新政主持，功能在擁護共和、反對袁稱帝。《民號報》於 1914 年發行，主持人爲李思轅、黃變恭。〔註150〕《覺民日報》則於 1913 年成立於仰光，由《緬甸公報》改變而來，由饒潛川和黃馥生二人負責，做爲一切籌餉之中心。〔註151〕

〔註145〕〈債券章程〉，《革命文獻》第 45 輯，頁 46。
〔註146〕鄧澤如，《中國國民黨二十年史蹟》（上海：正中書局：1948），頁 160～167。
〔註147〕〈馮炎公佈之駐澳門華僑交通處辦事員名單〉，《革命文獻》第 48 輯，頁 126～129。
〔註148〕馮愛群，《華僑報業史》（台北：臺灣學生書局，1976），頁 20。
〔註149〕《華僑革命史》（下冊），頁 391。
〔註150〕任貴祥，〈辛亥革命時期的華僑報刊〉，頁 77～78。
〔註151〕同上，頁 78；黃馥生，〈辛亥革命前後緬甸華僑籌餉活動〉，頁 99-100；《華僑革命史》（下冊），頁 392。

三、日本、澳洲方面

中華革命黨在日本成立後，孫中山便派陳其美等人至神阪地區活動，而且還得到華商王敬祥等人的支持，為其籌款奔走、採購武器。同時自 1913 年 9 月至 1914 年 7 月，在東京加入中華革命黨者，就有 584 人，並在橫濱與神戶皆設有支部。〔註 152〕

在捐款方面，橫濱一帶的華僑則曾捐得三萬餘元，將之作為革命運動之經費。而軍事活動上，則有日本青年夏重民與鄭榮參加過華僑義勇隊的起義；並且在日本滋賀縣八日市設立有「中華革命黨航空學校」，目的為訓練日本華僑青年和留學生，以組成討袁飛機隊。〔註 153〕

宣傳刊物上，有《民國雜誌》之發行。該刊於 1914 年在東京創辦，原為亡命日本革命派同志在東京的通信機關，後來則改為《民國社》。該雜誌屬不定期刊物，前後共出版十期，後因同志往南洋籌款與至國內策動革命而停刊，總編輯為胡漢民。〔註 154〕

澳洲方面，當時有《警東報》為文抨擊袁世凱、支持二次革命，並有少年中國會抗議選舉袁為臨時大總統。〔註 155〕在悉尼一地，有保守與共和兩派之分，其中共和一派是支持孫中山的。由於當地梁啟超陣營的勢力不小，又有《東華報》為其宣傳，後來乃由華人共濟會與共和派領導人黃柱穩、梅東星、郭標和余榮等二十三人，在 1914 年創辦《民國報》以為對抗。該報用意即為宣傳孫中山政治學說而來，由於該報編輯趙國俊、伍洪培來自中國，所編報刊文筆流暢易讀，相較之下，《東華報》便日益見絀。在對於爭取澳洲華僑的支持上，《民國報》的創辦可謂助益不小。〔註 156〕此外，還有 1915 年由《警東報》改組而成的《平報》，其在立場上亦是傾向於革命，不過不久即停刊〔註 157〕。

〔註 152〕羅晃潮，《日本華僑史》（廣東：廣東高等教育出版社，1994），頁 303～304。
〔註 153〕同上，頁 304～305。
〔註 154〕王瑋琦，《中華革命黨之研究》，頁 141～142；任貴祥，〈辛亥革命時期的華僑報刊〉，頁 78；鄒魯，《中國國民黨史稿》，頁 518。
〔註 155〕楊進發，《新金山——澳大利亞華人 1901～1921 年》，頁 199～201。
〔註 156〕同上，頁 200～204，222。
〔註 157〕《華僑革命史》（下冊），頁 399；任貴祥，〈辛亥革命時期的華僑報刊〉，頁 79。

四、在海外與各派紛爭情形

從以上所述，可以見到中華革命黨在海外發展的成績，以及受到華僑支持的情形。然而中華革命黨在海外的活動與發展，也並不是那麼地順利。當中曾受到一些阻礙與衝擊，包括袁世凱政府的阻撓與偵探的滲透；進步黨、歐事研究會的活動、籌款（該部分詳述於第四、第五節）；以及本身內部分子的游離和分裂等。各派將彼此間的政爭延伸至海外，相互牽制的情形，實是難得一見！

首先，是1914年，海外同志對改組中華革命黨的不滿。庇能支部長陳新政向孫中山陳述該埠黨員關於討論改組的情形時，寫道：

> 弟聆□後，即召集諸同志研究改組之法。奈到會者，人龐言雜，各執一是，未能一致。有謂秘密社會爲居留政府所不容，前同盟會之冒險種種棘手，不□仍□書報社名義兼辦國事，較免冒險者一說也；有謂前同盟會員應再納費加入，恐將來黨員無多。南洋人職在籌款，無秘密事之可慮。黨員□□似不必問，但求將來有事能需助款項，□□可不必改組者又一說也；有謂前同盟會應再加入，似乎不公。而黨員每人收十元，實太高者又一說也。議論紛紛，莫衷一是。嗣後，弟將尊函改組大意分析道明，眾始贊成改組。〔註158〕

在另一封信件中，陳新政則是報告其他各埠情形：

> 本黨改組，各埠雖略有成立，其實意見實無一致。如仰光報館派少數人改組，而資本家多數大不贊成；怡保一方面不主張改組；棉蘭雖改組，意見亦分，欲求如前之一致，實不可得。鄙意謂南洋職在籌款，改組黨員又少，有事時籌款無多，何若照仍其舊？□以黨人待之有時時方多籌款，倘拘執照新章辦理，必無大效。是否可行，祈細斟酌之。……〔註159〕

可見得當時中華革命黨改組成立之時，在海外黨員中所引起的爭執與誤解相當地大。之後，雖然一些黨員的反抗情緒逐漸平息，不過潛藏在心中的疙瘩，卻是很難去化解的。

中華革命黨在面臨了海外黨員對改組的反抗之餘，接著便是袁政府偵探對該黨的滲透。新加坡的黨員，即因此而分裂成三派，亟待孫文派員調停解

〔註158〕〈陳新政上總理函〉，國民黨黨史會藏，上海環龍路檔案，檔號（環4835）。
〔註159〕〈陳新政上總理函〉，國民黨黨史會藏，上海環龍路檔案，檔號（環8055.1）。

決。而這段詳情，可以從邱繼顯致居正的信函中得知：

> 垂問星洲同志意見不合一節，茲詳述焉。本黨同志大約可分三派：
> 陳君楚楠、張君永福等爲一派；林君文慶、林君義順等爲一派；同
> 仁俱樂部等爲一派。而首派之同志，每以老前輩自居，頗輕視後進
> 之同志。至後進者，陰有悔心。次派則資本家居多數，且于本處政
> 界上具有勢力者，對于黨務頗爲熱心。三派對於黨務亦甚熱心，對
> 于黨務之進行主張，每多劇烈之舉，此派可稱爲急進派。此數派□
> □之眞相也。數派之中，意見互相不合，推其原因，則均由宋君子
> 清一人而起。私聞此人現由政府之偵探，後再三調查其實□也。……
> 目下三派意見恆□落落調停無效，愚意謂由　孫先生處致□□方面
> 調停，或有挽回之望，不然則前途不堪設想矣！〔註160〕

另外，在日本東京和澳洲，也都有遭袁世凱所派偵探滲透的消息。東京方面
是遭王海清等三人進入，據聞該三人攜有危險物品，而且也不知是何人所介
紹而來。〔註161〕澳洲部分則是因爲支部未能收到孫文的委任狀，以至僑民無
法辨別籌餉之眞僞、無所適從，遂有袁政府密探從中進行破壞之情事。〔註162〕

　　由於各派在海外活動，極盡勾心鬥角之能事，黨務部長居正乃因而發布
第四號公告，請海外支分部與黨員預防下列三種人士：

（一）袁政府現用一種持制吾黨手段，派人至海外有華僑各埠，混
　　　稱革命黨，四出募捐。揣其用意約有三種：（1）藉斂華僑之
　　　金錢；（2）搗毀吾黨之信用；（3）挑撥華僑對於吾黨之惡感。
　　　現駐日公使陸宗輿已實行此種辦法，賄派不顧名節之革命
　　　黨，不日南來。此計最毒，宜預防者一也。

（二）有係革命黨而非受袁政府之賄派，又非由吾黨本部特派，實
　　　由個人自由運動，到處不免招搖者。此亦足爲吾黨本部進行
　　　計畫上、信用上之障礙，宜預防者二也。

（三）本係亡命客中有資格者，而不同意于新中華革命黨之組織。
　　　口頭上謂不反對孫先生，祇是誓約不應要、總章上不能以權
　　　利相號召，又謂國民黨儘可不消滅。議論紛紛，似亦持之有

〔註160〕　〈邱繼顯致居正函〉，國民黨黨史會藏，上海環龍路檔案，檔號（環7343.1）。
〔註161〕　〈仲致某某函〉，國民黨黨史會藏，上海環龍路檔案，檔號（環1254）。
〔註162〕　〈黃國民上總理函〉，國民黨黨史會藏，上海環龍路檔案，檔號（環5046）。

故、言之成理。吾黨海外同志或有不明國民黨失敗之眞相者，
新黨再造之苦心爲所搖惑。……〔註163〕

第三種人士，乃是指歐事研究會一派者；而第二種，則是既不加入中華革命
黨，又不加入歐會的舊國民黨員。雖然黨務部要求海外各支分部黨員要思患
預防，不過海外黨員本身卻是抵擋不了其他各派的籠絡與誘惑。自首者有之，
領官費者有之；或是自行投賊、充當偵探，或是背約違法、另樹黨會；更有
欺騙本部、私據款項，陽奉陰違、結納對該黨不利之團體與個人者。而這些
人據統計，在1915年時，達71人之多。〔註164〕

　　關於上述「背約違法、另樹黨會」者，就筆者所蒐集的史料當中，可發
現約有四種組織：即緬甸的少年再造黨、日本的同盟救國黨、革命聯合會，
以及美洲的救國社。少年再造黨的情形，據饒潛川的報告，乃是留日學生李
貞伯奉譚人鳳之命至仰光組織而成。〔註165〕由於李貞伯初至仰光支部時，該
支部以其行爲與之不同，乃不接待。李遂投莊銀安、徐贊周與陳允洛處，組
織少年再造黨。設機關於共和學校內，並在各鄉鎮置支分部，藉以反對中華
革命黨。不只通函各處阻撓中華革命黨的籌款，挾政府將對其干涉來威嚇，
還囑咐汪精衛不可鼓吹三次革命。〔註166〕然而就當中黨人的報告，饒潛川與
莊銀安等人間的惡感已有多年，其原因歸納有四點，當中不乏與海外華僑鄉
黨派別之分歧有關。其原因摘錄如下：

　　一因二次革命捐款，潛川欲將此款匯來東京接濟孫先生。莊銀安、徐
　　贊周、陳允洛、張永福反對將福幫之款私自攤還，廣、梅兩幫之款即
　　留作報社經費。二因莊、徐、陳、張提倡解散報社（筆者按：乃指覺
　　民日報社），開會四次，經梅、廣兩幫同志極力反對，事乃息。三因
　　蘇□公、李貞伯、林幸福私募軍餉，同志等不允所請，且佈告其詭行，
　　彼乃不如願。四因莊、徐、陳、雷（雷名榮南前充本社職員）組織少
　　年再造黨，每欲破壞本黨，時布本黨惡劣，本黨熱心同志時與衝突。
　　以上諸端，反對諸人俱謂潛川作俑，故結怨愈深。〔註167〕

〔註163〕〈中華革命黨黨務部通告第四號〉，國民黨黨史會藏，一般史料，檔號
　　　　（393/81）。
〔註164〕〈總務部審查簿〉，國民黨黨史會藏，一般史料，檔號（395/99）。
〔註165〕葉夏聲於其書中稱「李貞白」，參考《國父民初革命紀略》，頁87。
〔註166〕〈饒潛川等上總理函〉，國民黨黨史會藏，上海環龍路檔案，檔號（環6183.1）。
〔註167〕〈藍磊上總理函〉，國民黨黨史會藏，上海環龍路檔案，檔號（環6183.2）。

兩派人馬愈演愈烈，陳允洛等人甚至將覺民日報報館的出入賬目全部搶去，使得仰光籌餉局至法庭控告少年再造黨人。〔註168〕

　　日本的同盟救國黨和革命聯合會，乃是活動於東京的組織。據陳家鼐致孫文的信函中，有這樣一段記載：

> 近日並有革命聯合會中重要軍人來敝處，勸鼐加入彼會，被鼐婉辭拒絕，並勸其同為革命，不必另立門戶。而若輩不但不以鼐言為然，反痛責鼐不用服從　先生一人為一姓之奴隸。革命黨種種荒謬言語，筆難盡書，然祇好忍耐不與之計較，以全大局而已。〔註169〕

可見流亡到日本的同志之間，意見仍多分歧，彼此頗多齟齬。而有關美洲救國社的情形，筆者從呂南的信件中，則得到這樣的訊息：

> 按救國社組織緣起，首由黃魂蘇君發起（筆者按：應為黃芸蘇），假名秘密，圖謀大事。謂國民黨員良莠叢雜，斷難謀行要事等語；且得先生委任重記，發函各埠招納同志，幸各埠同志知識深遠之士，多不受其籠絡。該社開辦數月，進步甚難計。招納同志僅百數十人而已，此時人數雖少，對于黨事進行多生窒礙。……即如救國社開辦數月，牽累本黨名譽損失浩大，及信用亦然。今聞該社湯漢彌君仍欲思謀該社復蘇，如果遂其所欲，將來黨事不堪言狀矣！或然未必，總之損多益少，可無疑義。……〔註170〕

可知救國社的人數雖然不多，但因挾孫文的委任函，易使黨員、僑民迷惑，對於美洲總支部的運動與籌餉，造成的威脅更大。

　　此外，還有一些黨員未另立黨派，但是破壞該黨行事者，如陳楚楠和張永福。「陳楚楠、張永福二君登佈告宋君淵源書于國民日報是也，原文另夾呂覽，此書一出，人懷疑忌、裹足不前。各埠之款，因而減半。」〔註171〕而盧耀堂則稱：

> 坡中有一二舊同志，辛亥反正時，曾返祖國。因彼個人所要求之事未能饜其所欲望，時出怨言，謂南京及廣東皆薄待同志。此等謬論，最足阻礙籌款之進步，故弟等於所磋商之事，卒將成而不果。現坡

〔註168〕〈楊昭雅上總理暨國會議員函〉，國民黨黨史會藏，上海環龍路檔案，檔號（環7300）。

〔註169〕〈陳家鼐上總理函〉，國民黨黨史會藏，上海環龍路檔案，檔號（環7299）。

〔註170〕〈呂南上總理函〉，國民黨黨史會藏，上海環龍路檔案，檔號（環7738）。

〔註171〕〈區慎剛等上總理函〉，國民黨黨史會藏，上海環龍路檔案，檔號（環8024）。

中張君永福、陳君楚南（筆者按：即陳楚楠）皆不肯出而任事，且
對弟及各同志言：待　先生及某某等允許將瓊州島指定爲南洋華僑
辦實業之地，始將各事舉辦！噫是囈語也！豈有辦國家事必先言權
利而后盡義務者？且張君又對弟言曰：今日之事，弟非不辦，不過
睇菜餸飯。斯語也，可謂如見其肺肝矣！〔註172〕

　　中華革命黨雖然人多勢眾，在海外的活動也於清末時早已打下了基礎，
但也因爲流品不一、意見紛歧，或被滲透、或被籠絡；或另立黨會、或因私
利而反對該黨等，不一而足，而這也讓中華革命黨本身在海外的活動，遭受
到不少的困難與阻礙。

第四節　華僑與歐事研究會

　　歐事研究會乃是 1914 年，歐戰爆發，日本亦對德宣戰，以其影響中國局
勢嚴重，必須注意其發展演變，乃由李根源在日本所發起的。參加歐事研究
會的人士大多是國民黨員，但對孫中山之中華革命黨持有異議。主張緩進而
不願加入中華革命黨的國民黨員，便多加入歐事研究會。〔註173〕歐事研究會
的工作計畫有二：（一）對於當代有名望人物，取廣義的聯絡主義，使人才集
中主張一致。（聯絡之範圍，不分黨派。即前爲敵黨，但有可以接近之道，即
極力與接近。）（二）對於現今之政局，取緩和的改進主義，使人心漸入輿論
同情。欲達成第一項目的，則要建立學校與實業；而要達成第二項目的，則
必須創辦日報和雜誌。〔註174〕至於所以取名爲「歐事研究會」，其背後尚有一
些目的與好處。根據程潛、李根源、周震鱗與章士釗等人的說法，其主要目
的就是想和一般政黨的性質區別開來，而這樣做的好處有三：（一）可以避免
和中華革命黨發生對立的誤會。（二）不會顯眼，一時不致爲政府所忌。國內
人士也可以藉此聯絡，互通聲氣。（三）可以聯絡僑居日本的同志，隨時隨地
互相商榷。〔註175〕由於歐事研究會成員多數爲湘籍人士，且多留日士官生，

〔註172〕〈盧耀堂上總理函〉，國民黨黨史會藏，上海環龍路檔案，檔號（環8041.1）。
〔註173〕蔣永敬，〈歐事研究會的由來和活動〉，頁 66。
〔註174〕〈歐會同人致李烈鈞函〉，轉引自洪喜美，《李烈鈞評傳》（台北：國史館，
　　　　1994），頁 78～81。
〔註175〕楊慎之，〈「振我皇漢靈　明德光九夏──黃興與程潛」〉，文收蕭致治主編，《領
　　　　袖與群倫──黃興與各方人物》（武昌：武漢大學出版社，1991），頁 276～
　　　　277。

加以黃興在國民黨中原有的崇高地位，因此黃興即被視為歐事研究會的領導人。〔註176〕黃興當時人在美國，而歐事研究會在南洋活動的則有陳炯明和李烈鈞等，他們的主要工作便是向華僑籌款，以支援反袁活動。〔註177〕由於較有組織，歐會在南洋的發展成績較著。

　　1914年6月，黃興離開日本，隨行者有徐夫人、秘書長李書城、石陶鈞、翻譯徐申伯等人。〔註178〕而赴美一途，首先抵達檀香山。黃興等人遊行華埠後，「旋在自由劇場對於華僑一千餘人演說革命趣旨」，〔註179〕強調與袁並非私人間為敵，袁實為政治上之敵人。〔註180〕抵達舊金山後，在當地更受到了華僑熱烈的歡迎。當時舊金山來電報導：「黃興等五名現已安抵本埠，所有華僑齊赴碼頭異常歡迎，高唱萬歲，屋瓦為震！黃等即與該華僑等分乘自動車三十四輛前往華街。」〔註181〕馮自由對此曾稱道：「旅美華僑久耳克強將軍大名，且黃族人眾，在僑胞中首屈一指。」〔註182〕於是各埠國民黨的同志，以及致公堂、黃江夏堂、黃雲山公所等黃氏宗親會，莫不前往歡迎。〔註183〕而黃興等人在舊金山的活動，也相當地頻繁，尤其是參加宴會與紀念會。當時報紙有下面這樣一段描述：

〔註176〕呂芳上，〈二次革命後國民黨孫、黃兩派的政治活動（一九一三～一九一七）〉，《黃興與近代中國學術討論會論文集》（台北：政治大學歷史所編印，1993），頁167～168。另王志宇認為，稱歐事研究會是士官生或是黃派軍人所組成，與史實並不符合；並言黃興是否為該會領導人，則仍是一個爭議的問題。參考王志宇，〈歐事研究會初探（1914～1916）〉（台中：東海大學歷史學研究所碩士論文，1992），頁66～68，161。

〔註177〕蔣永敬，〈歐事研究會的由來和活動〉，頁68。中華革命黨尚未正式成立時，李烈鈞即離開日本，後來與張繼、陳炯明及馬素夫婦等人乘船赴歐洲。在法國居留期間，與張繼、陳剛、居正、林虎等組織「人權急進社」，主張聯邦制度、剷除強權、倡導男女平權及實行民生政策。1914、1915年間，因正是袁世凱推行中央集權高漲之時，不容地方分權的聯邦制倡議，因此還曾一度遭袁取締。人權急進社的主張，因大體皆不出孫中山三民主義的思想體系，可視為同盟會以來政治主張的延續。是以李烈鈞等人雖對孫中山改組中華革命黨有所異議，對討袁之進行緩急有別，但是在政治、社會上之改革思想，則無二致。參考《李烈鈞評傳》，頁66～75。

〔註178〕楊愷齡撰編，《民國黃克強先生興年譜》（台北：臺灣商務印書館，1981），頁74；李雲漢，《黃克強先生年譜》，頁367。

〔註179〕〈黃興行蹤〉，《盛京時報》，1914年7月14日，第2版。

〔註180〕楊愷齡撰編，《民國黃克強先生興年譜》，頁76。

〔註181〕〈黃興等行蹤〉，《盛京時報》，1914年7月19日，第2版。

〔註182〕馮自由，〈林故主席與美洲國民黨〉，頁389。

〔註183〕李雲漢，《黃克強先生年譜》，頁369。

黃克強由日本赴美，於上月中旬行抵舊金山。華僑震於虛名，出迎者甚盛。十七日，民國公會邀黃在該會所演說，晚間復假座杏花樓筵宴。六點鐘入席，酒數巡，主席馮自由宣布開歡迎宴會理由，隨請黃克強演說，於現政府盡情痛詆。李書誠、石道泉、謝英伯、黃紀傑、黃伯耀亦先後演說。及十九日，美洲國民黨在舊金山埠新戲院開第二之革命軍紀念會，黃克強及其女震華並黨員數百人直抵會場。十二點二十分鐘開會，先奏軍樂，隨由主席謝英伯宣布開會理由，次由馮自由演講第二次革命死難之人物。歷舉伍漢持、徐秀鈞、洪月山、甯調元、蔣翼武、康仲犖、王憲章、徐鏡心諸人反對袁氏被害之歷史。次由黃克強演講第二次革命之原因及失敗之情形，略謂國民黨自二次革命失敗後，袁政府目之為亂。黃興去年廣東黃花岡七十二烈士當死難時，亡清亦目為亂黨。約法三曰破壞軍紀、四曰混亂財政、五曰擾亂地方，隨講二次革命之原因及失敗情形，終勗在座諸人將來三次革命當負完全責任。連講至三點鐘之久云。及晚，國民黨支部又開歡迎宴會於金山江南樓，各埠黨員赴會者數達四百人，後到者及由各埠來因車期阻誤者尚數百人。主席謝英伯宣布開會理由，黃演說大意，勉勵黨員宜認定黨綱做事；袁世凱現在雖以金錢及奸詐手段暫居優勝之地位，而吾黨以正義人道為方針，必得最後之勝利。袁世凱現用最舊之思想治中國，吾黨宜以最新之思想行三次革命，必戰勝之而使中國將來變為最強盛之國家也。次由李書城、那文律師、江亢虎女黨員、朱伯元師奶相繼演說而散。〔註184〕

1914 年 10 月，黃興又前往紐約，其情形是「美東僑胞歡迎之盛，不減美西。」〔註185〕余鐵漢並且向孫中山報告稱：「克強先生已於本月三日由芝城抵埠，國民黨致公堂及華僑團體，歡迎甚形踴躍，華人有史以來，未有如此之盛也，大抵崇拜英雄之故耳。」〔註186〕可見黃興在美國僑界中所受歡迎的程度。

黃興在美極其活躍，但是他未加入中華革命黨的事情，卻未向華僑透露。

〔註184〕〈黃克強在舊金山之氣燄〉，《盛京時報》，1914 年 8 月 28 日，第 3 版。

〔註185〕馮自由，〈林故主席與美洲國民黨〉，頁 390。

〔註186〕〈余鐵漢上總理報告中華革命黨在紐約籌款情形函〉，《革命文獻》第 45 輯，頁 458。

鄧家彥在向孫中山報告黃興行蹤的信中即寫到：

> 今各同志對於克強備極歡迎，並未知其非新團體中人。克強亦未對
> 人言及。……〔註187〕

黃興赴美雖非為了籌款，〔註188〕不過行事仍受到中華革命黨人的不滿，甚至因其盛名而遭到利用。馮自由上總理的信函中即稱：

> 本月十六，即首途前往美東。子超君到此已近二星期，於籌餉事極
> 為得力，辦事亦極有條理。其尤難得者，則彼甚不滿意于克強所行
> 之事，謂為別有私見。但克強此來，于黨務亦極有益，不過間對弟
> 等老友發其牢騷，而於普通同志則不露一語。即使彼或有不利吾黨
> 進行之事，則弟自信足以制之。彼現在情形祇得為弟等所利用，而
> 不能利用弟等也。今華僑因彼之來，人心多向本黨，黃子瓊尤為傾
> 心此人。公前屢欲羅致之而不得，今則因與克強有同宗關繫（筆者
> 按：關係），大贊成三次革命矣！〔註189〕

由於黃興等人受到眾多僑民之熱烈支持，因此顯然其亦代表著一批華僑依附的力量。

　　而在美國列名歐事研究會的除了黃興外，尚有鈕永建、林森、李書城、石陶鈞、唐瓊昌等人，而其中林森和鈕永建即皆為中華革命黨員。1915 年 1月 18 日，當日本駐華公使日置益向袁世凱政府提出二十一條要求時，次月，黃興即夥同李烈鈞、陳炯明、柏文蔚、鈕永建等聯名發表通電，表示在袁政府對日進行交涉期間不予干擾。而歐事研究會諸人遂有「暫停革命，一致對外」的主張，由章士釗主稿起草通電，以黃興之名義領銜發出。〔註190〕根據俞辛焞的分析，當時革命黨人有三種選擇的可能，分別為：聯日制袁；待袁制日；既不討袁，又不待袁，亦不聯日。孫中山與中華革命黨主張「聯日制袁」；何海鳴等屬於「待袁制日」，熊克武、程潛、李根源等人則亦接近之；而黃興則是持「既不討袁，又不待袁，亦不聯日」的態度。俞氏認為黃興是根據內外形勢所採取的一種策略，將國家利益置於國內政爭之上。〔註191〕這

〔註187〕〈鄧家彥上總理函〉，國民黨黨史會藏，上海環龍路檔案，檔號（環 7989）。
〔註188〕李雲漢，《黃克強先生年譜》，頁 369；羅家倫主編，《黃克強先生全集》（台北：中國國民黨黨史委員會：1973），頁 240。
〔註189〕〈馮自由上總理函〉，國民黨黨史會藏，上海環龍路檔案，檔號（環 7991）。
〔註190〕李雲漢，《黃克強先生年譜》，頁 384～385。
〔註191〕俞辛焞編，《黃興在日活動秘錄》，頁 50～53。

樣的主張，當時確曾動搖美國境內的中華革命黨員意志。馮自由即說當時「余得子超先生（筆者按：林森）自紐約函電，謂連日鈕惕生（筆者按：鈕永建）馬素二君約鄧孟碩（筆者按：鄧家彥）鍾榮光謝英伯及森（筆者按：林森）等聯名致電　中山先生，請示對日意見，可否暫停國內革命運動，實行舉國一致禦侮，免爲國人藉口等語。」〔註192〕該一事件從其聯名者皆爲美洲支部重要人物，可以想見歐事研究會在美國對中華革命黨討袁活動的影響之大。而這也勢必混淆了美國華僑對討袁與否之判斷，以及對中華革命黨的支持。

　　黃興在美除了本身的活動外，也常遭受到袁世凱政府的阻撓。如1914年9月，美國外交部即照覆駐美夏偕復公使：「已令檢察部時時伺察黃興之行動，如有斂財及謀危中國情事，當爲制止。」〔註193〕12月18日，黃興到華盛頓欲謁見美國總統及外務卿時，即因無華公使介紹，而不受召見。〔註194〕翌年1月，駐美公使也電告政府謂：美政府因黃興有煽亂之行爲，決議將他驅逐出境。〔註195〕而3月時，袁世凱又遣人謠傳黃興等人已向政府自首的消息，意圖破壞黃興等人在美的活動。後經柏文蔚出面澄清，指陳該謠言可能因孫文派與黃興派不和而起，才泯除了海外華僑支持者的疑慮。〔註196〕而這時，想必海外僑民也已經知道黃興始終未加入中華革命黨的事情了。

　　在南洋方面，李烈鈞、陳炯明等人的活動也得到一些華僑之支持，而這多表現在捐款上面。首先，在孫中山給鄧澤如的信函中即提到：「據聞陳競存（陳炯明）、李烈鈞俱有鉅款約數十萬，交陳楚楠、林義順兩君經營商業，不審確否？乞密中一調查報知。」〔註197〕信中該數十萬之款項諒必自南洋僑界中勸募而來，而孫對此顯然頗爲在意。〔註198〕

〔註192〕馮自由，〈林故主席與美洲國民黨〉，頁399。

〔註193〕〈北京電〉，《申報》，1914年9月25日，第3版。

〔註194〕〈北京電〉，《申報》，1914年12月27日，第2版。

〔註195〕〈北京電〉，《申報》，1915年1月11日，第2版。

〔註196〕〈柏文蔚自述伊等並無自首者〉，《盛京時報》，1915年3月17日，第2版。

〔註197〕〈討袁之役致鄧澤如函〉，《國父全集》第三冊，頁295。

〔註198〕孫在〈委鄧澤如爲財政部長並向某某二君洽籌鉅款函〉中稱該二君挾有厚資，總有二、三百萬，文收《國父全集》第三冊，頁297～298。洪喜美和王瑋琦的研究，皆稱該二人爲李烈鈞和陳炯明，究其時代與背景，殊爲可信。故由此亦可知中華革命黨在南洋之爭取華僑認同支持，實受到不小之阻礙。參考洪喜美，〈李烈鈞與討袁護國運動〉（上），《近代中國》40（台北：近代中國雜誌社，1984），頁203；王瑋琦，《中華革命黨之研究》，頁94。

　　李烈鈞對於在南洋之發展頗有理想。在其致日本同志的信函中，即稱要開辦飛機學校、商業中學，並派人分赴爪哇、蘇門答臘、婆羅洲、盤谷（筆者按：今曼谷）、西貢、海防與小呂宋等地設辦事處，以團結海外同志；且擬籌小款，在上海、香港、海防分設支款處，以供研究會所需；並收容國內及在東困苦之學生。〔註199〕由於李等之理想與志向，歐事研究會日後遂也決定以南洋作爲其發展的基地。

　　1914 年 9 月前後，李烈鈞、陳炯明乘廣東水災之際，又組織了中華水利公司（亦稱「中華水利促成社」）。藉由這樣的名稱，一來固可避免居留政府的干涉；〔註200〕二來更可藉此博得僑民的援鄉赤忱，獲得僑民的踴躍捐輸。〔註201〕中華水利公司創立後，「所至輒阻擾中華革命黨之籌餉，反對孫中山」，〔註202〕讓鄧澤如備感威脅，於是囑咐同志速回東京，「請總理派許崇智或陳其美南來聯絡各埠同志，方能有濟。因各同志均仰慕許、陳兩君也。」〔註203〕可見以援鄉名義進行籌款活動的中華水利公司，在當時確曾造成一股不小的回響。另外，中華水利公司也引起袁政府的注意，相當憂心其對僑民的影響。據當時新加坡領事給外交部的報告稱：

> 黨徒假此中華水利促成社名義募款簡章，其宗旨擬興辦水利成功之後，在南洋設立世界輪船大公司。語甚單簡，已密告當地政府及密諭僑商，設法阻其進行。□聞該黨發行民黨公債票，亦分五元、十元、百元、千元，聲明該黨政府成立一月之後還息金，一年之後還本金等情。……〔註204〕

由上可知中華水利公司的宗旨與募款的公債票形式。總計中華水利公司在南洋的籌款，依據日本外務省檔案的記載，約有一百五十萬元之譜；〔註205〕而

〔註199〕〈由南洋致日本諸同志答覆函〉，《李烈鈞先生文集》（台北：中國國民黨黨史會編印，1981），頁 407～408。

〔註200〕鄧澤如，《中國國民黨二十年史蹟》，頁 134。

〔註201〕黃慶雲，〈華僑對廣東光復和反袁鬥爭的貢獻〉，《華僑論文集》第三輯（廣州：廣東華僑歷史學會，1986），頁 238～239。

〔註202〕〈李烈鈞、陳炯明在南洋組織水利公司反對中華革命黨〉，《革命文獻》第 45 輯，頁 593。

〔註203〕鄧澤如，《中國國民黨二十年史蹟》，頁 134。

〔註204〕〈海外黨人之煽惑〉，《大公報》，1915 年 9 月 3 日，第 3 張第 1 頁。

〔註205〕《日本外務省檔案》第 49 冊，480201，轉引自洪喜美，〈李烈鈞與討袁護國運動〉（上），頁 203。

根據袁世凱密探趙國勛所述，李烈鈞赴滇時，攜有四十餘萬元，同時僑界亦寄來百餘萬元。〔註206〕可見在南洋以李烈鈞、陳炯明爲首的歐事研究會和中華水利公司確實在南洋頗有一番成績。

　　歐事研究會除了本身在南洋有些許成績外，也同在美國一般，影響甚至吸收了一些中華革命黨黨員，如柏文蔚、熊克武、龔振鵬等。這些中華革命黨員曾受邀「來南洋，開大會議，炯明出資招待，欲藉爲搜括海外華僑報效之金錢，招降薄行之革命黨。」〔註207〕至於在南洋僑領方面，亦有類似情形產生。1914 年，鄧澤如致函孫中山，稱庇能之陳新政欲效辛亥革命時期總攬南洋同盟會機關一般，藉黨分潤。不僅不協同相勸李烈鈞，更反對改組中華革命黨新章，欲思在庇能另立機關。〔註208〕1915 年，鄧再致函孫中山，「查庇能前同盟會有存款萬餘元，當此事機迫切，自當提撥充用，蓉、怡同志均極贊成。惟此款現爲陳新政所據，藉以招待李協和而別倡緩進主義，……」〔註209〕陳新政對歐事研究會一派的支持，早在其擔任庇能支部長組織中華革命黨支部時，即可以看得出來。其在一次召集當地同志開會中，會議最後便決贊成「辛亥慕勢而來進黨之僞同志，大多數已匿跡消聲，任招不來。今所存者，仍是辛亥前眞同志。以一部份同志，而欲組織兩黨，徒使名義上之紛擾，有何益哉？」〔註210〕的主張，而此與歐會人士之見解並無差異。陳新政並對陳其美稱：「查南洋黨人，凡有舉事，向以捐款甚易，而進黨甚難一致。前辦同盟會時，不收會金，尚難一致，而況今欲每人決定十元乎。在鄙意南洋可以不必一體改進，黨員方能多集，而籌款時方易著手。南洋黨人，職在籌款，卻與東京實行黨人不同，祈斟酌是幸，此係實在情形，非弟故爲塞責，祈細查是幸。」〔註211〕事後陳新政又將他對中華革命黨不堅定的態度表現出來：「同人閱悉以上書意，知無轉圜餘地，乃召集同志，共商以後對於諸黨首應守如何態度，眾謂黨首既未能一致，實有左右爲難之概，爰定以後凡諸黨

〔註206〕〈趙國勛致桿臣函〉，周康燮編，《護國運動》（香港：崇文書局，1973），頁 54。

〔註207〕〈李烈鈞、陳炯明在南洋組織水利公司反對中華革命黨〉，《革命文獻》第 45 輯，頁 593。

〔註208〕鄧澤如，《中國國民黨二十年史蹟》，頁 132。

〔註209〕同上，頁 139。

〔註210〕〈庇能支部長陳新政組織中華革命黨支部〉，《革命文獻》第 45 輯，頁 600～601。

〔註211〕〈陳新政爲南洋黨務事致陳其美函〉，《革命文獻》第 48 輯，頁 108～109。

首欲謀國是，無論何人，皆當盡力贊助，無分彼此，以表救國誠意。是時陳競存先生、李烈鈞先生、柏文蔚先生等，共籌救國之進行，諸同志曾資助之。朱執信先生，與鄧鏗先生共謀恢復廣東，同人亦贊助之。孫逸仙先生派黃君展雲與宋君振，前來募軍債票，同人共購數千元。」〔註212〕陳新政雖皆以眾同志之意為主，但支部長應有勸說與導正黨內同志不同意見之責，顯見陳新政本人之態度實有以引導並促成之。

除了陳新政外，南洋華僑林義順、蔡熾三和一些少數客籍人士亦皆投向歐會的陣營。〔註213〕而在暹羅，原是支持革命的振興書報社也在改為水利促成社後，在立場上傾向於與陳炯明、李烈鈞合作。〔註214〕可見中華革命黨在南洋的發展遭受到不小的人脈流失。

歐事研究會除了在海外籌款外，亦有其宣傳刊物之發行。在東京有《甲寅雜誌》，在上海則有《正誼雜誌》和《中華新報》。〔註215〕李烈鈞在給日本同志的信函中，即稱要在南洋辦一淺近之雜誌，以鼓吹一切；〔註216〕然鑑於資料內容所限，李烈鈞所稱「淺近之雜誌」可能並未能創辦，不過從歐會在東京和上海皆有創辦及刊行雜誌的情形看來，南洋一帶亦不能輕易忽視之。

第五節　華僑與梁啟超陣營

在梁啟超陣營方面，自從清末梁與其師康有為以保皇會名義至海外發展時，就受到相當多華僑的支持。固然與挾「皇帝衣帶詔」之命不無影響，然康、梁二人的個人魅力亦是重要原因。民國初年，當進步黨承統一、共和、民主三黨勢力在地方迅速擴充時，海外亦有「帝國憲政會」的勢力與之合併。如香港交通處以及新加坡、檳榔嶼、泗水、占碑、巨港、巴達維亞、麻株巴轄、小呂宋、霹靂、東京、大阪等十餘處支部。〔註217〕

在美國，民國建立後，由保皇會改組的憲政黨雖一度受挫，但仍在僑界

〔註212〕〈陳新政因募軍債被居留政府傳訊記〉，《革命文獻》第45輯，頁604。
〔註213〕〈李烈鈞、陳炯明在南洋組織水利公司反對中華革命黨〉，《革命文獻》第45輯，頁594。
〔註214〕李盈慧，〈民初政局與僑界籌款〉，頁355。
〔註215〕〈中華新報發刊詞〉，文收李希泌、曾業英、徐輝琪編，《護國運動資料選編》（北京：中華書局，1984），頁66～69。
〔註216〕〈由南洋致日本諸同志答覆函〉，《李烈鈞先生文集》，頁407。
〔註217〕張玉法，《民國初年的政黨》，頁128。

中有相當的影響力。〔註218〕支持梁啓超的勢力，常阻撓革命黨的活動。如中華革命黨的民國維持總會成立後，即有「保皇黨贊成袁氏稱帝，出全力以破壞籌餉。」〔註219〕並且在中華革命黨員林森與黃伯耀周遊美、加、古巴各國演講募捐時，於古巴首都亞灣拿（哈瓦那）與保皇黨領袖展開舌戰。〔註220〕而國內進步黨人士亦有赴歐美活動者，如1915年，黃遠庸即遊歷歐美各國。至美國時，除了「各報專電均載及之」外，舊金山康、梁派憲政黨並且設宴招待之，〔註221〕可見支持梁啓超陣營的僑界力量亦是不小。

　　人員活動之外，梁啓超陣營在美國亦有其宣傳刊物，如創於1904年，由龔張在紐約主持的《中國維新報》，以及檀香山的《新中國報》等。《中國維新報》為週報性質，後來改為《國權報》，為憲政黨之黨報；而《新中國報》則創於1900年，早年為保皇會之機關報，由梁啓超、陳繼儼、黃紹純和李大明所主持，發行至1928年才停刊。〔註222〕

　　梁陣營在僑界的另一個活動的重心則在澳洲。保皇會自1900年在悉尼（筆者按：即雪梨，Sydney）成立新南威爾士保皇會後，康、梁勢力就一直存在，而1912年由《東華新報》改名的《東華報》即是保皇派在悉尼的喉舌〔註223〕。二次革命期間，《東華報》就曾發表文章譏諷革命與革命派，呼籲各省都督緊跟在袁大總統之後，粉碎叛亂。而當革命失敗後，《東華報》更進一步強烈要求袁政府要嚴懲叛亂分子。〔註224〕有關澳洲進步黨人勢力之大，可從中華革命黨澳洲支部黃右公的陳述中得知：

> 本支部由少年中國會改組以來，常處于旋渦之中，幸少數同志堅持
> 到底、百折不撓，方能延至今日。現猶未甚發達者，其原因有四：
> 一緣本洲僻處南水洋，無偉人與留學生足跡此到，華僑程度低下殊
> 甚。自梁啓超遊歷本洲倡會保皇，而本洲無意之商家，盡入彼黨。

〔註218〕麥禮謙，《從華僑到華人——二十世紀美國華人社會發展史》（香港：三聯書店，1992），頁205。保皇會乃康有為在1899年於加拿大所創（Chinese Empire Reform Association, 意即中華帝國維新會），有關保皇會之情形，請參考第一章註釋12之敘述。

〔註219〕〈三藩市民國維持總會設立之經過〉，《革命文獻》第45輯，頁418。

〔註220〕同上。

〔註221〕馮自由，〈林故主席與美洲國民黨〉，頁395。

〔註222〕任貴祥，〈辛亥革命時期的華僑報刊〉，頁78～79。

〔註223〕楊進發，《新金山——澳大利亞華人1901～1921年》，頁169～173。。

〔註224〕同上，頁201～202。

弟到澳後，與劉君接辦警東報，與保皇報（筆者按：即東華報）筆戰頻年，隨與諸同志等組織少年中國會演說團，而后本洲華僑稍知有革命公理。所謂商家依然裹足不前，且多方陵辱，逮民國成立，本黨稍爲擴張。乃二次革命失敗後，所謂本黨黨員又復紛紛脫離而去，此等黨員總以成敗爲轉移，實一時之客氣，非眞有愛國之心。一緣辛亥籌餉。當日籌餉時，實奉　孫先生命云有軍債票給回，故弟等演說亦本此意。後南京政府成立止截，此項軍債票並所匯交香港李芳君、陳吳君與上海徐桂亭君所收之款，當時未有墨信爲據，故反對黨□援爲口實，飛短流長，任意誣捏，大生風潮。此事曾報告于孫先生也（此乃影響本支部與今日之籌款爲最大）。……一緣本埠有涼血商家十餘人，反對革命最力。對于僑領曾宗鑒（該僑領對付本黨之嚴酷當另陳）則多方諂諛。知有華僑欲入本黨者，則必設法阻止之；對于曾僑領所售之公債，則極力勸銷。時至今日，猶不改悔其冥頑，若此殊堪憤恨也。有此數因，吾黨在本埠之根本，幾爲之動搖。……〔註225〕

進步黨在澳洲的發展，不但早於中華革命黨，而且在清末時，即已奠下根基。不論在報紙的創辦和當地僑商的拉攏，都讓中華革命黨在澳洲的活動吃足了苦頭。1914 年，保守派的曾宗鑒被任命爲中國駐澳洲總領事後，在任期間，即將支持共和的《警東報》予以停刊，〔註226〕對於控制澳大利亞共和運動的發展，起了積極的作用。可見在民初袁世凱統治時期，澳洲的僑界似乎是梁啓超陣營的勢力佔了上風。

在日本方面，進步黨員人數並不多。據《順天時報》在 1913 年 7 月 15 日的記載：

現僑居東京之中國人計有三千人，其中三分之二則屬南方派。對于國民黨員計有六百名，進步黨員未達其半數云。〔註227〕

然而當二次革命發起之時，在神戶的一次華僑集議中，進步黨員也和國民黨起了糾紛：

〔註225〕〈澳洲支部黃右公等致馮自由函〉，國民黨黨史會藏，上海環龍路檔案，檔號（環 8292）。

〔註226〕楊進發，《新金山——澳大利亞華人 1901～1921 年》，頁 206～207。

〔註227〕〈留日國民黨之活動〉，《順天時報》，1913 年 7 月 15 日，第 2 版。

僑居神戸之中國人，定於二十七日下午一時在中華會館集議，以便研究此種問題。然先是籍隸進步黨之華僑公會、三江公所等團體中之有志者，曾經會同議決謂：現下開會討論南北問題，則對于袁總統殊欠妥洽，寧不如將國民黨派之大會阻止。故廣業公所之王文達氏代表進步黨籍之華僑公會、三江公所，向王敬祥氏提出中止開會之議。而國民黨方面亦有論者謂：當南方形勢不振之時，敢為不靖之舉動，後患堪虞等語。因此，二十七日之會議遂暫行中止。即將此事揭示中華會館，唯當時已會集於該所之華人約達百餘名之多，及見揭示，憤慨異常，咸欲詰問中止之理由。即由黃卓山氏周旋，促請王敬祥氏出席鎮撫。故王氏應邀即至登壇演說，揮淚說明中止理由，於是眾人亦漸會意而散云。〔註228〕

同時，神戸與大阪的進步黨分部，也致電袁世凱總統：「望速靖亂，以安商民，而維危局。」〔註229〕甚者，神戸支部也決議以暗殺孫文為目的。〔註230〕

　　至於進步黨在南洋的活動，除上述帝國憲政會支部之合併外，就筆者所搜集之報紙資料當中，也透露出一些進步黨在海外的活動。首先是在1913年12月，該黨透過楊訪琴、何偉莪、張弼士、王聚秀等人先後的運動鼓吹，終於在雪蘭莪成立了進步黨支部。〔註231〕其次，在1914年3月，中央派遣姚梓芳至暹羅宣慰華僑。不過由於姚氏只是虛應應故事，並不用心。甚至回國後，還因此掀起了在暹僑商一百八十人皆為亂黨的誣告風波。對於姚氏的行徑以及事件的經過，《順天時報》留下這樣的報導：

　　暹羅盤谷函云：中央政府前派宣慰使姚梓芳來暹宣慰華僑。姚君係廣東揭陽縣人，為梁啓超之契友，聞此差即為梁所運動。自到暹以來，固未見其所宣何言？所慰何事？惟日奔走於富商之門，坐馬車、飲花酒而已。未幾，即已回粵原籍，為其母慶壽。此等情形，吾僑小民原不必過問，但據廣東各同鄉來暹傳說，謂姚回國後，已密稟政府誣指在暹僑商一百八十人為亂黨，俱屬潮州人。聞者譁然！……據稱叛黨逃竄暹羅，暗設機關，煽惑進行，尚未稍懈。假中華會所、

〔註228〕〈神戸華僑集議之中止〉，《順天時報》，1913年8月2日，第9版。
〔註229〕〈神戸大阪進步黨來電〉，《順天時報》，1913年8月8日，第9版。
〔註230〕〈孫中山近狀之窖〉，《盛京時報》，1913年8月13日，第2版。
〔註231〕〈雪蘭莪進步黨支部成立之先聲〉，《叻報》，1913年12月13日，第2版。

> 華暹報、大同書報社爲巢穴，主持最力者爲福州蕭佛成、廣州何少
> 禧、陸培飛、饒平林瑤池、海陽陳載之、揭陽袁澤霖、澄海黃敏如
> 等。〔註232〕

而在同年5月，進步黨開的特別會議中主張：「現在欲擴張本黨勢力，須一面
延攬人才，一面造就人才。聞國民黨在外洋留學者已達三千餘人。本黨如不
甘居於劣敗，則須速籌巨款，多送黨員出洋。」〔註233〕又在該年年末，派員
赴各地演說，其中也派了孫熙澤、陸乃翔至南洋。〔註234〕然其目的除了擴張
黨勢外，也是在使即將選舉的議員，能出於該黨黨員之中。〔註235〕

　　從以上所述各節中可以瞭解，在二次革命後至袁世凱稱帝前這段期間，
海外僑界對於國內政治的立場並不一致，有些擁護當政的袁世凱政府、有些
支持中華革命黨或歐事研究會、也有部分人士是支持梁啓超之進步黨；而支
持各派的華僑也因此相互攻訐、彼此牽制，其程度並不稍減於辛亥革命時期
革命派和保皇派在海外的情況。華僑對各派的支持雖有主動的成份，然而各
派「把國內政爭延伸至海外」，〔註236〕在各僑居地另闢戰場，才是僑界分派的
最重要原因。而這種現象直到國內籌安會成立，發起變更國體、實行帝制後，
海外僑界才在政治立場上趨於一致，共同支持討袁帝制的活動。

〔註232〕〈嗚呼黨禍竟及於海外〉，《順天時報》，1914年3月14日，第2版。
〔註233〕〈進步黨開特別會紀詳──孫副長演說四事〉，《申報》，1914年5月1日，
　　　　第6版。
〔註234〕〈進步黨各省演說人員〉，《盛京時報》，1914年11月29日，第3版。
〔註235〕〈進步黨派員演說之一原因〉，《盛京時報》，1914年12月2日，第3版。
〔註236〕李盈慧，〈民初政局與僑界籌款〉，頁356。

第三章　護國軍起義與華僑力量的整合

　　上一章中華僑支持各派的情形，在國內發起籌安會、主張變更國體後，僑界的態度與政治立場乃又產生了變化。關於籌安會成立後的情形，本章將分別從「僑界輿論對袁世凱稱帝的反應」、「護國軍起義與討袁共識的凝聚」以及「華僑對護國軍的支援」等三部分來敘述，最後再討論「華僑在討袁運動中扮演的角色與地位」以略作總結。希望能將華僑對討袁一役的態度轉變，以及華僑在支援護國軍討袁的貢獻，作一番詳盡的探討。

第一節　僑界輿論對袁世凱稱帝的反應

　　1915 年 8 月 3 日，袁世凱之憲法顧問古德諾（Frank J. Goodnow）發表〈共和與君主論〉一文，認爲中國採行君主制應較共和制爲適宜。8 月 14 日，楊度與變節之國民黨員孫毓筠、李燮和、胡瑛，以及學者嚴復、劉師培等六人遂在北京發起籌安會，宣稱共和國體常致爭亂，爲籌國家治安，應遵古德諾所見變更國體。〔註1〕籌安會發起後，國內反應不一，但以反對的輿論居多，當時《盛京時報》即接獲讀者投書言：

> 警告：
> 倡共和革命者，籌安會也；陷元首於大逆不道者，籌安會也；授亂黨以口實者，籌安會也；擾亂天下人心、速亡國亡種之禍者，籌安會也！願天下人民、報紙、社會、軍、政、學各界，聲其罪而共討之！大局幸甚！〔註2〕

〔註 1〕 郭廷以，《近代中國史綱》（台北：曉園出版社，1994），頁 509。
〔註 2〕 〈對於籌安會之輿論之一斑〉，《盛京時報》，1915 年 8 月 21 日，第 3 版。

更有人直斥袁世凱總統不約束籌安會：

> 袁總統關於研究國體會（籌安會）之發起並不加以約束，且謂此際
> 民國人民討論國體實爲自由云云。〔註3〕

實際上，當籌安會發起之時，國內民眾多不知道該組織乃是袁世凱有意促成；而華僑身居海外，與祖國有著空間上的距離，在訊息的接收上不僅較慢，且因僑界報刊的消息多直接從國內報紙的報導引用而來，〔註4〕受到國內的影響也相當地大。經過各派在海外的活動角逐，華僑力量也隨之有不同的派別之分，然而當籌安會發起後，支持袁或抱著觀望態度的華僑，誠如上述國內情形一般，仍將變更國體之罪歸之於楊度等六人，認爲袁世凱乃是無辜的受害者，但是就整體而言，海外僑界的反對聲浪仍是相當地大，相對於國內的反對聲音，海外華僑的反應則顯得更爲激烈。

首先在日本方面，旅居東京的學界、商界於 9 月 1 日，假神田美土代町三丁目三番地東京基督教青年會，召開全體討論大會。「到會者不下千餘人，對於此籌安會莫不同聲反對。」〔註5〕而在會後，則提出以全體名義刊佈之宣言書三千多言，〔註6〕以及電告京、滬各報之電文如下：

> 上海神州日報、時報、新聞報、申報、時事新報，并請轉北京國民
> 公報、大國民報、天民報、北京日報、順天時報、新支那報、民視
> 報暨各報館鈞鑒：籌安會反叛民國，大逆不道，請遵據約法大張筆
> 伐，以息邪說而伸正義。五族幸甚！留日學生僑民公叩冬〔註7〕

同時，亦有提議自由捐資以充電費和設討伐籌安會通問處二事，也都一致贊成通過。〔註8〕

1915 年 10 月，日本僑界基於對民國創立之不易以及共和政體之情感，又舉辦了一場國慶紀念大會，來與籌安會之欲變更國體相抗衡。當時報紙記載：

> 謬說流傳，假託籌安。視國家之危亡，若秦越人之不關痛癢，而惟

〔註3〕 〈大總統竟不約束籌安會之發起〉，《盛京時報》，1915 年 8 月 18 日，第 2 版。

〔註4〕 如《叻報》中有關國內政治的報導，多直接取自《申報》、《盛京時報》或《順天時報》等。

〔註5〕 〈國體問題之現勢誌聞〉，《大公報》，1915 年 9 月 15 日，第 1 張第 5、6 頁。

〔註6〕 《留日學界僑商宣言》（1915 年 9 月 15 日），頁 1～8，國民黨黨史會藏，一般史料，檔號（400/148）。

〔註7〕 同上，頁 30～31。

〔註8〕 同上，頁 31。有關籌設「討伐籌安會通問處」一事，因乏史料根據，日後是否有成，並不得而知。

妄冀一家爲萬世一系之帝王。嗚呼！共和何辜，遭此夭折？民族何罪，供彼犧牲至於此極也？同人等眷顧宗邦、景懷先烈，念共和搆造之維艱，不忍與莊嚴璀璨之雙十紀念節告別。縱儀羊之欲廢，仍告朔之必舉。用訂於是日自午後一時起，假東京麴町區大手町一丁目日本私立衛生會，開國慶紀念大會。凡我僑日各界愛國同胞，務祈屆期早臨，同襄盛典云云。〔註9〕

而在東京的二千多名留學生，也再次地開會決議反對帝制；並有五百餘名學生以開革命紀念大會爲名，集會討論反對帝政之問題。〔註10〕

10月，東京的籌安會秘密支部發生一起負責人蔣士立遭殺害事件，雖未知確切原因爲何？不過當時的猜測，則皆以籌安會主張變更國體有關。〔註11〕從東京僑界由集會反對變更國體到殺害籌安會海外支部負責人的情形，即可以瞭解該埠僑民反應之激烈程度。

而日本神戶，則另有神戶商會王敬祥總理至怡朗創設愛國勤儉儲金團以反袁的舉動。據中華革命黨黃漢興的報告，王氏「談及袁賊之謀帝制，亡國不遠矣！今日若不預備儲金以防祖國臨時重要之急需，將來亡國有日矣！……前怡商會諸有□力之職員，均以中國非袁莫屬之言爲口實，□今之仇視袁賊爲眼中釘矣！」〔註12〕可見當時各埠僑商之間有著一定程度的聯繫，而神戶商會竟爲了反對籌安會，跨洋渡海至南洋儲金以反袁，亦可知其對該事之憂心！

新加坡方面，進步黨交通處最先提出反對意見：

該籌安會竟敢詆毀共和，務以恢復帝制爲目的，實爲違犯法律。眾議電致北京檢察廳，請按照刑律第一百零一條治籌安會發起人楊度、孫毓筠、胡瑛、劉師培等，以紊亂國憲之罪。并分電各支部，一體反對云。〔註13〕

10月，又有呈電云：

<hr>

〔註9〕　〈留日各界之國慶紀念會〉，《申報》，1915年10月11日，第7版。
〔註10〕　〈留日學生一致反對帝制〉，《盛京時報》，1915年10月14日，第2版；〈留日學生反對帝政〉，《大公報》，1915年10月20日，第2張第3頁。
〔註11〕　〈東京籌安支部中之槍聲〉，《申報》，1915年10月25日，第3版；〈東京籌安支部之慘劇〉，《叻報》，1915年12月8月，第9版。
〔註12〕　〈黃漢興上總理函〉，國民黨黨史會藏，上海環龍路檔案，檔號（環7865）。
〔註13〕　〈星洲進步黨對於籌安會之意見〉，《叻報》，1915年9月27日，第2版。

> 中華民國進步黨新嘉坡交通處全體華僑呈，爲邪說橫行，動搖國本，
> 懇請按律起訴，以遏亂萌事。……今僑民等在坡開會討論□取商、
> 工、學、報各界，多數同意，表決通過。前後所云，爰取錄寄相應，
> 呈請貴廳按律起訴，立逮楊度等，治以相當之罪，并咨內務部轉行
> 警廳，勒令籌安會即日解散，不准詭名復設，庶遏亂萌而維治安。
> 共和障礙既除，民國前途幸甚！……〔註14〕

該電顯示新加坡各界已相當一致地反對籌安會的組成和主張。而旅居新加坡
的華商，也再另電持反對之立場。〔註15〕

　　叻報報社本身在「時評」與「論說」版中，亦陸續著文評論，就筆者的
整理，約有 9 月 30 日第 5 版時評〈籌安會果眞籌安耶〉、10 月 8 日第 5 版時
評〈籌安會〉、10 月 14 日時評〈籌安會亟宜取消〉、10 月 18 日第 5 版時評〈籌
安會何其愚耶〉、10 月 19 日第 2 版論說〈四萬萬眾生死問題〉、10 月 21 日第
2 版論說〈袁氏果以變更國體爲不合耶〉、10 月 22 日第 2 版論說〈國體與政
體之關係〉、10 月 29 日第 2 版論說〈民意〉、11 月 6 日第 2 版論說〈迫不及待
之帝制運動〉、11 月 8 日第 2 版論說〈籌安會實爲籌亂會說〉、11 月 10 日第 2
版論說〈請願、、、勸進〉等不下十餘文。從《叻報》對籌安會的批評情形
來看，亦可一定程度代表著新加坡華僑對變更國體的反對意見。

　　泗水方面，泗水華僑商會於 9 月 22 日即函電國內各機關，要求袁世凱懲
辦發起人：

> 申報及各將軍、巡按使、商會、各機關公鑒：楊度等發起籌安會，
> 議改國體，反對共和。此舉既與民國憲法背馳，且必召生不可思言
> 之結果。乞電請總統懲辦發起人，解散籌安會。泗水華僑商會發。（二
> 十二日）〔註16〕

泗水籌辦愛國捐事務所及泗水商務總會也以意義相同的函件，要求袁大總統
嚴辦楊度等人，解散籌安會，「以弭大患而維國本」。〔註17〕該年 10 月，泗水
華僑商會愛國捐事務所甚至爲此，將愛國捐予以作罷！

> 申報館鑒：楊度等於共和國體之下組織籌安會，以圖恢復帝制，罪

〔註14〕〈新嘉坡華僑之失望〉，《大公報》，1915 年 10 月 18 日，第 2 張第 3 頁。
〔註15〕〈新嘉坡華僑電請嚴懲楊度〉，《盛京時報》，1915 年 10 月 21 日，第 2 版。
〔註16〕〈泗水電〉，《申報》，1915 年 9 月 24 日，第 3 版。
〔註17〕〈泗水緊要函件照登（泗水籌辦愛國捐事務所暨泗水商務總會寄）〉，《叻報》，
　　　　1915 年 9 月 27 日，第 2 版。

在不赦。政府竟曲予寬容，實屬違法，僑民聞之皆爲失望。前議酌
提薪水及商業紅利撥充愛國捐一節，今作罷論！泗水華僑商會愛國
捐事務所發〔註18〕

從上述這一函電即可發現，泗水華僑商會對籌安會變更國體的不滿已牽怒於
政府，對於袁政府的曖昧寬容態度，相當地不以爲然！有關泗水華僑商會這
一態度，西方輿論曾評論認爲「泗水華僑既富於資且勢力偉大，所發意見足
以代表海外僑民之輿情。」〔註19〕因此，袁世凱在得知泗水華僑商會之態度
後，即召見外交總長陸子忻，討論因應之道。

陸到後，大總統即出示泗水商務總會華僑開會集議反對籌安會更改
國體及進步黨本部新加坡交通處反對帝制會議情形文電各件。陸謂
華僑反對，關係前途甚大。挽救之法，惟有速電該處領事赶爲解釋：
共和之不適於民國，人心之贊成君主。以免誤會，而便進行。〔註20〕

由此可見，袁政府因爲圖謀帝制，結果在海外僑界所引發的強大反對與掣肘
力量，可能是他先前所未能想像到的。

三寶壟一地，則有該處華商總會、中華會館、中華學校和僑民共同上予
袁世凱的信件一紙，表達該埠華僑對於變更國體的反對意見。該書中言：

如今之倡議變更國體說，如籌安會之楊度、孫毓筠等，若而人但知
墨西哥、中南美、葡萄牙各國之亂，而不審前清愛新覺羅氏之亡。
知墨西哥、中南美、葡萄牙各國爭取總統之爲禍殊烈，而不審生斯
長斯之中國數千年來一部史書，若干朝代爭取皇帝之爲禍更慘！關
於美博士古德諾氏之談話中，攫取支詞雙語，用爲惟一無二之標識。
嗚呼！將誰欺耶？抑本會董暨各僑民等遠處異域，從學生計，身非
官僚，尤非政客，但使內地同胞得生命財產自由之保障，海外僑眾
受居留政府法律相當之待遇，於願斯足！無論祖國國體爲共和制、
爲君主制，初無個人利害的直接衝突，所爲椎心泣血、不能自己者，
正以一線之良知未泯。……一度改革國民所有君主制之觀念，根本
上推翻無餘。神聖不可侵犯之說，斷斷不能成立也。又況在歐洲空
前未有之戰禍蔓延未已，吾人方集全國心力預備和議時，發言權之

〔註18〕〈泗水來電〉，《申報》，1915 年 10 月 8 日，第 2 版。
〔註19〕〈西報論泗水華僑公電事〉，《申報》，1915 年 10 月 9 日，第 3 版。
〔註20〕〈對付華僑辦法〉，《順天時報》，1915 年 10 月 25 日，第 2 版。

位置有所未達；本年五月七日國恥紀念日之中日締約以來，吾人復集全國視線顧諟條款上實行期之施設有所未暇，此何如時代？本會董暨海外僑民等方謂國家危亡之勢甚於累卵，政界諸公必能趁此千鈞一髮之時機極力贊畫，爲戢內禦外之計陳請大總統速立正式民意機關，實行共和立憲，共同負責，庶幾一般政客磅礴鬱積之氣有所疏泄，而不生潰決之處。……此項變更國體問題發生而後，各屬華人莫不奔走呼號，同聲反對。至於國債票之轉售，雖極低減之價格，無人過問。國內外貿易事業受此打擊，全然停頓。無形中之損失，不知凡幾？其略有身家財產、稍負聞望之人，悲觀至極。決然投入外國籍者，兩旬以來，耳聞目見多至不可勝紀。……〔註21〕

三寶壟華僑從中外歷史的教訓借鏡、中日二十一條交涉的屈辱、公債票券的無人過問、國內外貿易的停頓，以及華僑紛紛歸入外國籍的種種現象，「錐心泣血」地向袁世凱陳請，期望變更國體之舉能夠及時廢止。雖然這樣的主張仍未被袁所採納，不過該處華僑所表現出來的愛國情操，則的確令人深深感動。

另一個強烈反對變更國體的地方，則是在澳門。據香港《華字日報》的報導，澳門的華商首先倡言反對：

惟澳門商會會員等、蓋某君等，自籌安會發現以來，連日奔走呼號，涕泣相告。謂中國危亡禍機即伏於此，喚醒同群，共聯合殷實商人數拾，聯名致書澳門商會，力陳籌安會之促亡、痛斥楊度等之誤國。

請即合集商眾會議，設法維持，俾中國不致於危亡云。〔註22〕

可見澳門華商爲此還涕泣奔相走告！10月，該埠僑民組成「澳門華民維持國體聯合會」，假當地戲院開華僑全體大會，討論維持中華民主共和國體之方法。赴會之各界男女達六百多人，而且於會後租得一處作爲辦事所，以計畫一切進行方法。〔註23〕《叻報》於該年11月16日，刊有澳門華民維持國體聯合會之公議章程如下：

〔註21〕 〈三寶壟華商之國體觀〉，《申報》，1915年11月22日，第6版；〈華僑之國體觀〉，《盛京時報》，1915年11月27日，第1版。

〔註22〕 〈商人反對籌安會之第壹聲〉，《華字日報》，1915年9月14日，第1張第2頁。

〔註23〕 〈澳門華僑維持國體之集議〉，《申報》，1915年10月24日，第6版。

一、本會以眞正民意、和平方法，維持中華民主共和國體爲宗旨。
一、本會以和平方法表現中華全體國民永遠維持民主共和國體，誓
死不認君主國體爲目的。……一、本會會員聲明拒絕反對者一切運
動，以示決心維持民主共和國體誠意。倘有受賄情事發覺，應將該
會員姓名宣告内外國民與眾棄之。……〔註24〕

澳門華僑爲表現出他們對國内主張變更國體者之反對，不但函電各處周知，
還組織了「華民維持國體聯合會」，訂定活動章程，欲和籌安會打一場悍衛共
和國體的持久戰，這在海外各埠僑界中實屬特殊，更是別具特色。

　　臨近澳門的香港，也有反對的聲浪。當地出刊的《華字日報》中，也同
《叻報》一般，發表了許多時評文章，表達該報的反對立場。就筆者的整理，
其大要者約有：1915 年 9 月 15 日第 1 張第 2 頁論說〈澳商人倡請反對籌安會
之可嘉〉、9 月 17 日第 1 張第 2 頁時評〈總統壽辰與皇帝萬壽〉、9 月 18 日第
1 張第 2 頁時評〈微火煮水之帝制觀〉、9 月 21 日第 1 張第 2 頁時評〈可以止
矣〉、10 月 5 日第 1 張第 2 頁論說〈異哉吾粵之所謂集思廣益社〉、10 月 11
日第 1 張第 2 頁論說〈國悼篇〉、以及 10 月 16 日第 1 張第 2 頁論說〈詰主張
帝制者〉等文。另外，香港《南華報》也發表有〈中國變易國體之非時〉一
文，表達該社之立場。〔註25〕

　　至於旅居法國的留學生，則是透過巴黎之中國學生協會電告北京報界，
表達反對君主制和維持共和國體的主張。〔註 26〕旅美華僑因爲國内輿論遭受
箝制，公意無由上達，遂轉請美國總統告知袁世凱有關華僑反對之聲音。〔註
27〕而智利達打埠華僑則因爲見袁倡言變更國體，「憤其背誓違法，知非協力討
賊，萬難圖存。」〔註28〕

　　僑界雖然反對聲浪大，然亦有支持籌安會變更國體的華僑代表。先是上
海華僑聯合會吳蔭培、高子伯、曹讓之等人，應籌安會之邀赴會討論變更國

〔註24〕　〈澳門華民維持國體聯合會公議章程如左〉，《叻報》，1915 年 11 月 16 日，第
　　　　　3 版。
〔註25〕　〈中國變易國體之非時（香港南華報）〉，轉載於《叻報》，1915 年 10 月 18
　　　　　日，第 2 版。
〔註26〕　〈旅法留學生反對君主制〉，《順天時報》，1915 年 10 月 21 日，第 2 版。
〔註27〕　〈旅美華僑赴懇美總統〉，《叻報》，1915 年 11 月 25 日，第 3 版。
〔註28〕　《美洲國民黨佈告錄》第 18 期（1915 年 10 月 30 日），國民黨黨史會藏，上
　　　　　海環龍路檔案，檔號（環 7616）。

體案。〔註 29〕然華僑聯合會則指其冒稱該會代表，參與討論國體案一事，概不承認。〔註 30〕再者，則有華僑聯合會代表吳增幸、鄭炳才、陳大徒、李爾飛、陳垂虎、邵少唐、曾肇枬、周順向、史宗峨、戴順哉等十人，兩次具請願書要求變更國體。〔註 31〕

　　海外方面，日本有留日籌辦籌安會幹事人員：肖志仁、張國杰、蔣士立等二十六人；〔註 32〕美國則有留學生醉心君憲之情形：

> 據聞我國駐美夏公使有一密電致總統府，詳陳美國政府及輿論對於我國國體問題之意見。後稱我國留美學生對於君憲皆主張最力，曾有公稟致使館，要求准其公舉代表回國，請求已經其賞慰，并諭以奮力求學，不必干預國事等語。不意徜徉於共和之學生，亦醉心君憲如此，蓋亦熱潮激盪，無處不及也歟！〔註 33〕

　　支持籌安會變更國體案的華僑與反對者相較，實是少之又少。因此袁政府為了挽回逐漸失去的僑界民心，便有一些勸導和對待方法。首先，袁政府認識到「華僑反對改革國體，加以亂黨從中鼓惑，關係前途至為重大。不可不急速設法挽救。」〔註 34〕因此即於 1915 年 11 月，派張振勳至南洋勸導華僑。

> 聞政府以南洋華僑對於國事素稱熱心，此次改變國體問題發生，國內人民為一致主張，惟旅外僑民未見有何等舉動，并聞有反對此事者。議特派大員前往勸導，以防為亂黨所煽惑。聞將令張振勳前赴南洋各島，將人民對於國體之意見及政府對於此問題之態度，一一宣布，以釋疑念云云。〔註 35〕

〔註 29〕　《君憲紀實》（全國請願聯合會印行，1916），〈函電〉，頁 17；〈各處來電〉，《順天時報》，1915 年 9 月 5 日，第 3 版；〈華僑聯合會不認參與籌安會代表〉，《叻報》，1915 年 11 月 20 日，第 3 版。吳蔭培又有稱為吳應培（見《叻報》文）；而高子伯則有稱為高子白（見《順天時報》文）或高子谷（見《叻報》文），此處以《君憲紀實》一書為主。
〔註 30〕　〈華僑聯合會致籌安會電〉，《申報》，1915 年 10 月 14 日，第 10 版；〈華僑聯合會不認參與籌安會代表〉，《申報》，1915 年 10 月 14 日，第 10 版。
〔註 31〕　《君憲紀實》，〈第一次請願書〉，頁 62～63；〈第二次請願書〉，頁 14～15。
〔註 32〕　〈蔣士立被刺案之餘聞〉，國民黨黨史會藏，上海環龍路檔案，檔號（環 8926）。
〔註 33〕　〈留美學生亦醉心君憲耶〉，《大公報》，1915 年 10 月 26 日，第 1 張第 7 頁。
〔註 34〕　〈對待華僑反對改革國體之辦法〉，《順天時報》，1915 年 11 月 4 日，第 2 版。
〔註 35〕　〈政府擬派員勸導華僑〉，《大公報》，1915 年 11 月 13 日，第 1 張第 3 頁。

《順天時報》對於張振勳赴南洋勸導華僑一事，也做了這樣的報導：

> 張振勳參政請假六個月□洋，表面上為清理經手專件，內容則受農
> 商部之委託。緣此次部中創辦之有獎實業債券，國民因本年間購買
> 儲蓄票公債票及各處水災勸捐攤派，業已搜括一空，勸募不易。素
> 知南洋華僑殷實者多，故特令前往諄勸購買，以期實業振興，利民
> 富國。張為華僑界之巨子，登高一呼，數百萬不難立致也。〔註36〕

該報所得到的消息則是國庫已空，國內勸募不易。而袁派員遠赴南洋勸導華
僑不要對籌安會誤解、不要被亂黨所惑之餘，主要目的還是要向華僑募得巨
款。

袁世凱每當財庫空乏就想到要向華僑募款，幾近將華僑與巨款畫上等
號。而這次國內財政困難，又逢籌安會發起變更國體案，袁想要再赴南洋籌
款之舉，並不被看好。當時的《盛京時報》即載：

> 政府因此次國體問題，其旅居南洋群島等處之各華僑極不贊成，以
> 是擬即派員前往宣慰勸導各節，已誌本報。茲得政界消息：刻下政
> 界各員中對此並無希望派定前往者，蓋自辛亥國體改革後，華僑對
> 中政府本極歡迎，無如嗣以中央設施種種政治久已不為華僑所滿
> 意，以致前兩次中央募集公債，華僑即已不甚踴躍認購；而於內國
> 之各種實業問題，尤鮮有肯投以巨資者。且政府前業屬經派員前往
> 勸募，大率皆為華僑等之質問所窘，故無論何人經政府此次派定，
> 不特該員於奉命後趑趄不肯前往，即勉強奉行，亦恐究竟不能發生
> 效力也云云。〔註37〕

該報又舉僑商反對之意見言：

> 自民國成立、專制祛除，海外僑民莫不額手相慶、競挾巨貲內渡報
> 效祖國。無如政府慣用某種政策愚惑僑民，而尤以公司條例大足惹
> 起一般之反對，於是僑民等相率之他意甚憤懣。加以歐戰蔓延，金
> 融阻滯，中央政費所需搜括殆盡。最近國體問題發生，支銷更達百
> 萬。當道擘畫至再，仍注意于海外僑民，即囑農商部藉辦理實業為
> 名，選派幹員前往南洋招股，不意僑民聞風極端反對。頃據某實業
> 家云：日昨僑民來電請代達農商部無庸派員來此，並謂政府違反民

〔註36〕 〈張振勳赴南洋之宗旨〉，《順天時報》，1915 年 11 月 21 日，第 2 版。
〔註37〕 〈勸導華僑必歸無效之原因〉，《盛京時報》，1915 年 11 月 20 日，第 3 版。

> 意，帝制自娛，不顧僑商利害，世界趨勢斷不容帝制發生于今時代
> 云云。按海外僑民大半受文明教育，頗有眼光。益以民黨運動先入
> 為主，其不贊成帝制固非偶然也明矣！〔註38〕

可知袁世凱這次要挽回華僑的支持與捐款之主張，恐難實現。

時序進入 1915 年 12 月，全國國民代表大會於北京主持解決國體的總開票。開票結果，全國共一千九百九十三票皆一致贊成君主立憲國體，〔註39〕「各省區國民代表大會文電，一致推載今大總統為皇帝。」〔註40〕而袁也於12 月 31 日申令宣布，自次年起改元為洪憲元年。〔註41〕袁世凱稱帝的野心至此可說是完全披露，國內民眾與海外華僑也才領悟到籌安會與袁世凱之間的關係。在僑界，原本反對的聲音更加強烈，而持觀望態度的華僑都加入了抗爭的行列。茲將解決國體投票案以後華僑的反應情形敘述如下：

美國方面，有以舊金山為反對帝制的大本營：

> 英文京報云：中國國體變更之消息，美國華僑極不歡迎。現提倡共
> 和主義者，已運動反對帝制，以舊金山為大本營。……又舊金山十
> 三日海電云：美國各地華僑均反對恢復帝制。據聯合日報紐約消息，
> 謂舊金山華人已運動籌款協助革命，自接到總統允即帝位之消息，
> 即著手舉行云。〔註42〕

又有關於舊金山華僑反對帝制的報導稱：

> 中國組織共和，各國華僑輔助良多。政府仰給華僑財力者，蓋不止
> 一時一事也。茲見某西報載有紐約通電一道，據稱舊金山華僑已開
> 始運動募集巨款，以備再舉革命之用。……華僑不忘祖國，為政府
> 所深信。今忽有反對政府之行為，誠不知其是非焉在矣？〔註43〕

從這則報導可知袁政府仰賴華僑財力支柱的程度，而對於華僑竟會起而反對政府的舉動，則屢思不解。

在美國舊金山僑界，尚發生一起暗殺事件，即亞細亞報記者黃遠庸之被刺。據馮自由稱：

〔註38〕〈僑民反對帝制之一斑〉，《盛京時報》，1915 年 11 月 26 日，第 3 版。
〔註39〕《政府公報》，1292 號（1915 年 12 月 12 日），〈命令〉，頁 402～404。
〔註40〕《東方雜誌》13：1（1916.1），〈中國大事記〉，頁 4。
〔註41〕《東方雜誌》13：2（1916.2），〈中國大事記〉，頁 8。
〔註42〕〈美國華僑反對帝制之外報〉，《盛京時報》，1915 年 12 月 29 日，第 3 版。
〔註43〕〈愛國華僑之激昂舉動〉，《順天時報》，1916 年 1 月 1 日，第 2 版。

民國四年冬，進步黨政客江西人黃遠庸游歷歐美各國，各報專電均載及之。舊金山黨員多向子超先生探詢黃之歷史，子超先生答曰，黃乃進步黨第一流策士，解散國民黨及削奪民黨各都督兵權皆其主謀，深得袁世凱信用云云。是歲十二月黃自美東到達。舊金山之康梁派憲政黨安之於都板街上海樓茶館，忽有壯士二人闖入座上，拔鎗擊之，黃應聲而扑，瞬刻身死，事後無人知刺客爲何許人。〔註44〕

華僑採用這種恐怖的暗殺手法，據張玉法在《清季的革命團體》一書所稱之革命黨戰術，〔註45〕推測應係美洲國民黨人士所爲，而其對帝制之反感，由此可以想見其激烈程度。

日本方面，主要還是進步黨支部的反對舉動。1916年1月9日，該黨東京分部假神田演藝館舉行改選職員手續，會後，並有反對帝制的演說會。

畢後，即開演說會，由素負聲望之黨員數名登台演說。其問題爲維持共和及反對帝政等。是日到會旁聽者甚夥，頗極一時之盛。但最後頒布反對帝政宣言書時，傍聽員中有少數帝政派人員，悻悻蹴席而去云。〔註46〕

不久，該支部又通電各省將軍與各報館，表示「袁世凱背叛民國，妄自稱帝，同人決議誓死反對！」〔註47〕而且該支部尚有推選負責人之舉：

本支部凜遵黨綱，維持共和。當此次大盜實現之秋，應作極端征討之事。本支部業經召集在東黨員開會公決反對帝制，并照章選舉張杞人君爲正部長、劉維亞君爲副部長。除傳檄海內外主張討袁，并馳電各報館、各將軍反對帝政外，理合函讀足下廣爲發表，轉知各報館，是爲至要。〔註48〕

由此可知東京進步黨支部已是有組織地在進行反帝制運動了！另外在留學生部分，除了有演說者「悲歌激越，頗動公憤！」決議反對帝政、維持共和等事項外，〔註49〕還對外發表宣言書聲明道：

〔註44〕馮自由，〈林故主席與美洲國民黨〉，《革命逸史》第三集（台北：臺灣商務印書館，1969），頁395。

〔註45〕張玉法，《清季的革命團體》（台北：中央研究院近代史研究所，1982），頁419。

〔註46〕〈進步黨在東之演說〉，《順天時報》，1916年1月15日，第2版。

〔註47〕〈留日進步黨反對帝政之通電〉，《順天時報》，1916年1月18日，第2版。

〔註48〕〈進步黨反對帝制續誌〉，《順天時報》，1916年1月19日，第2版。

〔註49〕〈留日學生開會反對帝政〉，《盛京時報》，1916年1月16日，第2版。

> 袁世凱其人者，實民主立憲惟一之障害，故袁氏之存亡，直接爲吾
> 國盛衰之所分，間接爲世界休戚之所繫。吾人深望我友邦主持正義
> 人道，洞明世界大勢之讀者，繼續其歷來之公正態度，無一人爲袁
> 氏不自然之手段所惑，而與以絲毫有形無形之援助。純聽吾國人本
> 其至誠愛國之心，處決其國事。……〔註50〕

而爪哇、新加坡等處華僑，也都極力反對帝制與排斥袁世凱。〔註51〕

　　帝制通過後，支持袁世凱的華僑雖然不多，但仍有一些紀錄可以查知。最引人注意的，就是參與 1915 年 12 月解決國體總開票的六十名「全國商會及海外華僑」代表。〔註52〕該批代表由趙玉田、孫學仕等領銜，一致贊成更改國體爲君主立憲制，在當時一片討伐帝制聲中實是特殊，雖未知該名單中華僑身份者爲何？不過亦能了解到華僑群體中對於政治態度的個別差異性。其次，在日本亦有所謂袁派留學生於袁稱帝後仍在運動，後因留日之南支學生組織袁黨暗殺團，袁派學生恐有生命危險，遂函請日本警視廳加以保護。〔註53〕而這亦屬一批支持袁稱帝的華僑力量。泗水華人總商會也創辦有泗濱日報，特在上海聘有兩名帝制派之主筆擔任編輯，擬鼓吹帝制。〔註54〕再者，則是有華僑國民代表等所發表之〈籲懇速登宸極以固國本而慰商情摺〉。此文發布於 1916 年 1 月，民國已改爲帝制，故內容盡是對袁歌頌之詞，而此也顯見部分華僑對於袁帝制的傾心。〔註55〕

　　國內通過了君主制，華僑反對的聲浪更大，而袁世凱也加緊對於華僑的宣導撫慰工作。當時報紙報導袁的心態稱：

> 現下袁公以舉行御極典禮在邇，深恐寄居外邦之華僑再拍電反對，
> 殊與徵諸民意四字大相違背。雖於個人無他虞，恐激起全國人民之
> 反對。特擬日內簡派親信大員三、四人，分往各國撫慰華僑，以免
> 發生意外變端。〔註56〕

〔註50〕　〈留日學生對外宣言書〉，國民黨黨史會藏，一般史料，檔號（400/188）。
〔註51〕　〈華僑反對帝制之又一表徵〉，《順天時報》，1916 年 1 月 11 日，第 2 版。
〔註52〕　黃毅編，《袁氏盜國記》（台北：文星書店，1962），頁 76。
〔註53〕　〈袁係派之留學生稟請保護〉，《盛京時報》，1916 年 4 月 5 日，第 2 版。
〔註54〕　〈咄咄可醜可憐可誅寡廉鮮恥之泗水華人總商會〉，國民黨黨史會藏，一般史料，檔號（407/13）。
〔註55〕　《政府公報》，19 號（1916 年 1 月 24 日），〈奏摺〉，頁 931。
〔註56〕　〈將派大員撫慰華僑〉，《順天時報》，1915 年 12 月 25 日，第 2 版。

1916 年 1 月，首先派遣容洪成、伍朝樞，分別爲歐美與南洋的宣慰使。〔註57〕
接著，又遣前參政院華僑議員朱兆莘至南洋宣布政府德音；〔註58〕以及前華
僑參政員張振勳、前農商部次長向少均，往南洋撫慰華僑。〔註59〕袁世凱派
遣宣慰使至海外撫慰華僑，籌款之餘，也在辯解其改行帝制的必然原因，疏
緩華僑的反對聲浪，但其效果應是有限！反對帝制至此已是華僑的一致共
識，爲了將袁世凱的帝制消弭，原來支持各派的華僑，也逐漸地化異求同，
將僑界力量整合起來！而促成海外華僑團結的關鍵角色，當是雲南的護國軍
起義。

第二節　護國軍起義與討袁共識的凝聚

1915 年 8 月 14 日籌安會發起時，原本支持袁世凱的梁啓超，此時已明顯
表露出反袁的態度。該月 20 日，梁即發表〈異哉所謂國體問題者〉一文，反
對籌安會變更國體的主張。梁自從 1912 年回國後，從沒有發表過反袁的議論，
但是「此文一出，頗振動各方的耳目，大家知道進步黨的領首人物，也是立
在反帝制的一方面了。」〔註60〕梁啓超與蔡鍔、戴戡密商後，決定利用蔡、
戴在雲貴的舊關係，發動討袁。而在各方人事佈署下，1915 年 12 月 23 日，
由唐繼堯及雲南巡按任可澄具名，請袁懲帝制派首要楊度等十三人，限二十
四小時回覆。因逾時未見回覆，唐繼堯、蔡鍔等人即宣布雲南獨立，組織中
華民國護國軍。〔註61〕

當時所以會以雲南作爲討袁的發難地，是因其他各地都被袁所控制。李
劍農形容說：

> 現在，除了滇黔粵桂四省以外，差不多各省都是北洋軍隊的駐防地；
> 而粵省的龍濟光和他所部的軍隊，又已爲袁氏的爵位金錢所制服，
> 成了袁氏的死黨；桂省的陸榮廷雖然還沒有納入袁氏的穀中，因受

〔註57〕〈同日報社公電〉，《華字日報》，1916 年 1 月 15 日，第 1 張第 2 頁。
〔註58〕〈朱兆莘得嘉禾章之原因〉，《順天時報》，1916 年 1 月 16 日，第 2 版。
〔註59〕〈北京特電〉，《華字日報》，1916 年 1 月 18 日，第 1 張第 2 頁。
〔註60〕李劍農，《中國近百年政治史》（台北：臺灣商務印書館，1992），頁 438。
〔註61〕郭廷以，《近代中國史綱》，頁 518。梁啓超於發表〈異哉所謂國體問題者〉一
　　　　文後，仍數次勸告袁世凱放棄稱帝之舉，但袁並不領會。因梁感已仁至義盡，
　　　　才與蔡鍔等人謀畫於雲南起兵討袁。參考張朋園，〈維護共和：梁啓超之聯袁
　　　　與討袁〉，《中央研究院近代史研究所集刊》3（下冊）（1973），頁 383～384。

了龍氏的牽制，也是不易發動的。此時可以利用，作爲發難的地點，就祇有滇黔二省。而滇黔二省，向爲進步黨人的地盤。〔註62〕

所謂滇、黔向爲進步黨人的地盤，乃是指稱蔡鍔曾爲雲南總督，在滇、黔二地有不少人脈勢力，加以蔡鍔爲梁啓超的學生，二人關係密切，故梁啓超才會以滇、黔作爲討袁的根據地。而據謝本書的敘述，會於雲南醞釀起義，也有其本身的特殊條件：（1）雲南地處偏僻險阻之山區，在軍事上扼險要之勢；（2）雲南陸軍素質較好，多爲雲南陸軍講武堂學生或日本陸軍士官生，曾受過較佳之訓練和教育；（3）雲南陸軍軍械火力較強，是清末以來重價購買而來；（4）雲南幾位主要當權人物，多是同盟會成員或傾向革命之人；（5）此時北洋軍閥勢力尙未達到雲南，北京政府對雲南大有鞭長莫及之感。〔註 63〕相較之後，對於護國軍之所以於雲南起義的原因，當有更透徹地了解。至於命名爲「護國軍」，也有其考量：

> 宣布討逆之初，原用共和軍名義，嗣經軍事會議討論，謂此次義師之興，原係國民放逐獨夫，出於全國公意。從前政黨有共和黨之名，今用共和軍，恐世人將疑爲一部分人之行動，有黨派嫌疑。軍人以救國爲天職，今茲之舉，直接爲討袁問題，間接實救國問題，故議決改稱護國第一軍、護國第三軍，上冠中華民國字樣。〔註64〕

護國軍初起之時，總數不過二萬一千四百人，相對於訓練有素、器械精良的數十萬北洋勁旅而言，實在相形見絀。因此袁世凱並不以爲意，也不認爲是個嚴重的威脅。〔註65〕然繼雲南獨立後，貴州、廣西和廣東省分別於 1916年 1 月、3 月、4 月宣告獨立。南方四省的獨立，使得國內反袁的力量漸次壯大，另一方面也紛紛吸引浙江、四川、湖南等其他省份的加入。5 月 1 日，護國軍設兩廣都司令部於肇慶；8 日，又組織軍務院，作爲護國軍的最高機關。護國軍直接間接彙集著各方的討袁勢力，此時已成爲國內討袁的一個最大組織與最大力量。茲將各派對護國軍的支持、支援敘述如下：

〔註62〕李劍農，《中國近百年政治史》，頁 441。

〔註63〕謝本書，《護國運動史》（台北：稻鄉出版社，1999），頁 98～99。

〔註64〕〈護國軍取名緣起〉，《民國日報鈔稿》第一冊（1916 年 1 月 24 日），國民黨黨史會藏，一般史料，檔號（373/9.1）。另李劍農於其書中補充稱：「恰好那天是在護國寺開會，而此次興師又是以護國爲目的，因改稱爲護國軍。」參考李劍農，《中國近百年政治史》，頁 446。

〔註65〕李守孔，〈中華革命黨與護國軍〉，《中華學報》2：1（1975.1），頁 124～125。

一、進步黨與護國軍

　　誠如上述，雲南之發難，乃是梁啓超之運動有以致之。護國軍成立後，梁除了在上海積極與各方勢力聯繫外，還密赴廣西，策動陸榮廷獨立；並遣代表赴廣東，運動龍濟光獨立。〔註66〕再者，軍務院之成立，亦是源於梁啓超的構想。因自雲南舉義後，各省先後響應，梁即計劃爲護國軍組一最高機關；加上兩廣都司令的成立，並未能發揮實際功效，獨立各省除兩廣外，其他各省均不參與。經梁奔走，乃有軍務院之成立。〔註67〕

　　而加入護國軍的進步黨員，約計有左參贊戴戡（後任第一軍第四梯團長）、政務廳長陳廷策以及財政廳長藉忠寅等人。〔註68〕進步黨本部方面，其領袖孫洪伊亦發電反對之：

> 嗚呼！疾慘恒呻吟憔悴於虐政淫威之下，未有極於吾人而甚於此時也！……我國人倘尚隱忍爲國，一朝縱敵，不亦爲天下姍笑而貽萬劫不復之憂哉？……國與賊不相容，民與獨夫決不並立。係於今日在於此舉矣！幸垂聽之，並力圖之！〔註69〕

並言：

> 袁氏人怨天怒、眾叛親離，義旗一麾，梟雄授首，直旦暮間耳！大義滅親，古有明訓；弔民伐罪，奚讓當仁？今雲南首義，四方景從，伏望我將軍、鎮使聯兵奮起，董統鷹揚，掃除凶逆，雷震虎步，大張天伐，則國家幸甚！〔註70〕

可見進步黨本部對於袁稱帝的憤怒，以及對護國軍起義的支持。關於進步黨加入反袁運動後的影響，李劍農指出如下三點：（1）進步黨的領袖與北洋派的文、武要人夙通聲氣，可以搖動北洋派擁袁的礎石。（2）進步黨的領袖素以穩健兩字博得惰性國民的同情，現在轉爲積極反袁的活動，使多數惰性的國民也知道反袁不是革命黨的無故搗亂了。（3）進步黨在舊勢力方面既可以

〔註66〕　張守常、刑克斌，〈民國初年梁啓超反對帝制復辟的鬥爭〉，《近代史研究》總第 18 期（1983.1），頁 230。

〔註67〕　洪喜美，〈李烈鈞與討袁護國運動〉（下），《近代中國》41（1984.6），頁 234。

〔註68〕　金沖及，〈雲南護國運動的眞正發動者是誰？——兼論護國運動的社會背景與性質〉，周康燮主編，《護國運動》（香港：崇文書店，1973），頁 31～32。

〔註69〕　〈孫洪伊等代表進步黨誓除國賊之布告〉，國民黨黨史會藏，一般史料，檔號（400/186）。

〔註70〕　〈進步黨領袖孫洪伊致各省當局電〉，國民黨黨史會藏，一般史料，檔號（400/38）。

與官僚復辟派人發生關係，在新勢力方面又可以與國民黨的溫和派聯爲一氣。而國民黨的溫和派與激進派（中華革命黨）又可以相互聯絡，於是各種消極積極的反帝制勢力不知不覺地形成一條不自然的連合戰線。〔註71〕是以總結進步黨與護國軍的關係，誠如周樹人所言，袁世凱與梁啓超的離合，實是其敗亡的最大關鍵之一。〔註72〕

二、歐事研究會與護國軍

　　雲南起義後，蔡鍔於赴滇前及起義後，均和黃興有所聯絡。〔註73〕而且唐繼堯也致函黃興，表達合作的意思：

> 滇南軍民，慨國基之阽危，義憤塡胸，已于本月二十五日由堯率領全省健兒宣布討賊，勉爲前驅。各省誼切同仇，克期聯軍，進規中原，澄清燕北。堯任重道遠，深慮無以副國民厚望，甚盼薄海豪俊，攘臂而起，努力同心，共襄義舉。國人景仰高山，已非一日，尚祈大展偉抱，宣揚正義，共和前途，實利賴之。〔註74〕

黃興當時因歐戰正酣，考量只有美國能制衡日本，故暫留美國與政界接洽未能回國，〔註75〕不過對於國內的反袁運動亦盡力協助之。1915 年 12 月 26 日，黃興在費城新聞上即發表〈辨奸論〉專文，揭發袁氏陰謀；〔註76〕並向華僑籌款，以助護國軍討袁之進行。

> 據黃自稱：美國華僑已籌洋二百萬圓，以爲推翻帝制經費；夏威夷華僑亦籌有巨款。〔註77〕

1916 年 5 月，黃興抵達日本，除了發表討袁宣言，也借了三百萬日幣，思練兵討袁。該事件之詳情，柏文蔚的回憶錄中有此記載：

> 五月間，黃克強從美國到日本，日政府允以克強私人名義借貸日幣三

〔註71〕 李劍農，《中國近百年政治史》，頁 438。

〔註72〕 周樹人，〈袁世凱時期的內憂外患〉，《現代中國軍事史評論》第 4 期（1988.2），頁 96。

〔註73〕 李雲漢，〈黃興的晚年（1914～1916）〉，胡春惠、張哲郎主編，《黃興與近代中國學術討論會論文集》（台北：政治大學歷史研究所，1993），頁 51。

〔註74〕 〈唐都督致黃克強書〉，《共和軍紀事》第 1 期（台北：中國國民黨黨史史料編纂委員會，1970），對內文告，頁 28。

〔註75〕 〈覆彭丕昕告暫留美接洽討袁財政函〉，《黃克強先生全集》，頁 325～326。

〔註76〕 李雲漢，《黃克強先生年譜》（台北：中國國民黨黨史委員會，1973），頁 396。

〔註77〕 〈華僑之時局觀念〉，《申報》，1916 年 1 月 26 日，第 3 版。

百萬元，練兵一軍即刻成立，并與日人商妥以余任軍司令，特使張孝准銜命來滬與余商辦成軍計劃。克強并指定：曾繼梧、陳復初任師長、趙恆惕任旅長，其餘旅團營長由湘皖軍人中選擇任用。余接此任務後，即派林鳳游到天津招待曾繼梧、趙恆惕及中下級軍人六十餘人到上海，又決定練兵地點于浙皖交界之泗安一帶。……〔註78〕

黃興借款練兵，應是受護國軍的影響頗大。對於這次雲南護國軍的起義，黃興不僅相當贊同，而且更致電全國各界稱：

歷讀護國軍政府宣言，根據約法，解決國紛，力秉公誠，無任欽仰。此次討逆，出於全國人心理，本無黨派意見，更無南北區域之可言，今既誼切同仇，務希協力策進，貫澈主張，速去兇頑，共趨正軌。

〔註79〕

黃興已坦然表現他對討袁的態度。因爲不分黨派意見，於是可以和進步黨、中華革命黨等合作，而討袁的共識，便可進一步凝聚在一起。因此護國軍在該月20日，又致電黃興稱：

知我公抵日，歡躍逾恆，堯等碌碌庸才，勉起討賊，正憂綆短，適逢公歸，願承不遺，俯賜教言，首倡共和，富有方略，各國情勢考察復殷，將來內政外交諸賴指導，大局所擊，唯公圖之。唐繼堯、岑春煊、梁啓超、劉顯世、陸榮廷、龍濟光、呂公望、蔡鍔、李烈鈞、陳炳焜。哿。〔註80〕

從署名者之中，可見得進步黨如梁啓超等人已與黃興達成合作的共識！

李烈鈞在辛亥革命前，曾任雲南陸軍小學總辦，在雲南軍界仍有其潛在勢力。〔註81〕因此護國軍未起時，蔡鍔即與李烈鈞有所商議。李烈鈞日後不僅參與雲南的起義，身兼護國軍第二軍總司令，也從海外攜來四十餘萬元，並由華僑寄至百餘萬元以爲支助。〔註82〕是以李烈鈞名列歐事研究會又參與護國軍的建立，該二者間之關係不言可喻。〔註83〕而陳炯明雖未加入護國軍

〔註78〕柏文蔚，〈五十年經歷〉，《近代史資料》1979年第3期（1979.），頁43～44。
〔註79〕李雲漢，《黃克強先生年譜》，頁402。
〔註80〕〈軍政府歡迎黃克強電〉，中國國民黨黨史委員會編，《護國軍紀事》第5期（台北：中國國民黨黨史委員會，1970），頁28。
〔註81〕李守孔，〈中華革命黨與護國軍〉，頁115。
〔註82〕〈趙國勛致桿臣函〉，《護國運動》，頁54。
〔註83〕洪喜美，〈李烈鈞與討袁護國運動〉（下），頁231。

的行列，但是雲南起義時，陳即進入東江，討伐降袁的廣東都督龍濟光，〔註84〕並且以「廣東都督兼討逆共和軍總司令」名義，發布討袁檄文。〔註85〕根據當時報紙記載：

> 此次粵省共和軍，以陳炯明為主幹，……聯同柏文蔚、林虎、鈕永建、李烈鈞、熊克武、龔振鵬、譚人鳳、李根源、冷遹、耿毅等，設總機關于新加坡，以「水利促成社」名義，向南洋各埠募集款項，即定西南諸省為發難地點，中、北部為響應，早經派人分途布置。……〔註86〕

足見陳炯明對於討袁也有著同樣的共識。而廣東日後能宣告獨立，加入護國軍的行列，則亦與陳炯明持共和軍、護國軍的名義出兵，有不小關係。〔註87〕

至於歐會其他人士方面，在《護國軍秘密運動史》中，則有這樣的描述：

> 籌安會發生後，乃與唐都督決定雲南首義。於是李根源、鈕永建、林虎、章士釗、冷遹、章梓、程潛、程子楷、陳強、耿毅等，自日本內渡，與在滬諸同志聯絡派代表齎書往南洋，請岑春煊歸主大計，而黃興亦自美電促岑速出，願為籌款之助。時唐繼堯、羅佩金迭派親信至京滬偵察外情，促李根源等赴滇籌劃。於是更決定以港、滬為策源地，分途進行。香港機關李根源、林虎、程子楷、曾彥等任之；上海方面谷鍾秀、鈕永建、歐陽振聲等任之。香港為西南五省之總樞。蓋在雲南舉事，不得兩粵，則門戶閉塞，此吳三桂之所以敗滅也。幸陸榮廷、陳炳焜力贊大義，鈕永建、林虎兩入南寧，陸、陳慨允響應。……〔註88〕

另外，唐繼堯還邀請柏文蔚擔任護國軍在南洋的籌餉代表，〔註89〕可見歐會

〔註84〕 陳演生編，《陳競存先生年譜》，出版社及出版日期不明，頁20。

〔註85〕 陳定炎，《陳競存（炯明）先生年譜》（上冊）（台北：桂冠出版社，1995），頁136。

〔註86〕 《中華新報》，1916年4月，轉引自陳定炎、高宗魯，《一宗現代史實大翻案：陳炯明與孫中山蔣介石的恩怨真相》，http://www.chen-jiongming.com/Chinese/chinese.htm。

〔註87〕 李守孔，〈中華革命黨與護國軍〉，頁133。

〔註88〕 曾毅，〈護國軍秘密運動史〉，《護國軍紀事》第4期（台北：中國國民黨黨史委員會，1970），後編，頁9～10。

〔註89〕 〈唐公敦請柏烈武為南洋籌款總代表書〉，庾恩暘，《雲南首義擁護共和始末記》（上冊）（雲南：雲南圖書館，1917），頁144～145。

人士與護國軍的起義活動，實息息相關。其次，在兩廣都司令部的組織中，李根源擔任副參謀，其他職務則分別爲：

> 秘書長章士釗、參議廳長冷遹、……財政局長楊永泰、……編制兼
> 牒查主任趙正平、……駐滬軍事代表鈕永建、政治代表谷鍾秀、……
> 四師長林虎、……獨立第一旅長程子楷……〔註90〕

此外，軍務院的組織裏，李根源也擔任北伐聯合會都參謀，〔註91〕而鍾谷秀則爲駐滬代表。〔註92〕從這些文件中可以知道，歐事研究會的成員不僅和護國軍的成立有著極大的關係與貢獻，而且在護國軍的組織上，也佔有重要之職務和地位。

三、中華革命黨與護國軍

早在1915年10月，唐繼堯在召集軍界中堅人士舉行第二次秘密會議時，即作成決定起義的幾個時機，分別是：(1)中部各省中，有一省可望響應時；(2)黔、桂、川三省中，有一省可望響應時；(3)海外華僑或民黨接濟餉糈時(筆者按：民黨即指孫中山之革命派人士)；(4)如以上三項時機均歸無效，則本省爲爭國民人格計，亦孤注一擲宣告獨立。〔註93〕由此可見唐繼堯等人對孫中山力量之看重。與歐事研究會的情形相同，該年12月時，唐繼堯即致書孫中山，並派黃宗黃爲駐上海代表，希望能達成合作討袁的目的。〔註94〕其書信云：

> 繼堯自入同盟會以來，受我公革命之訓導，義不苟同，秣馬厲兵，待機報國。雲南全省人民，亦復義憤填膺，誓不與此賊共視息。然而雲南地瘠民貧，兵單餉絀。……茲特派唐萍庚、李伯英二人代表駐滬，秘與各方同志周旋接洽。……竊盼我公登高一呼，俾群山之皆應；執言仗義，重九鼎以何殊。一切機宜，祈予隨時指示，得有

〔註90〕李根源，《雪生年錄》，收入沈雲龍主編，《近代中國史料叢刊》第二輯（台北：文海出版社，1966），頁70。

〔註91〕同上。

〔註92〕楊家駱主編，《梁任公先生年譜長編初稿》（中冊）（台北：世界書局，1958），頁491。

〔註93〕庾恩暘，《雲南首義擁護共和始末記》（上冊）（雲南：雲南圖書館，1917），頁15～16。

〔註94〕郭廷以編著，《中華民國史事日誌》第一冊（台北：中央研究院近代史研究所，1979），頁213。

遵循。總期早除袁氏之大憝，復我民族之自由，馬首是瞻，共成義
舉。〔註95〕

討袁一直是中華革命黨努力的目標與主張，自二次革命以來，國內勢力也只
有中華革命黨是抱著武力解決的方式，一直在努力著。而今護國軍起義，代
表國內對於袁世凱稱帝的野心有所認識，孫中山對此自然頗為歡迎、也感振
奮。〔註96〕馮自由即稱：「雲南護國之師遽起，總理亦通令各省同志發動中華
革命軍以應之。」〔註97〕可知中華革命黨對於護國軍的活動，確有協助合作
之關係。1916 年 1 月，孫致鄧澤如的催餉函中稱：「軍需浩繁，非鉅款莫濟，
去年各處匯款盡用於雲、貴、川、陝及沿江各地方。」〔註98〕又言：「西南各
省，吾黨夙布實力，必能與足下義旗呼吸響應，互為聲援。」〔註99〕該黨所
籌款項，可能用於該黨的活動，但是間接而言，中華革命黨對於護國軍，也
給予了經濟上的援助。〔註100〕

是年 3 月，孫中山致函冀、魯、晉三省同志稱：

上海發難而後，雲貴踵起，豎討袁義旗，作共和之保障，此吾人所
中夜欣祝者也。惟是雲貴軍局限一隅，勝敗之機，尚難預決，故欲
縮短戰爭之期間，保全國家之元氣，事半功倍，猶解倒懸，非從袁
氏根本地推翻不可。加以北方健兒，山東豪傑，並起亡秦，殆指顧
間事耳。文實有鑒於此，特派居正為中華革命軍東北軍總司令，統
籌直隸、山東、山西革命軍進行事宜，前來與諸同志相見，務有各
披肝膽，協力同心，義勇奉公，精誠服務，以達吾黨遠大之目的，
文實有厚望焉。〔註101〕

孫中山對於護國軍的起義相當高興；另方面，也派遣居正組中華革命黨東北

〔註95〕 〈唐繼堯致孫中山書〉，《雲南檔案史料》第 1 期，轉引自李侃、李占領，〈護
國時期的唐繼堯與孫中山、梁啟超〉，《民國檔案》1995 年第 3 期（1995.8），
頁 72。
〔註96〕 李侃、李占領，〈護國時期的唐繼堯與孫中山、梁啟超〉，頁 72～73；王瑋琦，
《中華革命黨之研究》（台北：正中書局，1982），頁 113。
〔註97〕 馮自由，〈林故主席與美洲國民黨〉，頁 401。
〔註98〕 〈致鄧澤如催匯討袁所籌軍餉函〉，《國父全集》第 3 冊，頁 359。
〔註99〕 〈致袁軍部將勸勿助逆書〉，《國父全集》第 3 冊，頁 362。
〔註100〕 李守孔，〈中華革命黨與護國軍〉，頁 112。
〔註101〕 〈派居正為東北軍總司令通告冀魯晉各省同志書〉，《國父全集》第 3 冊，頁
364。

軍,統籌冀、魯、晉三省起義事宜,共同達成推翻袁氏帝制的目的。4月,孫由日返滬,李宗黃以唐繼堯駐滬代表名義,邀請孫中山蒞臨歡迎宴會。會中,孫對雲南首義予以高度評價,並稱:

> 當令革命各軍與護國軍通力合作,今後尤當全力聲援唐都督「袁氏不倒,決不罷兵」的主張。請李代表將此微忱,電告唐都督及雲南弄君子,望再接再厲,達成吾人最後之目的。〔註102〕

5月,孫中山在致兩廣都司令岑春煊之信件中,也可見其展現協同合作的意願:

> 誦公宣言,有不分黨派、省派之語,實獲我心。主義目的既合符節,允當共力進行。〔註103〕

不久,又致函西南各都督、司令,表達合作的意思:

> 肇慶岑都司令、雲南、貴州、廣西、浙江都督暨各軍司令鑒:奸人竊柄,顛覆民國,公等討賊聲天下,且維持約法,尊重民意,尤見憂國真誠。文近自海外歸來,誓從國民之後,滅此朝食,已分告各方同志,取一致之行動。吾人志在鋤奸,當集群力,猛向前進,決不使危害民國如袁氏者生息於國內。文知憂國,甚願盡力所能至爲公等助,惟公等有以教之。〔註104〕

同時,也告知中華革命黨同志,囑其能夠化異求同,與護國軍合作,甚至在旗幟問題上,也不要再堅持:

> 文回滬後已宣言與各方面協同一致,聲討國賊。此時袁逆負隅戀棧,而南方義軍勢力猶薄,各地方進行彼此不相協,則更使袁賊得間。請兄等體察此意,一切事宜務求與討袁各派協同進行,以收群策群力之效。至於旗幟,雲貴桂浙均已一致遵用五色旗,吾黨亦宜一律沿用,俾不致同一討賊之軍而有猜疑。〔註105〕

〔註102〕 李天健,〈國民黨在護國討袁中的歷史地位〉,《雲南文獻》26(1996.12),頁23。

〔註103〕 〈致岑春煊電〉,中國社會科學院近代史研究所中華民國史研究室、中山大學歷史系孫中山研究室、廣東省社會科學院歷史研究室合編,《孫中山全集》第3卷(1913～1916)(北京:中華書局,1984),頁286。

〔註104〕 〈致滇黔桂浙粵都督及各軍司令促一致討袁電〉,《孫中山全集》第3卷,頁390。

〔註105〕 〈致田桐居正朱執信等促與討袁各軍協同進行電〉,《孫中山全集》第3卷,頁390。

且進一步地，有關籌款支助護國軍方面，孫也答稱：「甚善！」〔註106〕而唐繼堯也邀請了林森，來擔任護國軍在美洲一地的籌餉代表。〔註107〕

其實中華革命黨與護國軍的合作，並不是想像中那麼順利與愉快。先是進步黨人對於討袁一事，已有不讓中華革命黨專美於前的想法。葛文侯稱梁啟超等人：

> 一是省悟了過去採取穩健態度與袁合作之非，徒然供袁利用，爲虎作倀。現在，捨積極倒袁而外，國事決無前途；二是帝制問題一經發生，現狀決不能維持，他們如不改變態度，站在倒袁的一面，則國民黨單獨行動，竟告成功，將來他們所受到的排斥，更是毫無立足之地。所以蔡鍔、戴戡到達滇黔後，能夠迅速發動兩省起義討袁，就是緣於這兩種心理有所激發而成的。〔註108〕

同時，梁啟超也把護國軍起義的經過講得太簡單，彷彿這件事就只有他自己和蔡鍔、戴戡是發動的人，別人都不曾參與一般，有專替己派宣傳功績的意味。〔註109〕在籌設軍務院時，更將孫中山的中華革命黨排除在外，令孫相當不滿。〔註110〕而孫中山初始並未有與護國軍合作之意願，其在致上海黨人的電報中即稱：

> 此間確息，唐、蔡已動，滇款毋庸給。既有首難，則袁之信用已破。
>
> 此後吾黨當力圖萬全而後動，務期一動即握重要之勢力。〔註111〕

可見孫表明了中華革命黨在討袁之役中，仍要握有實力才行。護國軍起義後，孫並未立即與護國軍有所合作，其不惟派居正、于右任、陳其美等，分別起於山東、西北和上海，也派遣黨員秘密回國策劃起義及主持各省討袁工作。〔註112〕直到上述1916年4、5月間，孫才透露出欲與護國軍合作之意思。但在討袁宣言中，仍言及「見乎倡義者之有派別可尋，竊疑黨爭未弭，覬覦其猜忌

〔註106〕〈獎勉墾地同志努力籌募討龍軍餉函〉，《國父全集》第3冊，頁392。

〔註107〕〈唐繼堯爲籌款事致林森函〉，《革命文獻》第47輯，頁202～203；陳天民，〈林森與民國政治〉（台北：政治大學歷史研究所碩士論文，1998），頁68。

〔註108〕葛文侯，〈洪憲帝制期間各方申討之文獻〉，《自由中國》23：4（1960.2），頁126。

〔註109〕李劍農，《中國近百年政治史》，頁443。

〔註110〕張玉法，《中華民國史稿》（台北：聯經出版社，1998），頁77～78。

〔註111〕〈致上海革命黨人電〉，《孫中山全集》第3卷，頁220。

〔註112〕葉夏聲，《國父民初革命紀略》（台北：孫總理侍衛同志社，1948），頁104；謝本書，《護國運動史》，頁81～85。

自紛，而不能用全力以討賊。」〔註113〕可見孫對護國軍內部人事也不甚苟同。

　　孫中山雖與進步黨人的合作不甚愉快，但和歐事研究會之間，則是前嫌盡釋。張繼在回憶錄中稱：

　　　　歐事研究會多克強舊屬計劃討袁，雲南起義之發動最有力。余對於
　　　　中華革命黨與歐事研究會，不立界限，凡討袁行動，盡力助之。……
　　　　總理對克強本無芥蒂，克強亦欲輔　總理，惟部下稍存門戶之見，
　　　　余頗盡周旋之勞。〔註114〕

當護國軍發起，孫中山少數得力的助手如陳其美等人，皆紛紛回國投入戰場，以致海外籌款購械無得力人士時，孫文爲此即致電請求黃興援助：

　　　　禍迫，事在必舉，弟決內渡。請代面求克強，借十萬濟急。〔註115〕

1916年5月，黃興從美國返回日本後，不但和謝持共同負責對日交涉與購械聯絡事宜，對於中華革命黨及西南護國軍之籌款購械，也都極力贊助。〔註116〕該月，黃興電告全國同心討逆的電文中，表明此次討袁「本無黨派意見，更無南北區域之可言。」〔註117〕在得知陳其美被刺消息後，黃興也以革命同志又少一人等因，願和孫再次合作。〔註118〕足見孫、黃二派在討袁態度上之合作。〔註119〕當時報刊對於孫、黃等革命黨人的和解，也有一些報導：

　　　　各地革命派人物一致反對帝制，其活動漸形劇烈，或發現第三次
　　　　革命亦不可測。孫、黃兩派久已反目，然今已和解。黃派與在南
　　　　洋之黨人聯絡，派員赴新嘉坡籌劃黨資；李烈鈞、柏文蔚、陳其
　　　　美、譚人鳳等，均在南洋某地設立本部，以指揮日、美各地之黨

〔註113〕〈討袁宣言〉，《孫中山全集》第3卷，頁285。
〔註114〕張繼，〈回憶錄〉，《國史館館刊》1：2（1969.6），頁62。
〔註115〕〈致林森請代求黃興借十萬元濟急電〉，《國父全集》第3冊，頁387。
〔註116〕李雲漢，《黃克強先生年譜》，頁401。
〔註117〕同上，頁402。
〔註118〕張玉法，〈黃興與孫中山之關係〉，《黃興與近代中國學術討論會論文集》，頁146。
〔註119〕彭澤周認爲此時促使黃興東返，與孫中山再次攜手合作的主要原因，並非孫中山說服了黃興，更不是黃興在建黨問題上向孫作了讓步，而是當時中國面臨了兩大危機：一是日本駐華公使向袁提出二十條要求，二爲袁決意推翻共和、實行帝制。這兩個衝擊不僅使孫、黃重溫舊好，就是當時國內外的舊國民黨同志，也都感到非團結一致，不能討袁。參考彭澤周，《近代中國之革命與日本》（台北：臺灣商務印書館，1989），頁122。

員。並已派員來東與孫派接洽，想蔣士立暗殺之裏面或有重大之關係。〔註120〕

1916年1月，《盛京時報》報導：

> 上海官署探悉，潛匿海外之革黨（筆者按：即革命黨），刻已互通聲息，組織中華民黨聯合總會，推戴岑春煊爲總理，以孫文、黃興兩人爲副總理。並派幹事多名，分赴各省與各省舊革黨互相聯絡，期望達到反對帝制、維持共和之目的。〔註121〕

所謂「中華民黨聯合總會」的確切情形，尚不得而知，然從該篇報導中，亦可知道孫、黃二派已有互通聲息的進展。該年3月，報紙又刊載訊息稱：

> 南支革命軍所以不能大活動者，因軍費、軍械均未充足。故岑春煊、孫逸仙、黃興等，有見及此，在海外華僑間極力運動，勸募捐款。
>
> 聞岑已在南洋華僑中籌集二百萬元，日內即可大行活動。〔註122〕

顯然地，孫、黃二派已在討袁上取得共識，並且極力在軍費和軍械上，尋求華僑募款支援。

雖然在合作討袁的過程中，孫、梁各有居心，有些許的不悅，然各派一致討袁的立場則相當鮮明，國內所凝聚起來的討袁力量也相當地大。除了中華革命黨在山東等地的聲討活動，以及護國軍於四川、兩粵、黔、湘的發難外，護國軍還不斷對國內公告袁世凱的罪狀，以使討袁成爲正當之舉；並以雲南軍政府的名義，照會各國政府、領事，尋求出兵的正當性與支持。〔註123〕日後袁世凱之取消帝制，討袁運動得以成功，國內以護國軍爲主的反對勢力，影響極大。

袁世凱的稱帝，使得雲南護國軍宣布獨立起義，國內對袁政府紛歧的主張，也趨向一致。原本支持袁政府的進步黨起而討袁；歐會以訴諸法律解決的緩進態度，也轉爲武力討伐；加上自始即以討袁爲目的的中華革命黨，國內遂形成一致的帝制討伐聲。影響所及，海外華僑也從原本支持各派的立場，逐漸產生共識，而這即表現在華僑對護國軍軍力和財政的支援上。

〔註120〕 〈海外黨人對于帝制之謀劃〉，《盛京時報》，1915年10月28日，第2版。
〔註121〕 〈海外黨人潛謀回國〉，《盛京時報》，1916年1月11日，第2版。
〔註122〕 〈革黨與反對帝制派協謀活動〉，《盛京時報》，1916年3月15日，第2版。
〔註123〕 庾恩暘，《雲南首義擁護共和始末記》（上冊），頁77～133。

第三節　華僑對護國軍的支援

當籌安會發起以及變更國體的決議案通過時，海外華僑反對帝制的情形，已如第一節中所述。然而隨著護國軍起義，各黨派對於討袁皆有一致的共識，海外華僑的力量便也整合在一起，爲了迫使袁世凱退位而齊心努力。茲將各處華僑對護國軍的支持情形，敘述如下：

美洲方面，首先是舊金山華僑於 1916 年 1 月的大批募款。根據《大公報》的報導：

> 現聞滇中亂黨自背抗以來，籌畫種種運輸餉械方法。目前聞舊金山華僑中亂黨，曾募集大批款項，請迅籌抵制方法云云。聞政府對於此事非常注意，已密電某將軍詳細訪察電覆，以便迅派專員前赴南洋及舊金山各處勸導，並宣布德義，以免亂徒肆意煽惑，致貽後患云。〔註124〕

該報導中並沒有說明舊金山華僑籌募多少款項來幫助雲南起義，但是海外華僑對帝制的反對，則是袁政府相當在意的事。爲此袁還派專員至南洋、舊金山等處勸導，擔心華僑被「煽惑」了。募款之外，則是有留美華僑九百餘人回國加入護國軍的行列。

> 近有熱抱共和主義之華人九百零五名，由美國、溫哥華埠乘輪起程。……該華人等流寓美國已歷數載，專努力集募革命資金，刻因接到起事之檄文，難抑憂國之熱情，遂束裝相攜，誓志遄返雲南方面，擬投身於獨立軍。……復有艷如桃李、烈逾虎蛇，星眸含殺氣、櫻唇吒三軍之女丈夫某某三名，皆意氣凜然。……〔註125〕

這批居留美、加，間有女義士三人的華僑，爲了國家利益返國從軍，除見其愛國熱誠外，亦表示討袁運動已突破了性別的界線。

南洋部分，英國商人 Arthur 曾致函袁世凱政治顧問 G. E. Morrison，告知他在香港的發現：

> 每條從爪哇、新加坡和各島嶼來這裏的船所載的中國人，都向我聲稱他們願意出錢出人，阻止袁在損害他們的情況下當皇帝。〔註126〕

〔註124〕〈政府注意亂黨海外之蹤跡〉，《大公報》，1916 年 1 月 7 日，第 1 張第 4 頁。
〔註125〕〈革黨成群由美返國〉，《盛京時報》，1916 年 1 月 14 日，第 3 版。
〔註126〕〈阿瑟・季・穆爾—貝內特來函〉，駱惠敏編，《清末民初政情內幕——《泰晤士報》駐北京記者袁世凱政治顧問喬・厄・莫理循書信集》下卷（1912～1920）（上海：知識出版社，1986），頁 518。

1916年1月，先有華僑電匯六十五萬元現款及多件軍械火藥給護國軍之事。〔註127〕2月，華僑仍繼續接濟軍餉百萬元：

> 南洋華僑對於政府組織帝制，始終未加贊成。……現聞該華僑以獨立軍大張北伐，即助軍餉百萬元，並軍火若干，以固軍備而壯行色。〔註128〕

3月，《盛京時報》針對南洋各埠的華僑情形報導道：

> 南洋各埠華僑內分兩派：一為同盟會派，多係從前老同盟會及新國民黨分子，為極端主張共和者；一為保皇派，多係進步黨黨員。所謂保皇者，即依保袁世凱也。其表面上甚屬衝突，然其宗旨則屬同軌。蓋一則主張真正之共和，一則贊成袁世凱之共和。……南洋各埠華僑現已屏除（筆者按：摒除）從前意見，犧牲家資，湊集現金一千萬匯往雲貴兩省，以充軍需，並將源源募捐陸續接濟。對於中央政府之行為，則竭力痛斥。其愛國熱心已成一致，救我中國者，惟君等是賴矣！〔註129〕

不久又言：

> 南洋華僑為革黨煽惑，全體反對帝制，並代雲南獨立軍竭力籌劃軍餉（南洋華僑在滇亂初起時曾接濟軍餉一百萬元，業誌本報）。刻已招足二百萬元，派人交與蔡松坡司令，以便軍用云云。〔註130〕

是以南洋華僑對於討袁的態度已趨於一致，而款項能因共識之凝聚，使得討袁力量倍增，對護國軍的幫助更大。

在日本，則有留日學界所發表對各友邦之宣言書，其言：

> 今者維持共和之軍，應國民之要求，首義於雲、貴、廣西，名正言順，士氣發揚。吾人確信必能於短小之期間內，得全國之影響，推翻袁氏之惡政府，而建設真正之民主立憲制。〔註131〕

雖然這群留日學生並未出錢出力，為護國軍實際的討袁進展有所幫助，但所代表的留日學生反對帝制、支持雲南首義態度，則亦足令人振奮！

〔註127〕〈雲南獨立之始末詳誌〉，《盛京時報》，1916年1月14日，第2版。
〔註128〕〈南洋華僑接濟獨立軍〉，《盛京時報》，1916年2月3日，第3版。
〔註129〕〈南洋華僑接濟民軍軍餉之熱心〉，《盛京時報》，1916年3月10日，第3版。
〔註130〕〈南洋華僑二次接濟革命軍餉銀〉，《盛京時報》，1916年3月21日，第3版。
〔註131〕〈留日學界對各友邦宣言書（續昨)〉，《盛京時報》，1916年1月26日，第1版。

除了華僑主動的支援外，護國軍本身對於海外僑界也努力經營，尋求僑民的支持，而當中尤以唐繼堯對華僑經濟支持的重要性認識最深。〔註 132〕先是唐繼堯分別邀請林森、柏文蔚擔任護國軍在美洲及南洋之籌餉代表，並於海外設有籌餉支局；〔註 133〕其次，則是時常致函海外僑界，向華僑表達崇敬與勸捐之意。1915 年 12 月，護國軍發起後，唐繼堯、蔡鍔等即發電致海外僑胞，「瀝陳起義實情，請賜明察。」〔註 134〕翌年 1 月，又另電海外僑商，推崇僑胞愛國赤誠，希望能為保障共和一齊努力。〔註 135〕除了這些告知雲南起義的信函外，護國軍方面也陸續函電海外，邀請華僑踴躍捐輸。1915 年 12 月，即發電海外稱：

> 素審僑胞高義干雲，熱忱愛國，知危必救，有同捐乘之弦高；見義勇為，肯讓助邊之卜式。尚冀同心提挈，毅力扶持，慨助義金，共襄盛舉，庶偕來簞笥，用集底定之奇勳，重整河山，復鞏共和之大局。享幸福於斯世，實拜賜於諸君。〔註 136〕

翌年 1 月 8 日，再致僑民稱：

> 義師既起，餉需浩繁。滇黔瘠區，庫儲無幾，民生困敝之秋，復不忍再加負擔重累。吾民素仰我海外父老昆弟眷懷祖國，高義薄雲，是以率同滇黔全體士民南面頂禮，電乞援助。子文之毀家抒難，詎讓昔人；卜式之輸財助邊，定多來者。如蒙解囊相助，或隨時運匯滇垣，經收或彙數集港候派員領解，俾得源濟無缺、士飽馬騰，拯同胞於陷溺之中、復共和於危充之際，則貴埠義聲，爍古今、震中外矣！〔註 137〕

〔註 132〕 Leung Yuen-sang, "Chinese-Chinese Relations: The Republic and the Nanyang Chinese Community, 1911-27."《中華民國初期歷史研討會論文集 1912～1927》（下冊）（台北：中央研究院近代史研究所，1984），頁 738。

〔註 133〕 〈唐繼堯照會〉，李希泌、曾業英、徐輝琪編，《護國運動資料選編》（上冊）（北京：中華書局，1984），頁 156。該文中稱於南洋設有籌餉總局，而香港一地則設有籌餉支局。

〔註 134〕 〈致華僑特述舉義情形之通電〉，《革命文獻》第 6 輯，頁 78。

〔註 135〕 〈唐都督致海外僑商書〉，《盛京時報》，1916 年 1 月 25 日，第 3 版。

〔註 136〕 〈致海外僑胞電三〉，曾業英編，《蔡松坡集》（上海：上海人民出版社，1984），頁 870。

〔註 137〕 〈與唐繼堯等再致海外僑胞電〉，周元高、孟彭興、舒穎雲編，《李烈鈞集》（上冊）（北京：中華書局，1996），頁 203。

此電之外，又有 14 日致海外各埠華僑一書，〔註138〕以及一封同爲該月卻未知日期的函件。〔註139〕究該二電內容分析，雖不相同，但當中訴求則與上述 8 日所發一電極爲相似。1 月 17 日，再致電南洋華僑稱：

> 比聞南中僑胞，聞滇中義師飆發，皆引領宗邦，歡迎踴躍。近日來電稱賀，認捐巨款者，大不乏人。義聲鏗鏘，如響善應，人心所向，勝算可知，足使獨夫喪膽，奸人駭顧，至足感慰。〔註140〕

護國軍對華僑的熱心捐款深表感謝，但也希望僑民能繼續踴躍地捐輸，以濟討袁運動之進行。

2 月，護國軍又有函電致海外華僑：

> 惟是年來，款項支絀，羅掘已盡，不忍再累吾民。伏維諸公身居海外，心衛宗邦，感異國之風華、念中原之塗炭，必有聞鼓角而傷心，望鄉關而隕涕者矣！茲特囑陳君毓善銜命南來敬布腹心。陳君南州佳士，黔國通材，望與之接洽一切。若爲子文之紓難、下式之助邊，異日肅清中夏，當推諸公首庸四萬萬同胞不難范金以事也！臨書神往，不盡欲言，敬候公安，伏維昭鑒不具。〔註141〕

雲南方面除了希望華僑考量滇、黔一帶財政困乏，能多主動接濟外，也派遣代表親至海外向僑界勸募。3 月 3 日，在另一函電中，護國軍則感謝南洋華僑對所派龔振鵬、古直二位代表的歡迎招待，然「士飽馬騰，還希餉集」，〔註142〕護國軍仍望南洋華僑能夠繼續捐輸、支援討袁運動。

海外華僑對雲南護國軍的支持與援助，令袁世凱政府極爲擔憂，而擔憂的裏面，還包括留學生被中華革命黨所利用而回國倡亂。〔註143〕爲了防止華僑態度一面倒向護國軍與中華革命黨等勢力，袁則不斷以中央政府之名義，派遣宣慰使赴海外向僑界勸說，以免華僑被「亂黨邪說」所惑！當時報紙即對袁政府的舉動報導稱：

> 雲南問題發現後，中央對於海外華僑之行動甚爲注重。連日偵查，近所得之報告詳情雖未盡悉，大致已與黨人連爲一氣。故於六日，

〔註138〕〈與唐繼堯等致各埠華僑書〉，《李烈鈞集》（上冊），頁 204～205。

〔註139〕〈致華僑籌餉助義電二〉，《雲南首義擁護共和始末記》（上冊），頁 146。

〔註140〕〈與方聲濤等致南洋華僑書〉，《李烈鈞集》（上冊），頁 205。

〔註141〕〈唐繼堯致海外華僑書〉，《盛京時報》，1916 年 2 月 8 日，第 3 版。

〔註142〕〈致南洋華僑書〉，《李烈鈞集》（上冊），頁 212。

〔註143〕〈嚴查留學生潛回搆亂之通電〉，《盛京時報》，1916 年 1 月 27 日，第 6 版。

特將勸慰僑民之說略，電寄駐外各公使廣爲散佈。其內容係先說明
國體改革之來源及結果，與中國取共和與君主之比較。次則申明立
憲政體之種種要素；再次則說明僑民對於國家應負之義務。此項一
紙空文之勸告，未識各華僑對之作何感想也？〔註144〕

華僑是否會聽信於駐外各公使的勸說，誠如該報所言，相當令人懷疑！然而
這種不確定感，也正是袁政府憂心，且頻頻派代表或要求駐外公使撫慰華僑
的原因。1916 年 1 月，袁即派遣張振勳赴海外宣慰僑民：

聞南洋華僑亦投袂而起，聲明擁護共和，有接濟雲南共和軍軍需之
風息。政府已慮及此事，恐黨人一得鉅款，勢將猖獗難圖。特擬派
參政張振勳前往宣慰，俾令傾向中央、贊成帝制，勿爲邪說所惑云。
〔註145〕

2 月，在得知李烈鈞要向華僑籌款時，袁又立刻通電駐外各公使、領事，嚴加
查禁，警告僑商勿受其愚弄。〔註146〕對於海外的勸說，並有擴大範圍的打算：

茲聞元首昨與陸國務卿會談時，大略以滇、黔地方本屬邊僻，財政
拮据，足以制叛軍之死命，惟華僑易受欺詐，殊爲可憂。因決定於
日內再行電告南洋、婆羅洲、爪哇、蘇門答拉、緬甸、越南、舊金
山等處僑民，對於亂黨之貸款、募捐，嚴行謝絕，萬毋受其愚弄。
〔註147〕

對於留在上海的華僑，袁世凱也相當留意。袁爲此還特製一種新的愛國徽章，
如該華僑能支持政府，即授予此項徽章，以茲獎勵。〔註148〕

袁世凱對華僑支持護國軍的不安，也可從其探查護國軍的軍情中得知。3
月，袁派使偵查桂軍的內情，偵查的重點即在：其軍餉之接濟何處最多？那
一旅團最爲精銳？如何對外聯絡？以及「牢籠」華僑的計畫爲何？〔註149〕當
中有關軍餉的接濟以及對外聯絡方法，其實都與海外華僑有所關係，可見得
當時能得到華僑的支持，對西南護國軍軍事行動之進行影響相當地大，而這
當然也帶給袁世凱極大的壓力。

〔註144〕〈北京對於滇事之各面觀──勸告華僑之說略〉，《申報》，1916 年 1 月 11 日，
第 6 版。
〔註145〕〈南洋華僑尚未贊成帝制〉，《順天時報》，1916 年 1 月 23 日，第 2 版。
〔註146〕〈通電嚴查敲詐華僑之亂黨〉，《大公報》，1916 年 2 月 10 日，第 1 張第 4 頁。
〔註147〕〈再電僑民毋受欺騙〉，《大公報》，1916 年 2 月 27 日，第 1 張第 4 頁。
〔註148〕〈中央注意旅滬之華僑〉，《大公報》，1916 年 3 月 28 日，第 1 張第 6 頁。
〔註149〕〈北京電〉，《申報》，1916 年 3 月 23 日，第 2 版。

　　袁政府對於華僑力量的拉攏，至 1916 年 3 月 23 日袁撤銷帝制後，仍然持續著；但是華僑對護國軍等反袁勢力的支持，則轉換成不一樣的形式。這不一樣的形式，即是反對唐紹儀、伍廷芳與南方之調和、反對袁世凱繼續擔任總統，以及促使廣東獨立等。茲將華僑於帝制撤銷後的活動，敘述如下：

一、反對唐、伍二人之調和停戰

　　袁撤銷帝制後，即遣有唐紹儀、伍廷芳二人至西南，欲與護國軍方面調和停戰。3 月底，立即有海外華僑致電反對：

> 紐約、舊金山、爪哇、波羅等處華僑，均致電伍廷芳、唐紹儀二君，勸勿調和西南戰事。大旨謂：滇黔起義，全國宜加贊助。苟欲救國，則當於今日為之。海外華僑願犧牲所有財產以達目的，如有敢出調和者，當以國賊視之。〔註150〕

旅英華僑同樣反對之：

> 海外華僑均以南北調和甚不為然，主張討袁不遺餘力，或有接濟軍費以助之者。聞旅英華僑亦反對調停，現已電致唐、伍二氏勸阻出力。其原文如左：
> 唐紹儀、伍廷芳二公鑒：旅英華僑極力反對兩公之調停，提出會議之件萬不可行。旅英僑民李夢飛等叩〔註151〕

而南美厄瓜多華僑也是持著不調和停戰的態度：

> 轉伍廷芳、唐紹儀兩公鑒：吾人與世界各國均認某氏為我國之□□，請普告國人戰事仍須進行，曷不能與叛□有所商訂。厄瓜多華僑全體叩　南美洲嘉亞基爾埠一日電〔註152〕

可見得袁撤銷帝制後，海外華僑不但視執意調和者為國賊，不肯與之調和停戰，甚至還願意犧牲所有財產，繼續接濟軍餉，勢必將袁徹底擊敗而後已。

二、反對袁續任總統

　　華僑另一要求袁辭去總統職位的主張，也很快傳回國內來。當時《順天時報》即有此記載：

〔註150〕〈海外華僑一致否認調和〉，《盛京時報》，1916 年 3 月 29 日，第 2 版。
〔註151〕〈海外僑民一致反對調和〉，《盛京時報》，1916 年 4 月 5 日，第 2 版。
〔註152〕〈南美華僑反對議和電〉，《叻報》，1916 年 5 月 3 日，第 9 版。"□"之符號，為原報導中所有。

南軍息戰調和條件內，關於袁公退位一條，南軍堅持到底不肯稍予變通，以致迄未解決。日昨星加坡、橫濱、舊金山華僑通電各省，均謂袁公已失去總統名義，決無再行復任之理由等語。將不知政府以何術對待，俟訪悉再誌。〔註153〕

上海的華僑聯合會也致電袁世凱：

北京前大總統袁公鑒：公帝制自爲，身犯國法，雖自取消，已失總統資格，人民已不公認，猶戀戀不去，引起兵爭，全國塗炭。海外僑眾日接外人，既不堪國家體面之辱，內顯祖國尤不勝水深火熱之憂，函電紛來，皆不認公仍爲代表國家之元首，請速退職，以免辱國殃民。全國幸甚！僑界幸甚！華僑聯合會眞〔註154〕

華僑聯合會稱袁爲「前大總統」，顯然已不認爲其是中華民國之元首！另外，迫袁退位的還有旅英的僑商、留學生以及留日學生總會。旅英僑民皆「極力贊成國民要求項城退位之主張，並力請立即選舉合法之總統，俾可迅速恢復秩序，以慰民望。」〔註155〕而留日學生總會則致電各省將軍、巡按使表示：

今設優容姑息，留此禍根，他日異志複萌，危及國本，養癰貽患，罪將誰歸？諸公保障共和，純忠素著，尚乞主持正義，徹底澄清，迫袁解職，置之刑典。願除惡而務盡，勿滋蔓以難圖。臨電不勝迫切待命之至。〔註156〕

留日學生總會表達出必欲迫袁退位之決心，希望國內反袁各將軍、巡按使能極力討伐之，毋令姑息。

　　5月，海外僑界又組織有「勸退救亡團」，用意即在期待國內秩序能早日恢復。原委如下：

現在海外各華僑見本國大局岌危，各省糜爛已達極端，深恐因此致招四分五裂亡國之禍，以是刻由某處發起，擬欲組織一項勸退救亡團，以便聯名致電中央，迫令總統退位而救祖國。否者，必擬極力以金錢主義資助革軍，實行北伐計畫，而期以早日恢復向日之和平也云云。〔註157〕

〔註153〕〈華僑對於總統退位問題之通電〉，《順天時報》，1916年4月1日，第2版。
〔註154〕〈華僑聯合會電〉，《申報》，1916年4月12日，第3版。
〔註155〕〈旅英商學兩界致上海電〉，《大公報》，1916年4月14日，第1張第3頁。
〔註156〕〈留日學生總會迫袁世凱退位電〉，《護國運動資料選編》（下冊），頁630。
〔註157〕〈勸退救亡團將發現〉，《順天時報》，1916年5月6日，第4版。

海外僑界致電回國表示其對調和的反對與袁續任總統的不滿，這種直接反應的態度，雖未能見其與護國軍有直接之關係，然而當時因護國軍領導著國內討袁的勢力，因此華僑這類的反應，應當將其視爲對護國軍陣營的另一種支援。

三、促成廣東獨立

關於廣東的獨立，華僑也發揮有促成的作用。當時據報紙的報導：

> 龍氏偵知政府疑忌己身，故即獨立。然亦由南洋華僑中，廣東籍者居多以個人或全體名義致函電於龍將軍，責其不宜擁護中央，再事躊躇，不謀脫離羈絆，招人訕笑。龍氏爲該僑民等所激刺，故即決然與中央斷絕關係云。〔註158〕

南洋華僑以其多粵人之故，營造輿論壓力，間接迫使廣東都督龍濟光宣布獨立，使護國軍的討袁聲勢大大提昇。另外，留日的東三省學生也有類似情形產生。其函電大致表示南方已紛紛獨立，故東三省也應宣布獨立，以免僑鄉生民塗炭。〔註159〕是以對華僑的貢獻而言，實不應只侷限於籌款一項來看待。

除了上述反對調和、迫袁退位以及促成廣東獨立外，華僑於袁撤銷帝制後，仍有爲護國軍募捐軍餉之活動。《叻報》報導稱：

> 南洋各埠華僑向分兩大派：一爲同盟派，一爲非同盟派。前者多係老同盟會及新國民黨分子；後者多爲進步黨黨員。表面上甚屬衝突，然均以共和爲前提。現因帝制問題發生，西南諸省干戈倥偬，決計扶植南方民軍勢力，欲使北軍知難而退，帝制自然解決。現下南洋各埠華僑已屏除意見，犧牲家貲，湊集現金壹千萬元，匯往雲南、貴州兩省以充軍餉。並將源源招募，陸續接濟。對於中央政府之行爲，共抱深惡痛絕之概！〔註160〕

可見華僑對護國軍的捐款熱誠，依然不減！甚至有更熱烈的情形！而在泗水，也有華僑籌辦「護國捐」以助維持共和一事：

> 日前泗水埠商務總會開集款，維持中華民國。正會長李雙輝、副會長蔣報料邀同瑪腰（即華僑任荷蘭最高級之官職）韓君往見當地荷

〔註158〕〈廣東獨立與南洋華僑之關係〉，《順天時報》，1916年4月9日，第2版。

〔註159〕〈旅日東三省人士電勸獨立〉，《盛京時報》，1916年4月16日，第2版；〈東京電〉，《申報》，1916年4月17日，第2版。

〔註160〕〈南洋華僑樂助南軍〉，《叻報》，1916年4月18日，第9版。

官，聲稱華僑對於民國當負維持責任，擬籌辦一捐輸財救濟。當蒙
該荷官嘉許，定日內開會籌項。其捐名定爲護國捐。〔註161〕

泗水華僑商務總會聲明華僑對民國有維持的責任，並且主動籌辦護國捐，是以當地僑商反袁的態度可見一般。

　　籌集軍餉之餘，海外華僑亦有集會做成支持護國軍起義的決定，以及提出戰後對於國內建設的意見書。而持這樣反應的華僑，則是留日的進步黨支部。其開會與議決情形如下：

日來迭開職員會議議決方針，非推倒□□至死不休。陷銑兩電，當已次第上達。頃又召集特別大會與同盟救國黨聯合一致進行，計到會者五百餘人，相互協商議定條件如左：（一）對於護國軍既起義者，應竭力維護，以促其進行；未起義者，應竭力協助，俾速發難，以濟其成功。（二）對於□□及其惡黨某某等十九人，非按法處以叛逆之罪，必不停止。征伐軍隊之進行，並協商議和有違背本條之意旨者，決不承認。（三）對於建設問題，首當維持民國元年約法，並適用前參、眾兩院所議決之法律。如有不經前參、眾兩院所議決之法令或與之相違反者，概行廢去。……〔註162〕

　　護國軍在此時期，也主動向僑界運動籌餉。1916 年 3 月，滇省發行之股票與公債，即欲於東京一埠勸銷。且聞該次以股票發行爲主，共製有六冊，以分發各處。〔註163〕其次，在越南河內、海防、南定與西堤等地，派有陳敏文等十三人爲籌餉代表，積極在海外籌款。〔註164〕以及上述龔振鵬、古直二人，也繼續在爪哇、泗水等處向華僑勸募。〔註165〕

　　從以上所述可知，袁撤銷帝制前後，海外華僑對於護國軍的支援形式有些許的不同。袁撤銷帝制前，華僑多以籌募軍餉以及回國參加討袁起義者爲多；而帝制撤銷後，華僑轉以反對袁續任總統、反對調和停戰以及促使地方獨立反袁等舉動，來表現其對帝制的不滿。更有集會決議對護國軍之支持，

〔註161〕〈泗水華僑籌辦護國捐〉，《叻報》，1916 年 5 月 13 日，第 7 版。
〔註162〕〈留日進步黨支部致上海各機關書〉，《大公報》，1916 年 5 月 2 日，第 1 張第 6 頁。
〔註163〕〈唐繼堯致籌餉局函〉，《護國運動資料選編》（上冊），頁 187。
〔註164〕〈張南生致唐繼堯函〉，《護國運動資料選編》（上冊），頁 189。
〔註165〕〈南洋籌餉代表龔振鵬古直致華僑父老書〉，國民黨黨史會藏，一般史料，檔號（400/73）。

及發表國內建設之意見者。是以華僑對反袁勢力之支持雖然一致，但是形式有別，而各地華僑也有不盡相同的訴求與反應。

第四節　華僑在討袁運動中扮演的角色與地位

討袁運動在國內以及海外力量的齊心運動下，於 1916 年 6 月 6 日袁世凱身亡後，終告結束。華僑由於經濟能力優於國內，在討袁過程中多以款項支助護國軍，因此探討華僑在整個討袁運動中所扮演的角色與地位如何，筆者以爲可以先從袁世凱政府的財政情況與護國軍的籌餉情形來做分析。

民國成立之後，一因清朝所欠外債，必須由民國政府償還；再者，各省因自顧不暇，不但未將解款繳交中央，反而要求中央接濟，是以國內財政狀況相當地惡劣。〔註 166〕袁世凱統治之後，爲了紓解財政困難，即分別在 1912、1914、1915 年發行內國公債，金額爲二億、一千六百萬，以及二千四百萬元。〔註 167〕且從 1912-1915 年止，含二千五百萬英鎊的善後大借款在內，共借外債達六十筆之多。〔註 168〕因此這種以債養債的方式，無異是飲鴆止渴！1916 年袁稱帝後，又發行定額二千萬元的六釐公債，及借有八筆外債，其中擬作爲建築漢口商場墊款的三萬英鎊，則被移爲推動帝制之用。〔註 169〕

雲南獨立之後，袁爲了應付護國軍，經濟更是雪上加霜。時任英國駐威海衛縣區的民政官 Johnston，曾致函 Morrison 稱：

> 你我都對雲南有足夠的了解，懂得北方軍隊將不得不對付的種種困
> 難！叛亂可能持續幾年，成爲中央政府微薄財源的常川漏巵。〔註 170〕

〔註 166〕李達嘉，〈袁世凱政府與商人（1914～1916）〉，《中央研究院近代史研究所集刊》27（1997.6），頁 117。

〔註 167〕千家駒編，《舊中國公債史資料（一八九四～一九四九年）》（北京：中華書局，1984），頁 37～38，42～48；賈士毅編，《民國財政史》正編下冊，（台北：臺灣商務印書館，1962），頁 6～12。二億元的公債，因爲善後大借款成立而未發行；而一千六百萬元的公債，因三個月內即收款超過定額，遂又增加債額八百萬元。

〔註 168〕徐義生編，《中國近代外債史統計資料（1853～1927）》（北京：中華書局，1962），頁 114～126。

〔註 169〕《舊中國公債史資料（一八九四～一九四九年）》，頁 50～51；徐義生編，《中國近代外債史統計資料（1853～1927）》，頁 126～129。該項公債因護國軍起義的影響，至 6 月止，只收到三十餘萬元。

〔註 170〕〈庄士敦來函〉，《清末民初政情內幕──《泰晤士報》駐北京記者袁世凱政治顧問喬・厄・莫理循書信集》下卷（1912～1920），頁 517。

該年歲出當中，陸、海軍的開支即佔三分之一，而全年支出則較原有預算多
出百分之五十。〔註171〕因此袁世凱除了將向美商李希金遜公司所借之一百萬
美金外債，充作袁政府的軍政費用外，〔註172〕為此甚至想出賣官鬻爵之方法。
據當時報紙報載：

> 政府自滇省發難以來，對于軍費一項尤覺困難。雖種種籌劃，蓋因
> 平常羅掘殆盡，無復良法，計惟有納捐賣官之一途。聞其所議內容
> 如左：
>
> 一、納捐在十萬元以上、十三萬元以下者，授爲少大夫。
>
> 二、納捐在十四萬元以上、十七萬元以下者，授爲中大夫。
>
> 三、納捐在十八萬元以上、二十萬元以下者，授爲上大夫。〔註173〕

民國財政的拮据情形，實非一日之寒！而當袁世凱得知海外華僑之富裕情形
後，誠如上述各章節中所述，爭取華僑的捐款與支持，遂成爲袁努力的目標。
以當時舊金山華僑反對帝制爲例，《順天時報》對袁政府的反應稱：

> 茲□政府對於此事異常注意，蓋（一）華僑之人數眾多，富力極厚。
> 服從帝制，則明年度預算不敷補救之法，如募公債等額，可望其多
> 爲補助；反對帝制，則不特不能得其補助，且恐折而入於黨人，一
> 舉則爲患，實非淺鮮。（二）華僑之知識，居外日久，莫不心醉民權
> 之說。設非加以籠絡，則于帝制進行實有妨礙。〔註174〕

爲了華僑能夠支持政府，袁果眞有籠絡之方法：

> 茲聞昨又電飭駐外公使，查明各埠華僑子弟，如有在外國大學或高
> 等專門學校畢業者，令其開具名單送政事堂存記。預備帶領引見，
> 量才錄用。說者謂是亦羈縻華僑之一法云。〔註175〕

袁世凱煞費苦心的行動與安排，所爲爲何？實際上無非也是要能得到華僑財
力上的援助。是以華僑在袁政府眼中的份量，由此可見一斑！

　　反觀護國軍方面的情況，從上節所述中可以發現，在其致華僑之電函皆
稱：「滇黔瘠區，庫儲無幾，民生困敝之秋，復不忍再加負擔重累。」或「惟

〔註171〕　梁義群、丁進軍，〈袁世凱統治時期的財政〉，《民國檔案》1991 年第 1 期
　　　　　（1991.2），頁 99。
〔註172〕　徐義生編，《中國近代外債史統計資料（1853～1927）》，頁 126～127。
〔註173〕　〈新帝國之賣官鬻爵消息〉，《盛京時報》，1916 年 1 月 20 日，第 2 版。
〔註174〕　〈又擬遣使通諭華僑〉，《順天時報》，1915 年 12 月 22 日，第 2 版。
〔註175〕　〈又出一羈縻華僑之法〉，《順天時報》，1916 年 1 月 26 日，第 2 版。

是年來，款項支絀，羅掘已盡，不忍再累吾民。」甚至連袁政府也親自說：「滇、黔地方本屬邊瘠，財政拮据，足以制叛軍之死命。」〔註176〕雲南一帶的經濟情況，相對於國內一片叫窮聲中，並沒有較為好些；甚至袁認為雲、貴一地經濟之困頓，就可能將護國軍自己給拖垮！因此在初期，袁感覺護國軍對其並不具威脅性！不過隨著海外僑界對護國軍的支持日益增加後，袁也擔心地說：「惟華僑易受欺詐，殊為可憂。」〔註177〕

護國軍方面對於海外華僑的經濟能力，有相當的認知。在其頒定的《籌餉總局簡章》中，規定籌餉大綱分為普通籌集法及特別籌集法兩種。普通籌集法適用於國內軍府管轄區域及義軍管領地方；而特別籌集法則是適用在海外華僑居留地及其他特別之區域。後者並分有捐輸和股票兩種，慷慨捐輸者，即會依其數額多寡，授予愛國證、金銀徽章或特殊之獎品。〔註178〕以當時情況而言，普通籌集法要能長期、定額地維持下去，實不容易，況且還規定大縣、中縣、小縣分別要匯集的額數若干，更是有捉襟見肘之感！〔註179〕可見護國軍的籌款，仍以從海外華僑處所匯集者為主要考量。而為了籌措更多的餉源，雲南方面也同袁世凱一樣，訂有獎勵捐輸之章程：捐輸萬元以上，於中央政府成立後，給予校級銜之武職或大夫銜之文職；捐輸千元以上，給予尉級或士級之職；而捐百元以上，則贈予護國菊花章。〔註180〕筆者以為要能在這些獎勵章程上有建樹者，除了少數個人及商人外，相信就是海外的華僑了！

民初華僑在海外的經濟實力到底有多大？是許多人相當好奇且深感興趣者，對於這個問題，可以就當時日本對南洋華僑的調查情形附帶說明：

> 日本近方詳細調查南洋華僑之現狀，謂住在南洋之我國人，其總數達三百五十萬乃至四百萬。是等我國人所經理南洋之貿易，每年達數十億圓之鉅額，其經濟上之勢力，凌駕於土著及歐美人之上。南洋之經濟界，幾有為華僑所獨占之狀態。故每年匯至國內之金額，

〔註176〕〈與唐繼堯等再致海外僑胞電〉，《李烈鈞集》（上冊），頁 203；〈唐繼堯致海外華僑書〉，《盛京時報》，1916 年 2 月 8 日，第 3 版；〈再電僑民毋受欺騙〉，《大公報》，1916 年 2 月 27 日，第 1 張第 4 頁。
〔註177〕〈再電僑民毋受欺騙〉，《大公報》，1916 年 2 月 27 日，第 1 張第 4 頁。
〔註178〕《護國軍紀事》第 2 期，財政紀事，頁 21～22。
〔註179〕庾恩暘，《雲南首義擁護共和始末記》（上冊），頁 140～141。
〔註180〕〈獎勵捐輸章程〉，《護國運動資料選編》（上冊），頁 146。

至有五、六千萬圓之多，此南洋華僑經濟勢力之一斑也。〔註181〕
海外華僑既有如此雄厚財力，其對於護國軍的支助乃至討袁運動之終能成
功，影響力與貢獻皆不能輕視！

華僑對討袁帝制佔有如此重要之地位，應是過程中所扮演的各種角色有以促
成之。綜合以上各節所述，約可將華僑所扮演的角色整理為如下幾項：

一、軍餉捐助者

華僑對於護國軍到底捐了多少軍餉？這個數目實在難以統計！然而上節
中可見到的六十五萬、一百萬、二百萬、甚至一千萬元等，則都是代表著海
外華僑對於討袁一役的支持與援助。由於華僑經濟能力較佳，因此所扮演軍
餉捐助者的角色也較受注目！

二、從軍討伐者

回國從軍、親身參與討袁的華僑，以參與中華革命黨之活動者較多。這
部分包括前一章中所述之中華革命軍華僑義勇團、南洋華僑敢死炸彈隊、加
拿大華僑敢死先鋒隊、民強學校學員，以及澳門華僑交通辦事處馮炎公所調
查之南洋華僑一百餘人等。可見華僑在討袁一役中除了出錢外，也是出過力
的！

三、逼袁退位者

袁世凱於1916年3月撤銷帝制後，退而求其次，仍然擔任大總統一職。
雖然雲南一派所提的媾和條件中聲明：「須令袁氏辭職，且放逐諸國外」，〔註
182〕但袁依舊不予理睬，華僑此時便起而攻擊之。或曰袁已失總統名義、無復
任之理由；或言其有辱國家體面，應盡速退職，以免辱國殃民。雖然袁未因
此辭職，不過華僑曾經出面逼退一事，卻值記載。

四、調停反對者

華僑不但逼袁退任總統職務，對於袁遣唐紹儀、伍廷芳二人南來調和停
戰一事，也極力反對。僑界認為當今要救國，就是要趁雲南起義，全國贊助，
一舉將袁擊潰，而不是於和解之後，讓袁仍保有權力與軍力，又可遂行其帝

〔註181〕〈日本與南洋華僑〉，《申報》，1915年10月18日，第3版。
〔註182〕〈共和軍所提出之媾和條件〉，《盛京時報》，1916年3月28日，第2版。

制專制之慾望。〔註183〕是以華僑頗能洞悉袁之野心，而且顯其對於帝制之必除惡務盡。

五、獨立宣傳者

廣西獨立時，澳門華僑曾經爲此高興慶祝！「家家燃放炮竹，而夜間酒館則暢旺異常。」〔註184〕廣東獨立前，籍隸粵省之南洋華僑也致函廣東都督龍濟光，責其不宜擁護中央，後來龍之宣布與袁斷絕關係，實不無受華僑之影響。在廣東獨立後，華僑等團體也紛電龍濟光，表達祝賀之意。〔註185〕另外，東三省的留日學生亦要求北方能隨南方宣告獨立，以保鄉民福祉！是以爲了討袁帝制，海外華僑曾經鼓勵各省獨立。這一提倡「分裂主義」的事實，對於號稱「革命之母」、擁有愛國形象的華僑而言，實甚有趣！

六、民權主義者

華僑會支持護國軍反袁，除了袁氏帝制自爲外，僑民久染民權思想的深層因素亦有以致之，而這方面尤以美國華僑爲甚。袁政府在得知舊金山華僑不甚贊成帝制後，即稱：「華僑之知識，居外日久，莫不心醉民權之說。設非加以籠絡，則于帝制進行實有妨礙。」〔註186〕華僑富民權之思想，自是支持共和政體、反對獨裁自爲之帝制。因此華僑會加入護國軍行列起身討袁，當亦可由此判斷推知。

七、國事建議者

海外華僑在討袁過程中，也相當關心袁退位後如何處理國內現況之問題。留日進步黨支部曾致函主張：「對於建設問題，首當維持民國元年約法，並適用前參、眾兩院所議決之法律。如有不經前參、眾兩院所議決之法令或與之相違反者，概行廢去。」〔註187〕東京留日學生總會則於袁殞命後，致電國內建議：「爲今之計，應請黎大總統速臨適宜地點，召集國會、組織內閣，奠定國基、實行法治。其從前助逆，如梁士詒、段芝貴、倪嗣沖、楊度等十

〔註183〕〈海外華僑一致否認調和〉，《盛京時報》，1916 年 3 月 29 日，第 2 版。
〔註184〕〈澳門華僑之熱心愛國〉，《叻報》，1916 年 3 月 25 日，第 2 版。
〔註185〕〈北京電〉，《申報》，1916 年 4 月 9 日，第 2 版。
〔註186〕〈又擬遣使通諭華僑〉，《順天時報》，1915 年 12 月 22 日，第 2 版。
〔註187〕〈留日進步黨支部致上海各機關書〉，《大公報》，1916 年 5 月 2 日，第 1 張第 6 頁。

三人，及此次宣言擁袁之徒，應請明正典刑以伸國法，查抄私產塡補虛糜。如有再敢違背共和、弁髦國法，擁兵踞地、怙惡不悛者，均應□加討伐，以杜後患。」〔註188〕華僑基於愛國熱誠，將其對政局的想法與建議，透過電函轉回國內，雖然無法直接左右國內政局，但考量所訴求之可行性與其代表海外僑界聲音這一事實，也應會給予國內反袁勢力某種程度上的激勵！

從雲南起義後，華僑的反應與參與方式皆相當地多：或捐款、或從軍；或逼袁退位、或反對調和；進而有倡導獨立以及建議國事如何處理者。而且當中亦不乏有少數華僑支持袁世凱的帝制活動，雖然其並未能對帝制之推動產生重大作用，然整個過程從籌安會發起至袁覆滅，都有華僑參與的記錄，確也表示著海外華僑的多元性質。討袁運動的結果畢竟是勝利了，而支持護國軍討袁的華僑，由於在當中扮演的多元角色，對於促進該役之成功，實有密切的關係！

五年前，華僑參與辛亥革命，成功地推翻滿清、創建民國，於是有「華僑爲革命之母」的稱號！五年後，華僑於籌安會發起，又投入所謂「第三次革命」的討袁之役，〔註189〕結果也是成功了！然而兩次革命之間，不只是討伐的對象不同，華僑對革命運動的認知見解也有所差異，因此兩相對照之下，除可看出不同時期華僑參與祖國事務時之異同處外，也應會發現其背後一些更深層的考量因素。而這對於華僑史的研究而言，應會更有意義！有關華僑參與辛亥革命與討袁運動之比較，筆者將於下一章中討論之。

〔註188〕〈東京留日學生總會來電〉，《申報》，1916 年 6 月 10 日，第 3 版。
〔註189〕民初時，革命黨人稱辛亥革命爲第一次革命，1913 年二次革命失敗後，即將
　　　　討袁稱爲「第三次革命」以相期許。

第四章 討袁運動與辛亥革命兩役中華僑參與之比較

辛亥革命是推翻滿清政權的武裝活動，同時也建立了共和體制的中華民國，因而彰顯出其討伐帝制的目的；而討袁運動的起因，同樣也是袁世凱帝制自爲，破壞共和，才由護國軍等起義討伐之。是以二者既皆以推倒帝制爲目的、在性質上皆言「革命」，且時間差距僅四年多，有關華僑參與其間的相同、相異之處，以及華僑在兩次運動間態度的變化，相信都是很值得探究的問題。筆者擬從華僑對兩次革命運動的見解、華僑參與的身份，和華僑整體的貢獻來作比較，以反映華僑參與祖國革命時所抱持的心態；不同僑鄉籍貫、不同經濟狀況、不同之僑居地僑民對於革命運動的參與情形；以及華僑在兩次革命運動中有關捐款、從軍與報刊創辦上的表現等。而這相信更能夠還原在「革命之母」保護傘下的華僑眞實形態。

第一節 革命運動見解的相較

一、民族主義與民權主義之別

辛亥革命前，革命派在海外宣傳革命的主張，認爲腐敗的清政府已無能力再挽救列強侵略所造成的國家危機；加上滿人長久以來控制政權、歧視漢人的態度，因此主張要趁此機會將滿人推翻。〔註1〕反之，保皇派則主張滿清

〔註 1〕 陶緒，《晚清民族立義思潮》（北京：人民出版社，1995），頁 204～211。孫文的革命主張有三權：民族主義、民權主義、民生主義，但華僑所認知者，多只是民族主義部分。

入主中原以來，早已與漢人同化，言語服飾、風俗習慣無一不同；在列強環伺的情形下，宜將國內各民族融合爲單一的中華民族，於皇帝的旗幟下，維新變法，救亡圖存！〔註2〕革命派將革命運動的目的，由救亡轉移成推翻滿清統治這個有形的大目標，保皇派便也要跟著將宣傳的主張，集中在維持滿清政權上面。Chalmers Johnson 在其著作《革命：理論與實踐》中說：

> 一個革命黨怎樣才能取得廣大人民群眾的「同情和協助」呢？它所
> 需要的是一種普遍的意識形態的口號，這種口號既能掩蓋黨的最終
> 目標中可能和群眾運動的要求發生衝突的任何成份，同時又能爲革
> 命黨帶來人民的支持。……但是，至今爲止，最爲普遍和最爲成功
> 的，卻是反對所謂的國內賣國者和國外侵略者，保衛祖國的口號。

〔註3〕

因此革命派以「驅逐韃虜」這樣清楚易懂的口號來宣傳，確實可以吸收不少海外華僑的支持。然而若就革命派推翻滿清的主張去分析，亦會發現諸多內容欠妥之處！如梁啓超曾在《新民叢報》發表〈政治學大家伯倫知理之學說〉一文，針對孫等革命派提出的排滿主張，即反問了三個問題：一、漢人果已有新立國之資格乎？二、排滿者以其爲滿人而排之乎？抑以其爲惡政府而排之乎？三、必離滿洲民族然後可以建國乎？抑融滿洲民族乃至蒙、苗、回、藏諸民族而亦可以建國乎？〔註4〕梁氏之見解，可謂真知灼見、切中時弊！而孫中山等革命派之主張，由此也可見其確有破綻存在！然因革命與保皇兩派皆以推翻滿清與否的主張在海外尋求華僑的支持，華僑對於辛亥革命運動的見解，便也大多只停留在民族主義的這個層面上。

在討袁一役過程中，孫中山等國民黨人士又流亡海外，尋求華僑支持。關於此時孫文的革命主張，王賡武則區別稱：

> 1912 年共和的勝利，對於擁護孫中山的南洋華人來說，只是短暫
> 的。他很快地讓位予袁世凱，且在 1913 年的「二次革命」中慘敗。
> 1914 年初，顯然地，南洋華僑幾乎又回到了 1911 年的情況，被當
> 成是反抗北京政府之叛亂者的潛在資助人。主要的差別在於此時的

〔註2〕　同上，頁 198～203。
〔註3〕　Chalmers Johnson 著，郭基譯，《革命：理論與實踐》（台北：時報出版社，1997），
　　　　頁 149。
〔註4〕　梁啓超，〈政治學大家伯倫知理之學說〉，《飲冰室文集》第 3 集（台北：臺灣
　　　　中華書局，1983），頁 74～75。

敵人不是滿清王朝，而是應該將現代政府原則具體化的中華民國。
孫中山重新建立了中華革命黨，此時則必須要提出一個更微妙的理
想動機：在眞正的共和中實行民權，以反對官僚與軍閥的自私自利，
並且在 1915～1916 年，反對袁世凱的稱帝野心。〔註5〕

孫中山所要討伐的對象是中華民國正式的大總統，因此勢必要有一個可以爲
眾人所接受的理由，方能師出有名，使自己的革命組織與革命行動有所依據！
從第三章第一節的敘述中可知，當時支持討袁的華僑，大多是爲了反對帝制、
維持共和；美國華僑因在海外感染民權思想，醉心民權學說，便不容許祖國
有主張帝制的情形發生；〔註6〕但是也有些華僑的出發點較爲不同，認爲革命
乃是在爭自由與公道者，當時的報紙曾記載稱：

十二月十九日舊金山消息云：開里福尼亞省各處華僑，今日集於此
間開大會，反對中國恢復帝制，並請籌款存儲。如袁總統決意登極，
則即撥充革命經費。是日由中華民國會會長唐景昌主席，唐曰：吾
人願任袁氏安然辭職，袁如不允，惟有戰耳！吾人所爭者，乃自由
與公道也云云。〔註7〕

而墨西哥的華僑，則稱支持討袁是在維持民國的福利制度：

吾輩對之焦慮曷極，特掬忱宣言，謹以反對運動帝制的革命之最嚴
屬抗議，奉告左右吾輩抱定之決心與高尚之旨趣。願盡我所有，不
恤何等犧牲，以維持今日極東支配大民國前途之福利制度。〔註8〕

華僑在討袁之役中所持的態度雖然有這些小差別，但是大抵都是要維持這個
好不容易才建立起來的民國共和體制，在性質上是一種對民權主義的堅持。

〔註5〕 Wang Gungwu, "The Limits of Nanyang Chinese Nationalism 1912-1937."
Community and Nation: Essays on Southeast Asia and the Chinese.（Singapore:
Heinemann Educational Books Ltd., 1981），p.152.

〔註6〕 〈又擬遣使通諭華僑〉，《順天時報》，1915 年 12 月 22 日，第 2 版。另外，陳
志讓稱海外中國人反對帝制者分有兩派，且根據的理論也不相同。留日學生
所以討袁，乃是認爲民主共和國體乃是文明國家之象徵，因此即使祖國國情
不合，仍必須實行民主共和體制，以跟世界各先進國家並駕齊驅。而南洋和
美洲的華僑團體，如致公堂、波士頓的中華公所等，他們所持的討袁理由，
則完全是根據傳統的道德。因爲在他們看來，君主和民主是相當矛盾的。參
考陳志讓，〈洪憲帝制的一些問題〉，《中華民國初期歷史研討會論文集 1912
～1927》（上冊）（台北：中央研究院近代史研究所，1984），頁 26。

〔註7〕 〈華僑之時局觀念〉，《申報》，1916 年 1 月 26 日，第 3 版。

〔註8〕 〈旅墨華僑之宣言〉，《申報》，1916 年 4 月 2 日，第 3 版。

因此由上面的比較中可以發現，海外華僑對於辛亥革命的認知，主要隨著革命派的主張，將其定位在推翻滿清的這個民族主義層面上。民國成立後，民族主義作爲革命的手段已然達成目的，國內不能、亦不再有民族分裂的主張。日後討袁運動中，華僑悍衛共和、維持民國，又投入了反對帝制的活動，但對於這第三次革命的認知，已轉爲對民權主義的訴求，可見華僑對兩次革命運動認知的差異之處。

二、物質利益觀與有條件的革命參與

在辛亥革命方面，筆者於第一章中曾述及僑民捐官一事，華商藉此可以提升自己在僑界的社會地位，同時又可達到衣錦還鄉的作用。是以華商既有如此的價值觀認定，他們便不會去支持革命派，以推倒授予其官爵和社會地位的清朝帝制政府。這樣的情形之下，便有兩種現象產生：其一，海外華僑對於辛亥革命的見解以及是否參與革命的抉擇，是取決於國家利益？抑是爲了個人私利？其二，辛亥革命的發動，已注定無法吸引海外富裕華僑的積極參與；反而能投入革命、支持革命的華僑，多爲沒有能力捐官、較無社會與僑鄉因素之羈絆者。是以富裕華僑對於辛亥革命的被動態度，已可想見。華僑雖然參與革命運動，但是有些對於革命的見解只是短視近利，並未能有遠大的理想與目標。中華革命黨庇能支部長陳新政曾稱：

> 當此革命初佈成功之時，人心思漢，幾乎一致。蓋爲先時吾僑大多數不敢贊成革命者，今亦欲入黨，以作攀附矣！先時凡入黨不收經費，此時爲軍需計，乃定新入黨者，每名至少五元，多者由人方便。是時入黨者，門限爲穿！於此可見吾華人識是非者少，辨利害者固滔滔皆是也！〔註9〕

又 1915 年，中華革命黨員李心鏡致函陳其美，報告泗水當地的華僑狀況時亦言：

> 然觀僑界民情，普通性質實愚者占之多數。其斜□偏向，皆由於程度上之差等，大半利祿薰心、意氣用事，遂至信口雌黃、顛倒黑白。茲舉於上月華僑社宴會，座中諸客評譚議論，有曰：辛亥革命成功，華僑不列上賞，所受勳位與嘉禾者，皆爲革命心腹諸人也。弟力闢

〔註 9〕 陳新政，〈華僑革命史〉，《陳新政遺集》（下）（出版社及出版日期不詳），頁17。

其非：南京政府成立，以最短之時日，所有一切軍政、庶務，公事
紛繁，無暇計及者則有之，諸公何必以個人邀功，而犧牲國家性命？
此後當改絃易調，正軌而行，人人當以國事爲己任，方不失大國民
之口吻也。〔註10〕

部分華僑以其曾參與辛亥革命、建立民國有功，心想即能獲得政府的最大獎
賞，然因目的未達，遂心生埋怨。是以該批華僑雖投入革命運動之中，但是
其對革命運動的見解，只能等同於勳位和徽章而已！參與革命的華僑，雖然
如李心鏡所言，愚者占多數且程度上有所差等，但是革命派以利益來相誘導，
亦是導致該批華僑在革命成功後，仍然憤憤不平的主要原因！如1908年制定
的〈中國同盟會分會總章〉中即規定：

十一、凡會員既完盡一己之義務，領有底號者，至革命成功之日，
同列名爲中華民國創建員，以垂青史，而永誌念。

十二、凡會員能介紹及主盟新同志十人者，記功一次。至歲終計功，
由會長宣勞嘉獎，並由支部代請本部總理給功牌表誌。至革命成功
之日，得與軍士一體論功行賞。〔註11〕

而1911年在美國成立的洪門籌餉局，也另頒有〈革命軍籌餉約章〉四款，其
中部分條文規定如下：

第一款：凡認任軍餉至美金五元以上者，發回中華民國金幣票雙倍
之數收執，民國成立之日，作民國通寶用，交納課稅，兌
換實銀。

第二款：認任軍餉至百元以上者，除照第一款辦法之外，另行每百
元記功一次，每千元記大功一次，民國成立之日，照爲國
立功之例與軍士一體論功賞。

第三款：凡得記大功者，於民國成立之日，可向民國政府請領一切
實業優先利權。〔註12〕

是以革命派爲促使華僑踴躍入黨和捐款的獎勵內容，由此可見一般。

在討袁運動中，同樣亦有華僑重視利益、注重獎勵的情形產生。據當時
報紙報導，南洋地區即有華商認爲袁氏不顧及其利益，而主張征討之：

〔註10〕〈李心鏡致陳其美函〉，國民黨黨史會藏，上海環龍路檔案，檔號（環7748）。
〔註11〕華僑革命史編纂委員會，《華僑革命史》（下）（台北：正中書局，1986），頁95～96。
〔註12〕蔣永敬編，《華僑開國革命史料》（台北：正中書局，1989），頁162～163。

> 頃據某實業家云：日昨僑民來電請代達農商部無庸派員來此，並謂
> 政府違反民意，帝制自娛，不顧僑商利害，世界趨勢斷不容帝制發
> 生于今時代云云。〔註13〕

該華商雖以袁稱帝為口實，稱其違反民意；但言詞之中透露出本身利益遭受損害，也是其所以加入聲援討袁行列之原因。是以這種參與革命運動的態度，被動的成分應較為居多！

其次，從中華革命黨的活動當中，也可以得知華僑有條件參與革命運動的情形。以中華革命黨在海外的活動經驗而言，其在尋求僑界支持討袁的過程中，並不是那麼地順遂，必須要同時牽就海外黨員以及華商的需要，籌款等活動方易進行。如對於黨員，黨部需要有革命活動的進行，並將結果通告海外，才易於籌款；而對於華商，則須配合獎勵的措施，才能令其慷慨解囊。有關黨員的部分，可舉中華革命黨內部通函為例來說明。1914 年 12 月，其總務部致函軍事部稱：

> 據敝部第三局報告，海外各支部來函均稱眾同志急欲洞悉內地進行
> 情形，無論失敗與否，必須將經過事實略舉報告，則籌款著手自易
> 為力。此事關係軍務秘密，雖未便轉告，然每月報告大致實情，曾
> 奉　總理面諭，認為必要之手續，為此請煩　貴部將內地進行之大
> 勢或失敗之過去，按月抄示，以便交局轉報，實為公便。〔註14〕

庇能支部長陳新政也致電孫中山稱：「惟是南洋僑界必有事實進行，方易籌款。」〔註15〕而在美國舊金山擔任民國維持總會主席的林森，也稱：「如國內有勝利佳音，望祈電示，自當竭其棉力，設法籌畫，以盡萬一之力也。」〔註16〕固然這些海外黨員無不希望自己所捐出去的錢，能被確實用在革命事業上，以至於在何處有了什麼樣的革命成果，革命的進展如何，是他們相當關心的事。但是反過來講，〈中華革命黨海外支部通則〉當中已明文規定：黨員「有事前籌款之義務」，〔註17〕而這些黨員卻必恃革命有所進展，才較願盡力

〔註13〕　〈僑民反對帝制之一斑〉，《盛京時報》，1915 年 11 月 26 日，第 3 版。
〔註14〕　〈中華革命黨總務部致軍事部函〉，國民黨黨史會藏，一般史料，檔號（393/58.4）。
〔註15〕　〈陳新政上總理函〉，國民黨黨史會藏，上海環龍路檔案，檔號（環 7988）。
〔註16〕　〈三藩市民國維持會林森上總理函〉，國民黨黨史會藏，上海環龍路檔案，檔號（環 8057）。
〔註17〕　〈中華革命黨海外支部通則〉，《革命文獻》第 45 輯，頁 34。

捐輸。是以所謂的「義務」已成了有條件的義務；這些黨員原本對革命所懷抱的精神與心態，也有所改變了。

在對僑商的獎勵上，翁筱生以其多年籌款經驗，知悉華僑心理，曾致函孫中山建議稱：

> 夫兵必運動於軍隊，餉必取盈於華僑，此盡人所同知也。惟人知華僑當贊助軍餉，而猶未知華僑不盡豪富，且豪富不盡慷慨，欲其倒送傾箱、樂為我助，是非鼓勵於平日，未必可收效於終來。筱生奔走南洋十有六年，勸捐軍餉已非一次，僑民心理頗□大凡，籌餉正急，合應為我　總理陳之：
> 一、當規定獎勵專章，使人□有義務，亦有權利也。武漢起義之初，華僑不少蕩產傾家以輸軍餉，乃民國成立，蕩產傾家者不能得政府一言之慰勞，而平時擁護滿奴、極端反對之徒反多倖邀寵眷，權利義務顛倒若斯，此第二次革命所以人多灰心、不能分文之助力也。……
> 一、當□舉巨商，使其隱為協助也。豪富之家多畏淫威，亦好邀寵，語以革命，掩耳疾走，恐為官□。若得巨公鼓勵，則復夢醉心麻，不會天寵。此第一次革命所以□□助巨賞之富商，無顯明入黨之豪商也。〔註18〕

翁筱生將辛亥革命所以缺乏華僑富商入黨，以及二次革命會導致失敗的原因，從未能獲得華商的經濟支助上來做解釋，或稍嫌主觀；然以翁氏籌款之經驗而言，推動革命運動當中，能獲得華商的支持，確實重要！而中華革命黨本身當時也制定有〈籌餉局獎勵章程〉，當中即規定：

> 第二條　凡出資每次或累積至百元者，每獎三等功章一座。……雖未入黨，亦照黨員例賦與公民權。
> 第三條　凡出資每次或累積至千元者，每獎二等功章一座。……一、照黨員例，享有公民權；二、有經營礦山及各種實業優先權。
> 第四條　凡出資每次或累積至每萬元者，每獎一等功章一座。……一、有經營礦山及各種實業優先權。二、政府認為公民代表，參預政事，組織國會。

〔註18〕〈翁筱生上總理函〉，國民黨黨史會藏，上海環龍路檔案，檔號（環7975）。

第五條　凡受獎一等功章至十座者，政府成立後，於其本籍縣城交
　　　　通繁盛公地，政府爲建銅像，以示表章。

第六條　凡出資至五十萬元者，政府成立後，除享有一等功章應享
　　　　特權外，於出資者，本籍省城縣城交通繁盛公地，政府爲
　　　　建銅像，以爲全省人民模範。

第七條　凡出資至壹百萬元者，政府成立後，認爲殊勳除享有一等
　　　　功章應享特權外；於出資者，本籍省城縣城及國都人民遊
　　　　息之地，政府爲建銅像，並以其名名公園，以爲民國再造
　　　　之紀念。〔註19〕

孫中山等革命黨人士早年即在海外活動，對於僑民心態，應有一定程度的認知。因此其會以獎勵章程來協助籌款，亦可見部分華僑對於這些物質利益與獎勵，是何等地看重！而這種現象應可謂是「各取所需」！

　　華僑參與革命的行爲，對於建立民國和維護共和，都有很大的助益；然而除了這外在的表徵外，華僑的心態上到底如何來看待所參與的革命運動？或者說當他們參與革命運動時，他們心裏面到底在想什麼？是否和我們所認知的「華僑爲革命之母」的形象一樣？筆者認爲這也是個很現實而重要、更值得探討的問題！從上述的內容當中可以知道，兩次革命除了性質上有民族主義和民權主義的差別外，從國民黨本身的函件檔案以及當時的報紙報導中，也能發現有些華僑是抱著有利益回饋的好處，才來支持革命運動的。海外華僑有很多不同的組成份子，各自皆有不一樣的思想、不一樣的立場考量，因此不能將其視爲是一個意見一致、態度相同的整體。是以當在讚揚華僑對祖國的貢獻之餘，也應要更客觀地來審視這個泛稱爲「革命之母」的眞實容貌。

第二節　參與華僑身份的異同

　　有關華僑在辛亥革命與討袁運動兩役中參與的比較，也可從華僑參與者的身份一項來觀察。筆者試就華僑之財富等級、僑鄉籍貫、僑居地等方面來區分，茲分別敘述如下：

〔註19〕　〈籌餉獎勵章程〉，《革命文獻》第 45 輯，頁 43～45。

一、以財富等級而分

為易於比較，筆者僅將華僑大致分為：富有的華商（或稱華僑資本家）；一般華僑、華工與留學生兩類。首先，在辛亥革命方面，筆者於第一章第二節中，曾敘述了華商多捐官支持清政府；或是認同維新變法，加入康、梁的保皇派陣營。支持革命派的，反而是經濟狀況中、下的一般華僑、華工與留學生。〔註20〕富有的華商所以支持清政府和保皇派，有其自身立場的考量：一因華商在僑居地擁有資財，為當地社團的領導人物，為維持本身已有的資源，在政治立場上本傾向於保守；再者，這些華商身為僑界代表，亦較易受到清政府與保皇派等團體的重視。是以華商既不能免去被拉攏的可能，又考慮到向清政府捐官能提升自己在僑界的社會地位、可以在自己的僑鄉光宗耀祖；加上其亦未能料想到祖國政府真有被推翻的一天，因此華商在心態上是較願意去支持清政府的。其他一些思想較為開通的華商，也可能會接受保皇派的改革主張，支持維新運動；至於會參加革命黨，表明與清政府作對的態度，且願意承擔在僑界被清領事標記而排擠的苦境，更毫不在意「光宗耀祖」機會與個人社會地位等資源的華商，就微乎其微了！相對地，經濟狀況並不優渥的一般華僑、華工與留學生，既未能加入商會，在僑界中嶄露頭角；也無法如華商般能向清政府購買官職，以提升自己的社會地位，因此其在政治立場上已與華商有所差異。誠如王賡武所言，由於中國的貧窮與衰弱，華僑在海外多能感受到作為華人的共同無力感；〔註21〕再加上在當地遭受歧視和不平等待遇，便希望有個強大的祖國可以照顧、保護自己。〔註22〕雖然祖國政府已改變了華僑政策，但是似乎所注意到的只是僑界中較有財力與地位的華商；這些華僑、華工與留學生在較無僑鄉親人和僑界社會資源的包袱下，便較易受到革命派的吸收，激發同仇敵愾之心，去支持革命的運動！〔註23〕

〔註20〕胡漢民在〈南洋與中國革命〉一文中，以其親身參與革命的經驗，亦稱南洋資本家總想保有資本、擴大勢力，因此多不革命，也最怕革命；而最熱心參與革命的，則是中等階級、小工人和小商人。參考胡漢民，〈南洋與中國革命〉（下），《藝文志》17（1967.2），頁14～15。

〔註21〕Wang Gungwu, "The Limits of Nanyang Chinese Nationalism 1912-1937.", p.144.

〔註22〕王賡武，〈海外華人與民族主義〉，《孫文與華僑——紀念孫中山誕辰130周年國際學術討論會論文集》（神戶：財團法人孫中山紀念會，1997），頁9～10。

〔註23〕顏清湟也稱華人富商除極少數外，多半不願意支持革命。因其財富之考量以及與清政府之間建立起來的政治聯繫，使其滿足於現狀，不願意響應革命。

有關僑界各階級的捐款情形，可以舉陳新政的陳述爲例，說明如下：

> 辛亥南洋華僑助款數百萬元，皆勞動界及中等熱心資本家捐助爲多
> 至大資本家有祖國觀念而能慷慨助款者，幾如鳳毛麟角！設有一二
> 捐助些少，亦當作應酬，總不如勞動界之熱心祖國之誠意也。閱者
> 不信，可觀吾僑現在所辦諸義舉，如學校、報館、賑濟諸捐款，是
> 勞動界與中小資本家捐助爲多，抑大資本家有否捐助，則知予言不
> 謬矣！吾華人性質，地位愈高，則趨炎附勢之心愈重。吾黨既無官
> 位勳章可以投其所好，而贊助秘密黨尤爲內外官吏所不容，此莫怪
> 大資本家視革命爲畏途也。〔註24〕

此爲新加坡一帶僑民對於捐款支持革命的眞實寫照，而由此亦可知道華商大資本家與經濟狀況中、下之僑民，在立場上的不同考量！

討袁之役中，海外僑民的參與現象，也有一些和辛亥革命之役相同與相異之處！相同之處如一般華僑、華工與留學生仍支持這次討袁的革命運動、華僑資本家依然有些支持帝制之政府；但是多數華商在此役中加入了討伐的行列，則是和辛亥革命一役最大之差別所在！

有關一般華僑、華工與留學生部分，從第三章第三節中可以看到如：美國有九百多名華僑回國加入討袁運動；日本留學生也因受中華革命黨的影響，回國投入革命，袁爲此還深以爲憂，下令嚴查回國之留學生。這些在經濟狀況屬於中、下階層的華僑，在當年即已參加了推翻滿清的辛亥革命運動，民國建立後，對於維護民主之共和體制，當依舊視爲己任！因此這些華僑組織飛機隊、炸彈敢死隊等回國加入討袁帝制活動，皆足見其對於民國共和之悍衛決心！

而店主、小商人、教員、店員等中產階級，因多無恆產，和清政府亦無政治關聯，可以不顧個人利益地自由活動。加上多數皆受過教育，也較能瞭解中國衰亂與危機，對於革命的感受較爲敏銳，故多半加入同盟會，熱心支持革命。下層的礦工、苦力、車伕、園丁、乞丐和娼妓等，由於與清政府沒有政、經上的利益，且移民不久，與祖國的感情牽聯較密；同時曾有過被清吏和客頭迫害的痛苦經驗；加上在僑界又常遭受歧視與虐待，因此對於革命派的號召，多願意去支持建立一個可以保護他們的富強中國。參考顏清湟，〈辛亥革命與南洋華人〉，《辛亥革命與南洋華人研討會論文集》（台北：政治大學國關中心，1986），頁420～421。

〔註24〕陳新政，〈華僑革命史〉，《陳新政遺集》（下），頁18。

　　在討袁一役中，如辛亥革命時一樣，仍有一些華商支持帝制政府的現象，如泗水華人總商會即創辦有泗濱日報，擬鼓吹帝制。而另外贊成變更國體的吳增幸等十名華僑聯合會代表，其相關背景為何，雖不得而知，然就其名列在商界人士的名單當中，自有其代表意義與份量，應非是那些經濟狀況中、下之華僑或華工代表。有關這十位代表的活動記錄，只有此贊成變更國體一項，其他活動則亦無跡可查。觀諸此事，實令人質疑，是以該十人或可謂是袁氏稱帝之「御用華僑」！

　　關於華商參與討袁之部分，如第三章中所述，籌安會發起後，即有日本、新加坡、澳門、荷屬東印度等地的華商致電表示反對帝制；而護國軍成立後，唐繼堯等將領人物也都分別致電海外，要求僑商能夠捐輸，以利討袁運動之進行。究諸討袁運動之時，比之辛亥革命，時空已然轉變，華僑資本家已不可能藉捐官以提高自己的社會地位，或藉以顯揚於僑鄉之故老。如今華商面對的局勢，雖然同四、五年前一樣，海外有著被政府通緝的中華革命黨在主張革命、推翻政府，但是不同的是國內的輿論幾乎已一致地反對帝制、主張討袁。在辛亥革命前，國內不敢有反清的輿論（租界或許是一例外），華商或許還有選擇支持當政者的機會，如今若要執意支持想當皇帝的袁世凱政府，恐怕就不能得到國內同胞的贊同了！從上述華僑資本家對於討袁運動的參與反應，可見要比辛亥革命一役來得積極！

　　華商對討袁的態度固然較為積極，但是仔細審視華商在該次革命中的表現，則可以觀察出一些傾向與特徵！如華商致電反對籌安會變更國體一事，可發現其電函並非是針對袁世凱個人而發；而當護國軍成立後，就筆者對於護國軍方面的資料以及報紙報導的整理，也未能察見有華商明顯參與護國軍行動或捐款援助的記載（只能見到上述唐繼堯致僑商的信函與旅英商界要求袁退位的電函，參考第三章第三節）。而當時中華革命黨員夏重民在致孫中山的信函中，亦談到有關香港華商態度遲疑的情形：

　　　港中各大公司之資本家憤袁賊之賣國，均已來黨加盟。觀目下人心，
　　　袁巢不難立倒，所堪憂慮者，恐其為一時之客氣耳！吾人倘能善用
　　　之，一鼓作氣，則大事必可成。目下各大腹賈之贊成吾黨、資助吾
　　　黨者甚多，惟專責乏人，各皆遲疑觀望。〔註25〕

對於這種情形，筆者認為是華商不願在政治立場上，直接押注任一政治團體，

〔註25〕〈夏重民上總理函〉，國民黨黨史會藏，上海環龍路檔案，檔號（環2679）。

也不輕易耗損本身的資源，是對於自我利益進行保護的一種作法。〔註 26〕張桓忠在《上海總商會研究》一書中曾經提到，該會於民初爲求社會安定，反對革命黨活動而支持袁世凱；甚至在袁稱帝時，還升旗懸燈以爲慶祝。但是當政治環境改變，對革命情勢有利時，上海總商會卻又轉而上電促袁退位。作者於此稱係上海總商會沒有原則的政治文化，表現出商人「知時善變」的基本特性。不過卻也是在民初軍權盛行的狀況下，商人們對政局發展的無奈。〔註 27〕從張桓忠的結論中，或許能提供我們對於華僑資本家政治態度的更深認識。

　　從上述比較當中可以得知，在辛亥革命和討袁運動兩役中，經濟狀況中、下的一般華僑和華工等，都曾積極參與革命運動；而經濟較爲富裕的華商，也都有支持當政者的情形。隨著護國軍的起義，在國內外掀起一片討袁帝制聲浪中，華商固然也抱持著聲討的態度，加入討袁的行列，但是從其反對變更國體電函並非針對袁世凱而發、對於護國軍的捐輸等支援也少見記載等現象，也可以發現華商謹慎提防、「知時善變」的性格，是要在能確保自我利益的前提下，才會再做出是否支持革命的關鍵抉擇。

二、以僑鄉籍貫而分

　　據李國梁之整理，辛亥革命時期，海外華僑的總人數約有五、六百萬人，且 90%以上分布在東南亞地區；而華僑的籍貫，幾乎全爲廣東和福建籍，其他省籍的華僑人數所占比例極小。其文並引日人福田省三的資料稱，福建籍的華僑約占華僑總人數的 40%。〔註 28〕而顏清湟在《星、馬華人與辛亥革命》一書中，也整理出 1903～1912 年間，該處十大富商出身的革命派領袖人物。視其籍貫，亦皆爲閩、粵兩籍。〔註 29〕清末移民海外的華僑，既以閩、粵兩

〔註26〕吳倫霓霞、莫世祥認爲粵港商人團體雖已明確擁護共和，但只求能早日恢復秩序，並不在乎誰來執掌共和政權。因而對於戰亂，一直是持著旁觀和厭惡的態度。參考吳倫霓霞、莫世祥，〈粵港商人與民初革命運動〉，《近代史研究》總第 77 期（1993.9），頁 215。

〔註27〕張桓忠，《上海總商會研究》（台北：知書房出版社，1996），頁 274～278，282～284。

〔註28〕李國梁，〈南洋閩籍華僑與辛亥革命運動〉，《華僑與孫中山先生領導的國民革命學術研討會論文集》（台北：國史館，1997），頁 225～226。

〔註29〕顏清湟著，李恩涵譯，《星、馬華人與辛亥革命》（台北：聯經出版社，1982），頁 297～300。

籍為多，因此在參與辛亥革命的運動上，其他省籍僑民的機會與重要性也就相對降低了。〔註30〕

　　辛亥革命的成功，閩、粵兩籍華僑的助力固然不少，但是亦有華僑對此採取消極之態度。馮自由在〈緬甸華僑與中國革命〉一文中即言：

> 辛亥武昌起義後，相繼響應者七八省，南洋各埠黨人以閩省尚無聲
> 無臭，乃公推莊銀安為總代表，回廈門督促進行。〔註31〕

緬甸閩籍的華僑對於辛亥革命的消極態度，由此可見一般。至於海外其他各地的閩籍華僑是否皆有這樣共同的特點，則有待進一步去驗證。

　　討袁之役與辛亥革命相距僅五年，海外華僑的僑鄉籍貫分布情形並不至於有太大的改變，換言之，參與討袁之役的華僑，仍以閩、粵兩籍為多，然而不同籍貫的華僑，此時對於討袁運動的態度，卻有很大的差別。以中華革命黨海外的活動記錄為例，1915 年，該黨黨員江岑侯在爪哇萬隆埠籌款時即表示：

> 敝埠有四方面人：福清一方面、梅縣一方面、廣府一方面、漳泉一
> 方面。而福清、梅縣、廣府三方面，俱同志捐款；惟漳泉方面，至
> 今不惟為蠢豬，且開口就罵革命賊，可惡之極！近日柏文蔚與　白
> 逾桓兩先生到敝埠要運動，漳泉一方面全無效驗，真之令人傷心！
> 全爪亞島（筆者按：即爪哇島）有資本者，乃漳泉人！今為蠢豬，
> 實無法可治！〔註32〕

而該黨黨員陳鐵伯也致函居正稱：

> 袁賊賣國，現已揭露，僑民憤甚！前泗水商會所捐愛國捐之款，現
> 已內容分裂，多數人知為彼等進步狗黨所愚，現已聯名討回前所捐
> 之銀。固其所捐之銀，乃為開仗而用，並不是助袁賊行惡而用。惟
> 福建人方面，有多數睡若大夢，仍在黑暗之中；故廣東人方面已改

〔註30〕 有關閩、粵兩籍以外之華僑參與辛亥革命的情形，可參考趙和曼，〈廣西籍華
　　　　 僑對辛亥革命的貢獻〉，《華僑與孫中山先生領導的國民革命學術研討會論文
　　　　 集》，頁 241～251。該文從廣西的地理位置與其人民在歷史上勇於反抗的特
　　　　 性，來敘述該籍華僑在辛亥革命中的貢獻。當中也提到在 1905、1906 年於東
　　　　 京加入同盟會的 865 名成員中，廣西籍華僑共佔了 43 位。
〔註31〕 馮自由，〈緬甸華僑與中國革命〉，《革命逸史》第二集（台北：臺灣商務印書
　　　　 館，1969），頁 255。
〔註32〕 〈江岑侯等致中華革命黨總務部函〉，國民黨黨史會藏，上海環龍路檔案，檔
　　　　 號（環 4869）。

轉方針，將前已認月捐之銀作爲籌備推翻袁賊而用。〔註33〕

從以上兩件信函的陳述中可以發現，閩籍華僑在僑界勢力頗大，中華革命黨既需要該華僑的捐款支助，但其對中華革命黨的活動卻又不是很支持。由文中對該僑民「蠢豬」之咒罵，可見中華革命黨對於閩籍僑民是又愛又恨！海外閩籍華僑，在中華革命黨的眼裏，彷彿是一群不知禍之將至、又反應遲鈍的僑民，然查其所以對中華革命黨的革命運動不甚熱心，應是對僑鄉之情感重於對其他事務所致！中華革命黨員許崇智等人在致孫中山的信函中，即提到中日交涉案發生時，閩籍華僑重視僑鄉的反應：

> 此間閩人近日對於中日交涉驚悸非常，咸思救亡之策。有爲一倡集腋不難，智等□趁此機到處另集，閩人說其共圖國事，先救閩疆，彼將必踴躍贊助。新、芙兩埠已有成議，怡保已略與商，亦表同意。看來凡南洋之閩人皆可使其出資謀舉。計閩人之在南洋者不下二百萬，彼皆各自有團聚地，普遍不難每人每月平均取一元，每月二百萬之巨資集矣！有此巨資，革命必可成功，豈僅救一福建哉？〔註34〕

可見得閩籍華僑的經濟狀況應頗爲優渥，而這亦是中華革命黨欲其支助的原因。閩籍華僑希望能先保護自己僑鄉的安全，若能如此，皆願意出資贊助，以共圖國事。是以閩籍僑民對於僑鄉之重視程度，由此可見一般。

而粵籍華僑在當時雖然支持革命，但是其仍有重視僑鄉的情節。Edward Friedman 即稱在海峽殖民地的粵籍華僑，其關心廣東都督龍濟光在該省的掠奪破壞，要遠盛於北京袁世凱政府的任何弊政。〔註35〕因此當粵籍華僑在出錢出力參與革命運動的時候，其內心眞正懷抱討袁態度者究竟有多少，確實是個有待商榷的問題。

有關從籍貫來區分，以討論僑民在兩次革命運動中的異同，是一個相當有意思的探討，惟筆者手中所能掌握到的僅有中華革命黨方面的檔案資料，其他有關華僑參與護國軍的情形，因未有相關資料之發現，也缺乏學者的研究成果可以判別，因此只能就中華革命黨的活動來敘述，疏漏在所難免，然或能由此看出海外華僑在參與祖國的事務上，由於地緣因素而產生的這般特色。

〔註33〕〈陳鐵伯致居正函〉，國民黨黨史會藏，上海環龍路檔案，檔號（環8110）。
〔註34〕〈許崇智宋振上總理函〉，國民黨黨史會藏，上海環龍路檔案，檔號（環7370）。
〔註35〕Edward Friedman, *Backward Toward Revolution: The Chinese Revolutionary Party.* Los Angeles: University of California Press, Ltd., 1977. p. 71.

　　從上述的比較當中可以發現，華僑在辛亥革命與討袁運動中的參與，就其僑鄉籍貫的分別，可知主要皆以閩、粵兩籍的僑民為主。粵籍僑民會支持這兩次革命運動，與孫文等革命黨員多為廣東籍人士應有關係；而閩籍華僑對中華革命黨不太熱衷的表現，除了上述重視僑鄉的因素外，筆者以為閩籍華僑在海外僑界資財多、勢力大，既又與粵僑分屬兩大群體，在心態上即不見得要去支持粵籍人士的事務與活動，何況辛亥革命與討袁運動皆由廣東籍人士一直在主導參與，閩籍華僑可能即將其視為粵籍人士的事務，而採取消極的態度。

三、以僑居地而分

　　在辛亥革命期間參與革命運動的華僑，以僑居地而言，主要集中在亞洲和美洲兩處。亞洲部分，如新加坡、馬來亞、安南、暹羅、香港與荷屬東印度等；美洲方面，主要則是美國和加拿大兩地。〔註36〕蔣永敬曾對南洋各地華僑參與革命運動的情形做過探討，其指稱：

> 新加坡的「圖南日報」，開南洋地區革命言論之先聲；……且以地理環境之便，新加坡亦為同盟會在南洋地區組織的樞紐。馬來亞華人眾多，同盟分會遍於各埠；對起義經費的捐助，是英屬南洋最多的地區；……越南為海外華人社會中，唯一未受保皇黨影響的地區，亦未見有革命報刊之發行，其支援革命，偏重實際行動，捨身捐產者，大不乏人。其殉難烈士之眾，捐助起義經費之多，實為他處所不及。……暹羅華人支援革命所表現的特色，與越南相似；緬甸則

〔註36〕陳樹強，《國父革命宣傳與華僑革命行動》（台中：武陵出版社，1985），頁257～262、264。有關新加坡華人參與辛亥革命的情形，歐陽昌大認為並不踴躍。一來華族上層人士不支持革命；再者，支持革命者雖具熱誠，但不能貫徹始終，出錢出力的只是一小部份人士而已。而這種情形，又與孫中山當時錯誤的活動策略有關。參考歐陽昌大，〈新加坡華人對辛亥革命的反應〉，柯木林、吳振強編，《新加坡華族史論集》（新加坡：南洋大學畢業生協會，1972）頁91～118。另外，當時雖也成立了「歐洲同盟會」，於比、德、法、英、瑞士等國皆設有同盟會支部通訊處，但對於革命運動的象徵意義應是要大於實質意義。參考〈歐洲同盟會成立始末〉、〈歐洲比德法英瑞士各國同盟會支部通訊處〉，《革命文獻》第65輯，頁533～538，541～542；許文堂，〈孫中山在法國的革命活動和黨務組織〉，《華僑與孫中山先生領導的國民革命學術研討會論文集》，頁571～587。

與英屬南洋相似。前者重在起義的支援；後者在立黨與宣傳方面，
有特出的成就。荷印與菲律賓地區的華人，均以當地殖民地政府限
制甚嚴，華人革命活動顯較南洋其他地區爲困難，……荷印華人革
命活動除以書報社、報紙、學校爲憑藉外，其對起義經費的捐助，
則在英屬南洋之上。〔註37〕

該文是有關各僑居地華僑對辛亥革命期間參與情形，極爲詳盡的一篇論述。
由於作者也對各埠參與革命時的特色加以闡述，更能呈現各僑居地的不同之
處！然而當中有關暹羅一項，李道緝則從不一樣的角度來觀察該地華僑的參
與情況。其認爲，若從華僑的財力和捐款的多寡來看海外華人支持革命的程
度，則大部分的暹羅華僑顯然並不熱衷於革命事業。李道緝稱：

大部分暹羅華人對革命運動的不踴躍，主要有幾個因素：首先，孫
中山所倡導的民族革命，偏重於滿漢種族問題，但對暹羅華人而
言，民族主義中人我之別感受最強烈的，不是滿漢的種族問題，而
是華人與泰人的民族問題，尤其是在 1907～1910 年間，正是暹羅
華人感受到來自暹羅政府所施加的集體冤屈最強烈的時期，華人正
積極尋求中國政府的援助。因此，當時暹羅僑界的主流力量並非革
命黨的「中華會所」，而是支持清廷政府的「中華總商會」。其次，
在海外華人各個社會階層中，對政治意識則有明顯的冷熱之
別。……三者，則是暹羅政府的態度也嚴重限制了華人對中國革命
運動的支援。〔註38〕

可見在一片彷彿甚是熱烈的起義聲中，其實仍有表現冷淡的華僑群體存在
的。而這或許也能給我們另一種反思：海外華僑眞的都那麼熱烈而踴躍的參
與革命運動、支持革命起義嗎？

而在討袁運動一役，從本文第三章的敘述可以發現，南洋和美國舊金山
的華僑皆陸續匯有巨款和軍械火藥以支持護國軍；日本有留學生回國從事革
命運動，並向各友邦發表宣言書，希望支持護國軍；英國和南美厄瓜多的華
僑，曾致電反對調和停戰；新加坡、日本橫濱和舊金山的僑民，通電各省，

〔註37〕 蔣永敬，〈辛亥前南洋華人對孫中山先生革命運動之支援〉，《辛亥革命與南洋
　　　　 華人研討會論文集》，頁 236～237。
〔註38〕 李道緝，〈泰國華人國家認同問題（1910～1945）〉（台北：政治大學歷史研究
　　　　 所博士論文，1999），頁 108～109。

反對袁世凱續任總統職務；荷屬泗水一地的僑民，則有籌辦「護國捐」，以助維護共和。可見得各埠華僑在討袁運動中的參與情形，仍然相當踴躍。而當中加入了旅居英國和厄瓜多的僑民，除了使得華僑參與圈擴大到歐洲和南美洲之外，也可表示華僑對於祖國事務的關心和參與更加地熱絡。另外，有關各埠華僑回國從軍的情形，孫文曾經對此發表演說，而這也是最常被人引用的一句話：

> 計此次回國從軍之華僑，可分為兩部：其一部為活動於廣東方面，主由南洋英、荷、法領等地之華僑組織之，而美洲及日本等處華僑參與焉；他一則為活動於山東方面者，主由坎拿大及北美合眾國華僑組織之，而南洋及日本之華僑亦參與焉。〔註39〕

廣東方面，主要是組織華僑決死隊，由謝伯堯等主其事，參與肇和之役等；而山東部分，一是夏重民、伍橫貫等人主持的華僑義勇團，另外則是胡漢賢等組成之飛行隊。飛行隊後來雖未投入討袁運動，但亦代表海外華僑對祖國事務身體力行的實際參與。

　　討袁運動中雖然多了英國、厄瓜多等地華僑的加入，但是卻也有一些僑居地的華僑對於討袁運動的發動鮮有反應，諸如韓國一地的華僑即是如此。當時報紙報載：

> 我國人在朝鮮，多業工匠、商賈。工匠之中，尤以木工、石工為多，是故有智識階級僅領事館員與商會會員之一小部分而已，其他皆蠢蠢無知者也。其對於帝政問題，若無感觸。表面上並無何等表示，惟此中注意本問題而發相當之議論者，亦復不少。〔註40〕

旅韓華僑由於職業生態之比例以及接受教育與否這雙重關係，使其對於祖國所發生的帝制問題，並無若干感觸！是以所處僑居地的不同，也會影響到華僑對於祖國事務的參與程度。

　　以僑居地為劃分，來談華僑在辛亥革命與討袁運動兩役中的異同，筆者以為其探討的程度不易、也不宜太過細緻。資料的限制，可能無法將華僑在討袁運動中的表現，如蔣永敬一文般，標示出各處華僑參與的特色。另一方

〔註39〕〈民國五年通告華僑從軍經過及遣散情形函〉，胡漢民編，《總理全集》第三集（上海：上海書店，1990），頁285。

〔註40〕〈日人之觀察旅韓華人〉，《申報》，1915年11月19日，第3版。

面，若要細究各僑居地華僑的參與情形，包含如非洲、大洋洲等地之華僑，那麼即要考慮到是否具有探討的意義。從上述的比較當中可以發現，兩次革命運動中，都有亞洲和美洲華僑的參與。辛亥革命時，南洋各僑居地的華僑，各有其貢獻與特色；而討袁之役，除了有南洋、美國和日本的華僑參與外，更多了英國和厄瓜多華僑的加入。此外，泰國與韓國的華僑，則是先後在兩次革命中表現冷淡的僑民，當中或因僑居國政府的態度限制、或由於職業與受教育與否的關係，並未能對祖國事務有所反應。然由此也可發現，海外各地華僑的異質性其實應是大於其同質性！

第三節　華僑整體貢獻的比較

上述兩節已分別從華僑對革命運動的見解和華僑參與者的身份，來討論兩次革命中的異同。本節將繼續就華僑對於兩次革命的整體貢獻來做比較，分別從捐款、從軍和報紙的創辦等項來說明。茲敘述如下：

一、捐款的貢獻

就辛亥革命一役前後，華僑的捐款統計，共有二百九十八萬餘元。各地捐款的情形，以新、馬最多，佔 29.30%；其次分別為香港的 26.82%、安南 17.77%、美國 9.66%、緬甸 9.35%、荷屬各埠 4.02%、古巴 2.08% 和日本的 1.01%。〔註41〕而若統計十一次起義的捐款情形，則華僑共捐得三百九十四萬餘元，其中以香港和新、馬兩處皆捐款達一百萬元最多，分居一、二（佔 28.15% 及 25.86%）。其次分別是安南暹羅的 16.07%、美國 8.84%、緬甸 7.07%、荷屬各埠 4.67%、菲律賓 2.57%、加拿大 1.88%、法國 1.65%、古巴 1.58% 以及日本的 1.24% 等。〔註42〕從第一章的敘述中已知道會支持革命黨的華商並不多，然而這少數支持革命派的華商一旦有所捐助，則其效用自然大過那些經濟狀況中、下之華僑或華工的捐輸。對此，林金枝等人即稱：「從捐款助餉來看，在人數上當然是華僑工人、勞動人民佔大多數，但從捐款的數額來看，多數款項都是由華僑資產階級捐助的，當時沒有任何一個階層或階級能超過他們

〔註41〕陳樹強，〈辛亥革命時期南洋華人支援起義經費之研究〉，《辛亥革命與南洋華人研討會論文集》，頁 251～253。

〔註42〕同上，頁 252、254～255。

在這方面做出的巨大貢獻。」〔註 43〕而這些支持革命派的資本家則包括：新加坡同盟會長陳楚楠、檳榔嶼的吳世榮、法國華僑張靜江和檀香山的鄧蔭南等人。〔註 44〕至於華商以外的其他捐款人士方面，郭景榮曾研究指出，辛亥革命時捐款的來源，多由洪門籌餉局、廣東保安會、福建保安會等團體而來，而且歐洲、日本、台灣、澳門和香港的留學生，都曾對此盡過心力。〔註 45〕

　　辛亥革命時期的華僑捐款，從上述可知，以香港、南洋地區所佔的比例最高。而有關南洋華僑在捐款上的表現，顏清湟也曾經對此做過研究，其指稱：「南洋華人對辛亥革命的最重要貢獻應當是在財力上。」〔註 46〕又言：

　　　　從革命黨人需款之殷，以及這些捐款如何用於革命，也許可以使我
　　　　們更瞭解南洋華人在推翻滿清中財力貢獻上的意義。武昌起義後，
　　　　革命黨人成功地占據了長江沿岸及沿海省份中的若干重要城市，建
　　　　立了他們的軍事政府；但是，如果沒有財政的支持，這些政府勢必
　　　　面臨失敗。南洋華人的捐款，即被用於建立及鞏固這些政府；以陳
　　　　其美領導的上海革命政府而言，一九一一年十一月，如果不是獲得
　　　　來自南洋五萬五千四百叻幣的捐款，就勢將瓦解。〔註 47〕

南洋華僑這一財力雄厚的特徵，在顏清湟的說明下，是更加地襯托出來。

　　各地華僑捐款支助辛亥革命的情形已如上述，然從當中亦可發現如墨西哥、秘魯等自清末以來即已有華工聚集之地，卻未見有捐款支助的記錄。是否該處華僑經濟著實相當困頓，而無法撥款支援祖國革命？或是受當地國政府的限制，不能參與祖國事務？抑是該二處之華工自清末以來，常因苛虐問題而請求清政府交涉，受祖國協助的機會較多，在立場上便較為支持清政府？這些都僅止於猜測，也可能真正的原因並不在此！然而由此亦可得知，所謂經濟狀況不佳之華工等僑民就會支持革命的說法，其實也未必盡然如此！

〔註43〕　李國梁、林金枝、蔡仁龍，《華僑華人與中國革命和建設》（福州：福建人民
　　　　　出版社，1993），頁 101。
〔註44〕　同上，頁 101～102。關於華商參與辛亥革命一事，蔣永敬指稱是在辛亥革命
　　　　　成功之時，華商才改變其對革命黨的態度，熱心支助革命事業。參考蔣永敬
　　　　　編，《華僑開國革命史料》（台北：正中書局，1989），頁 52～53。
〔註45〕　郭景榮，〈愛國華僑在經濟上對辛亥革命的支持和貢獻〉，《華僑論文集》第二
　　　　　輯（廣州：廣東華僑歷史學會，1982），頁 257～258。
〔註46〕　顏清湟，〈辛亥革命與南洋華人〉，頁 422。
〔註47〕　同上，頁 423。

　　討袁運動方面，據郭景榮整理《革命文獻》與《中國國民黨二十年史蹟》中華僑捐款數額的記載，估計從 1914 年 7 月至 1916 年 12 月，華僑共捐得日金七十四萬八千餘元、英洋一百一十萬餘元。其中重要的捐款地點，如美國、加拿大、荷屬各埠、新、馬、菲律賓、泰國、越南、緬甸、香港、日本、澳洲和南非等處。〔註 48〕可以發現，華僑捐款的僑居地範圍要比辛亥革命來得廣。

　　關於討袁一役時的捐款情形，有一現象足堪撰述，即是在南洋與美洲兩處僑界籌款上的差異。黃興在給譚人鳳的信中曾提到南洋多富有資本者一事，〔註 49〕是以一旦能得到華僑資本家的支持，則在工作的推動上將事半功倍。然而在美洲一地，情形則完全不是如此。據馮自由在美洲籌餉的經驗指稱：

> 美洲無大富之商家，吾國人在此地生活全靠工業，故吾黨在此籌款亦全靠工人，難得巨款以接濟內地軍事之用。惟此地亦有一特色，即使吾黨今次失敗，而每年均可籌款。蓋工資既厚，人皆可提出工資之一部為國事之用也。〔註 50〕

一般而言，美洲華僑與華工雖然在資財上沒有南洋華僑那樣富裕，但其在美國、加拿大這些生活水準頗高的地方工作，賺取強勢貨幣的美金，對於當時經濟困乏的國內人士而言，其收入所得已相當地高；且如馮自由所稱「工資既厚，人皆可提出工資之一部為國事之用」，是以其對於革命團體的小小捐輸，已是對整個革命運動的推動造成極大的助益。南洋多富有資本家的現象，自清末以來即是如此；而美洲華僑多任工職，也有長久之歷史。在討袁運動之前，這樣的情形雖然未變，但當討論華僑在該兩次革命的捐款情形時，海外僑界的這種區別，確是要留意的。

　　華僑的捐款，對於兩次革命之終能成功，其影響與所佔有的地位都相當地重要。清末時期，革命派在海外活動所需之經費，除了向華僑籌措外，別無他途。甚至清政府也開放讓華僑捐官，以補國庫之空虛，可見在當時能得到華僑資財的援助，對於彌補經濟上的困乏，確實非常重要。而民國成立後，財政狀況依然吃緊，在第二章的敘述中可以了解袁政府之極力和華僑建立良

〔註 48〕 郭景榮，〈愛國華僑的反袁鬥爭〉，《華僑論文集》第三集（廣州：廣東華僑歷史學會，1986），頁 223～227。

〔註 49〕 羅家倫主編，《黃克強先生年譜》（台北：中國國民黨黨史會，1973），頁 240。

〔註 50〕 〈馮自由致居正函〉，國民黨黨史會藏，上海環龍路檔案，檔號（環 8151）。

好關係，目的即在於能令華僑多購買公債、或行愛國捐獻。二次革命後，中華革命黨成立於海外，一切活動的經費又需從華僑而來；護國軍的起義，雖曾引起西南地區的響應，但正如其致函海外僑民所言，該地「庫儲無幾、民生困敝」，更希望海外華僑能予以金錢上的贊助支持；而袁世凱也因懼怕僑民被護國軍與中華革命黨所騙，時常致函海外或派遣宣慰使赴海外勸導，希望華僑能夠繼續支持政府！總而言之，一般的觀感在清末民初之際，國內是沒錢的，而海外僑界卻是多金的！國內政治團體向海外僑界募款以利活動的進行，本是最好的選擇。兩次革命運動中，主張討伐的勢力皆因從海外獲得僑民的捐輸而得以順利發展，最終的結果也都成功達成了革命的目的，是以華僑捐款對於革命的成功，應是有其重要的貢獻。

關於討袁一役中華僑的捐款問題，除了上述郭景榮的統計外，並沒有更進一步的研究與討論，因此華僑的捐款對於討袁之成功究竟有多大的助益也不得而知？然綜合上述各節所述，可瞭解在辛亥革命方面，捐款最多的地方是香港和新、馬；暹羅一地則並不熱衷！墨西哥、秘魯等地，則未發現有捐款之記錄，該二處華工人數眾多，何以未能參與捐款，原因並不詳。少數華商雖有支持革命派的情形，且一有捐輸則成效卓著，但是人數最多者，仍然是以經濟狀況中、下的一般華僑和華工為主；捐款的主要來源，則為洪門籌餉局、廣東保安會和福建保安會等團體。當時海外僑界因為以閩、粵兩籍之華僑居絕大多數，是以參與捐款者，亦以此二籍之僑民為主。討袁運動方面，經濟狀況中、下的一般華僑與華工，仍有捐款支持革命的情形；華商也多表示支持討伐帝制的態度，然其實際捐款數額與情形為何，則仍有待探究。捐款的地區，由於此時暹羅已有一萬八千餘日金、七千餘英洋的捐款，〔註51〕加上南非等地也都有所捐輸，故整個捐款的範圍要比辛亥革命時期來得寬廣。而在華僑籍貫方面，閩籍僑民對於捐款的活動，則有顯著抱持之消極態度。

二、從軍革命的貢獻

華僑從軍實際參與革命的例子亦不少。在辛亥革命一役，如新、馬華僑有五百餘人參加黃興所組織的「選鋒隊」（即「敢死隊」）；〔註52〕菲律賓有華

〔註51〕郭景榮，〈愛國華僑的反袁鬥爭〉，頁226。
〔註52〕林遠輝、張應龍，《新加坡馬來西亞華僑史》（廣州：廣東高等教育出版社，1991），頁285～286。

僑青年九百人歸國爲革命效力；〔註53〕印尼方面，組織有六十三人之決死團回國投效；〔註54〕日本則有華僑組織敢死隊共一百一十餘名，前往上海參加起義活動。其成員大都爲店員、學生和裁縫工匠等。〔註55〕同時並有留日學生組織之敢死團，回國參與杭州之起義。〔註56〕美洲方面，則有華僑組織飛機隊一事，並建議僱用美國機師回國參與革命。然因革命黨人缺乏航空知識，且華僑青年在美國飛機學校肄業者僅有二人，於是加入革命的計劃因而作罷。〔註57〕香港部分，有歸國僑工及現役外國商船海員等七十餘人，於武昌起義後，各自購置短槍械具回國加入革命。該批華僑到達上海後，又聯合華僑海員馬伯麟等二十餘人，組成「廣東華僑敢死隊」，下設三分隊，一切費用皆各自負擔，並曾隨黃興投入在漢陽一地的起義活動。〔註58〕此外，暹羅振興書報社員有三百餘人回國從軍，當中八十餘人加入了華僑炸彈敢死隊；而印度明新書報社，亦有劉鐵漢等二十餘人回國參加戰役。〔註59〕

　　由上可知各地幾乎都有華僑回國從軍，少則數十人、多則近千人不等。而華商金援革命者既已不多，願意回國實際從軍參與革命者自然更少，因此從軍者多是經濟狀況中、下的華僑階層。上述內容中，可以發現從軍者多爲店員、留學生、華工、海員和裁縫工匠等。此外，蔣永敬《華僑開國革命史料》一書中，亦有辛亥革命前南洋華僑之殉義表，可以作爲華僑從軍的判別參考。表中列了辛亥年間，參與黃花崗等役殉義之華僑共三十二人，內容詳述個別之籍貫、僑居地與職業，深具參考價值。筆者整理該表所述，可說明幾點現象如下：（1）該三十二名殉義者，皆爲廣東籍華僑。（2）該三十二名華僑中，僑居新、馬者有十七人、越南者十四人，另有暹羅華僑一人。（3）其職業爲工人者（含機器工人、印報工人、洋服工人與建築工人等），有十七人；商人（含商界人士）六人、學生（含留日學生）三人、教員二人、教士

〔註53〕黃滋生、何思兵，《菲律賓華僑史》（廣州：廣東高等教育出版社，1987），頁413。

〔註54〕溫廣益、蔡仁龍、劉愛華、駱明卿，《印度尼西亞華僑史》（北京：海洋出版社，1985），頁320。

〔註55〕羅晃潮，《日本華僑史》（廣州：廣東高等教育出版社，1994），頁298。

〔註56〕《華僑革命史》（下），頁277～278。

〔註57〕馮自由，〈旅美華僑組織空軍始末記〉，《革命逸史》第二集，頁309。

〔註58〕《華僑革命史》（下），頁284。

〔註59〕同上，頁287～288。

一人、報社記者一人、管帶一人，以及職業不明者一人。〔註 60〕是以華僑回國從軍參與革命的情形，由此更見明瞭。

　　在討袁運動方面，除第三章中有敘及留美華僑九百餘人回國加入護國軍之行列外，加入中華革命黨之軍事活動者更多，如第二章曾介紹美國有救國社、美洲華僑軍事研究社、民強學校、中國民智航空社、列活航空學校、美洲華僑義勇軍；加拿大成立有強華學校和華僑敢死先鋒隊；澳門亦有華僑決死團等團體百餘人回國參加起義；而日本則成立有華僑義勇隊與中華革命黨航空學校等。在討袁一役中，華僑回國實際參與革命者仍然不少，但似乎有個明顯的現象，即是南洋一帶的華僑以從軍方式來支持革命的者，反而減少了許多。孫文對於討袁一役雖然說過：「此次回國從軍之華僑，……其一部為活動於廣東方面，主由南洋英、荷、法領等地之華僑組織之，……」〔註 61〕但其亦言：「始僅組織決死隊十餘人，謝伯堯、羅金蘭主其事。攻擊肇和之役，死傷者幾半，……未幾，又以數十人往攻汕頭鎮守使署之役，……」〔註 62〕估計在廣東方面參加起義的華僑人數，最多亦是百餘人而已，與辛亥革命時期的熱烈景象相較，差距立判。〔註 63〕

　　有關華僑參與中華革命黨的軍事活動部分，美洲華僑義勇團等團體頗值

〔註 60〕　〈南洋烈士殉義表（辛亥前）〉，蔣永敬編，《華僑開國革命史料》，頁 294～297。另有李文甫、陳甫仁二人，分別為廣東籍之香港與新加坡華僑，然職業未知。參考《中國國民黨在海外（上篇）：海外黨務發展史料初稿彙編》（台北：中國國民黨中央委員會第三組編印，1961），頁 134。

〔註 61〕　〈民國五年通告華僑從軍經過及遣散情形函〉，胡漢民編，《總理全集》第三集，頁 285。

〔註 62〕　同上。1916 年 9 月 30 日，孫文在上海歡迎從軍華僑大會的演講上，雖說：「此次華僑歸國效力者，美洲、南洋、呂宋、安南各地皆有，比之第一次革命時僅得少數之人，可謂極盛。」但綜觀全篇講稿，可發現其講述的對象以及台下觀眾，都是美國與加拿大之華僑。孫文歡迎從軍華僑的演講大會，不可能會排除南洋華僑，而有僑居地之別；且歡迎從軍華僑的演講會，也只有這麼一場，是以回國從軍討袁者，南洋華僑應確是極少。參考〈總理演講：心堅則不畏大敵──民國五年九月三十日在上海歡迎從軍華僑大會演講〉，《革命文獻》第 5 輯，頁 620～624。

〔註 63〕　謝本書對於華僑參與討袁一役，結論稱：「以人力參加討袁，最多和最著名的首推前面講過的美洲華僑敢死先鋒隊及其飛機大隊。南洋華僑青年回國參戰的為數亦不少。」（參考謝本書，《護國運動史》（台北：稻鄉出版社，1999），頁 216）然在其書中，卻未能見作者舉出南洋華僑回國參戰的例子以為說明，或是確實敘述所謂「為數亦不少」的人數，究竟是若干？筆者以為此處應是作者為兼顧海外兩處重要僑居地之華僑貢獻的概略說詞。

一提。美洲華僑義勇團共有團員九十三人，其中爲粵籍華僑者有九十一人，其他二人之籍貫分別爲陝西與江西。〔註 64〕該義勇團後來加入中華革命黨東北軍，在山東濰縣等處活動。有關中華革命黨東北軍對整個討袁帝制的貢獻，郭廷以相當肯定地說：

> 袁無力迫令護國軍屈服，護國軍亦不易強袁退位，滇、黔、廣西力量有限，陸榮廷雖進兵湖南，而未能控有廣東，軍務院虛有其名，難有作爲，所幸反袁的勢力有了新的發展。中華革命黨居正得日人之助，以青島爲基地，五月，舉兵膠東，連佔膠濟鐵路沿線要地，攻擊濟南省城。陝西反袁軍同時起事，進入西安，山西將軍閻錫山暗與孫中山通，袁以北抗南的計劃動搖。〔註65〕

可見中華革命黨東北軍在當時對於袁世凱的軍事活動，發揮相當程度的牽制作用，而因華僑義勇軍納編爲中華革命黨東北軍之一支，故亦算是作出如上之貢獻。另外，如加拿大華僑敢死先鋒隊，共有隊員一百二十名；除六人未知籍貫外，其餘皆爲粵籍華僑。〔註 66〕該先鋒隊抵達祖國之前，袁世凱即已過世，因此未能發揮具體討袁的功效。但該隊仍被派往山東，留駐數月之久。〔註67〕

　　由上述的比較當中，可以發現幾個現象：（1）辛亥革命時，美洲和南洋都有華僑從軍加入革命；而討袁時，以從軍方式回國來參與祖國事務者，反而僅以美洲華僑爲主。（2）在僑民的籍貫方面，閩、粵兩籍的僑民對於武裝革命活動也有著不同的態度。支持革命活動的華僑，多以粵籍較爲積極與踴躍；而閩籍華僑，則較多採取消極態度來看待革命運動的現象。（3）參與武裝革命的華僑身份，仍以經濟狀況中、下的華僑或華工等爲主。（4）兩次革命中，皆有美洲華僑以飛機隊形式參與革命的例子。這顯示僑居地科學技術程度的差異，也會影響華僑回國參與革命的方式。此外，筆者認爲尚有一處現象足堪說明：辛亥革命時期，情勢對革命派而言，本即不利。革命派在籌劃每一次起義時，不但需要海外華僑金錢的捐輸，更需要華僑在人力上的參與。有金錢無人力、或有人力而無金錢的情況，都將使得起義活動一次又一

〔註64〕　〈中華革命軍華僑義勇團團員姓名錄〉，《革命文獻》第46輯，頁461～472。

〔註65〕　郭廷以，《近代中國史綱》（下冊）（台北：曉園出版社，1994），頁522。

〔註66〕　〈加屬華僑敢死先鋒隊隊員名冊〉，《革命文獻》第45輯，頁507～522。

〔註67〕　魏安國、詹森、雲達忠、簡建平、簡永堅著，許步曾譯，《從中國到加拿大》（上海：上海社會科學院出版社，1988），頁159。

次地籌劃下去。然而當討袁帝制時，由於國內已有一個護國軍在主導討袁之大局，是以華僑雖特義憤回國從軍，但就其數量、素質、軍力與護國軍相比擬，實是有限！固然美洲華僑義勇團所隸屬的中華革命黨東北軍，曾發揮了牽制袁軍的作用，但顯然華僑回國從軍，並非是在討袁上可以收到一定成效的貢獻方式。因此，在兩次革命運動中，其對於華僑回國從軍的倚賴程度，以及華僑從軍對整個革命運動的重要性而言，也就有此不同了！

　　要詳細敘述華僑回國參與革命的記錄並不容易，一來當時雖有華僑回國從軍，但對此之統計記錄卻不確實，後人欲對此加以研究即顯困難。再者，一些對回國從軍之華僑所留下名冊記錄，多半相當簡要，亦不能就其職業等項加以判別。其三，所留下來的記錄，以革命派、中華革命黨本身的活動為多，關於護國軍方面的記錄相當缺少，而此亦不能窺見華僑回國從軍的全貌。有關華僑回國從軍這方面的資料，或有筆者仍未能發現之處，日後如能加以蒐集整理，當更能呈現出華僑從軍的實際情形。

三、創辦報業的貢獻

　　辛亥革命時期，革命派在海外僑界所創辦的報紙，據《中國國民黨在海外》一書之記載，共有報紙三十種以及雜誌二十餘種等。香港方面，有《有所謂報》、《東方報》、《少年日報》和《人道新報》；暹羅有《華暹新報》和《華暹日報》兩種；緬甸一地有《仰光新報》、《光華報》、《進化報》與《全國公報》；新、馬地區有《光華日報》、《南洋總匯報》、《中興日報》、《星洲晨報》、《南僑日報》與《僑聲報》等六種，是僑界報紙最多的地區。另外，菲律賓一地有《民號報》與《公理報》；荷屬東印度一地刊行有《泗濱日報》；澳洲則有《警東新報》、《澳洲民國報》；檀香山方面，有《民生日報》、《自由新報》、《中華公報》與《大聲報》。美國舊金山刊有《少年中國報》，在紐約則有《民意報》。南美秘魯一地有《民醒日報》，而在加拿大則有《華英日報》和《大漢日報》。〔註68〕雜誌方面，以在日本發行者最多，有《民報雜誌》、《鵑聲》、《雲南》、《洞庭波》、《中國新女界》、《鐵券》、《醒獅》、《河南》、《天討》、《天義報》、《漢幟》、《大江報》、《四川雜誌》、《夏聲》、《江西》等十五份，約佔七成左右之比例。其他還包括在法國出刊的《新世紀報》、荷屬東印度的《華鐸報》、美國的《少年學社旬刊》、香港的《時事圖報》，以及不知出版地區的

《實報雜誌》、《熱誠》與《民議》等刊物。〔註69〕

由上述內容可知，各地皆有革命報紙發行，且以新、馬一地刊行報紙最多，惟獨日本一地沒有創辦；而在雜誌方面，幾乎全於日本創刊，反而新、馬一地未見有雜誌的發行。

在討袁運動時，僑界創辦報紙的情形已見於第二章，其中如香港的《大光報》、《現象報》、《中外新報》與《眞理報》；〔註70〕菲律賓刊行的《民號報》；緬甸的《覺民日報》；而在新加坡，則有《國民日報》。美洲部分，加拿大有《新民國報》與《醒華報》；美國則有《民國報》、《民氣報》、《紐約國民黨佈告錄》、《大同報》《少年中國晨報》和檀香山的《自由新報》；古巴亦有《民生報》之刊行。在澳洲一地，發行有《警東報》、《民國報》和前身爲《警東報》的《平報》。雜誌部分，日本方面出版了《民國雜誌》；美國舊金山則刊行有《民口雜誌》，是全美唯一之雜誌。〔註71〕而在上海的華僑聯合會，則有1913年創辦之《華僑雜誌》。該會會長爲革命黨人汪精衛，其政治立場是批評袁世凱政府、支持革命黨，因此《華僑雜誌》的內容，主要也是在批評袁政府對僑務的漠視，並報導華僑的各種消息。〔註72〕

此時海外僑界報紙、雜誌的份量，明顯少於辛亥革命時期：以香港和美國兩處的報紙較多，而新、馬地區僅有《國民日報》，變化最大；〔註73〕雜誌部分，則只有日本和舊金山兩處各發行一份刊物而已。有關此時報刊雜誌明顯減少的問題，筆者以爲在籌安會成立前，或與國民黨內部分裂及僑界人士可能並不認同國民黨發動二次革命，將其視爲叛亂行爲有關。如第二章中所述，僑界分別有支持袁政府、進步黨和歐事研究會之力量，而支持中華革命黨者只是一部份人士而已，當中有能力支持辦報者，當又更少。而在籌安會

〔註69〕同上，頁126〜129。

〔註70〕《大光報》與《中外新報》並不確定是中華革命黨所辦，但其內容則是主張討袁。參考《華僑革命史》（下冊），頁390；馮愛群《華僑報業史》（台北：臺灣學生書局，1976），頁19〜20。

〔註71〕《中國國民黨在海外（上篇）：海外黨務發展史料初稿彙編》，頁151。

〔註72〕李盈慧，《華僑政策與海外民族主義（一九一二〜一九四九）》（台北：國史館，1997），頁589。

〔註73〕楊進發稱由於中華革命黨是秘密結社，故在星、馬的政治活動與宣傳，不能或不敢公開，一些黨報也不敢宣揚倒袁或討袁運動。參考楊進發，〈辛亥革命與星馬華族的國民黨運動（一九一二〜一九二五）〉，《辛亥革命與南洋華人研討會論文集》，頁116。

成立後，因國內輿論與海外僑界皆已認識到不能容許變更國體之決議，是以
將金錢投入反袁帝制的活動，應是比資助辦報更能看到實際的效果。

　　一份報紙或雜誌的創辦與經營，除了需要經費外，還要有編輯、主筆等
諸多人才的匯集，以及僑界人士之購買閱讀，才得以維持下去。經費的部分，
由於對當時報社經濟來源的詳細記載相當缺乏，此處或可按華僑對革命派之
支持情形推測：在辛亥革命時，多出於經濟狀況中、下之華僑、華工等的贊
助；而討袁時，願意出資辦報者，除了上述這些較不富裕者外，應也有華商
人士的支助。而在編輯與主筆人士方面，首先，其必須是僑界當中受過教育
者方能勝任，其他僑民或有辦報熱忱、卻無相關知識者，亦無能為力。因此
在報業這一部分，可以發現擔任宣傳革命理念者，是以僑界知識分子的參與
為主。最後，在僑界人士購買閱讀的部分，則要考慮到僑民的經濟狀況、興
趣（或對祖國的關心）與閱讀能力。僑民有無金錢去購買報紙雜誌、或有錢
者是否會去購買報紙雜誌；僑民有無興趣關心祖國政局、或關心祖國政局者
是否就會藉由報紙來了解；僑民有無識字與閱讀報紙雜誌的能力、或有閱讀
之能力者是否會閱讀這些刊物？以上每一問題其實都是影響報刊發售的變
數，也是決定革命理念得以傳播與否的關鍵。顏清湟對於報紙等刊物之宣傳
效果，即曾說：

> 雖然報紙、書籍和雜誌是傳播革命真理的有效宣傳媒介。但是由於
> 華僑的特點，其效果還是有限的，因為眾多的文盲妨礙了革命思想
> 向社會的深入傳播，特別是深入到革命事業的真正力量所在的低層
> 群體中。許許多多出身於低層社會的青年的情況就是這樣。而且，
> 即使他們有閱讀能力，也因買不起書籍和報紙而受不到革命的影
> 響。為了解決這個問題，革命派建立了「書報社」和「劇團」，借以
> 進行宣傳。〔註74〕

僑界的報刊雜誌對於兩次革命理念的宣傳，應是有所助益的。然也因為這些
影響是無形的，無法統計到底有多少僑界人士是受到這些刊物的宣傳，因而
贊同革命理念、轉向支持革命運動。是以要進一步比較僑界報業在兩次革命
運動中，何者發揮之功效較大，恐亦將無法為之。

　　本章中，筆者共分三節來討論華僑參與辛亥革命與討袁運動兩者之異

〔註74〕顏清湟，〈華僑在辛亥革命中的作用〉，《海外華人史研究》（新加坡：新加坡
　　　　亞洲研究學會，1992），頁 93～94。

同。這樣的比較是一種新的嘗試，然也因當時對華僑的參與情形缺乏詳盡的
資料與記錄，有些項目只能是想當然爾、做一概括的論述，不免有美中不足
之憾！而有關華僑第一代（新客）與在當地生長之第二代、第三代（僑生）
在參與祖國事務上有何異同的表現，由於史料中少有華僑人名的記錄，且無
法有效掌握支持各派團體之華僑數額與身份，筆者遂不將其列入探討的項
目。他日相關學者若能從各僑居國的研究中，詳盡蒐集當地史料，進行整理，
屆時或能綜合各研究成果，而進一步明瞭兩代華僑在參與祖國國事上之異同
態度。

結　論

　　清末以來，由於清政府財政困頓，海外華僑又富有資產，清政府爲援引以濟國內財政，不但以往視華僑「通盜爲匪」、爲「漢奸、邊蠹」的觀念逐漸改觀，而且還修正對華僑的政策，包括遣使交涉華工苛虐問題，並令華僑可以捐官、回國投資等，可謂是主動拉近華僑與祖國的關係，而此後華僑對祖國事務之參與，也逐漸地頻繁起來。戊戌政變後，康、梁逃往海外，藉由組織保皇會，以宣揚維新改革的思想；然因海外原有孫中山之革命派在活動，主張革命、推翻滿清，兩派對於爭取華僑之支持，便如火如荼地展開，而僑界的政治立場也因而分裂爲二。民國建立，海外保皇與革命兩派爭執的局面漸息，而國內雖政黨林立，但對於維持共和體制皆有一定的共識，並無大歧異；加以華僑對於建立民國有功，對這一新生的祖國也頗爲珍惜，故僑界的政治立場大體上是一致的。然隨著袁世凱爲擴張自我權力所採取的刺殺宋教仁、五國大借款、罷免國民黨三都督等動作之後，便促使在國會中佔多數的國民黨發動二次革命以爲回應。二次革命失敗後，國民黨員皆遭通緝逃往海外，原來僑界立場一致的情形，也因而改變。由於民國成立前，僑界在政治立場上分裂的時期較長；民國成立之後，僑界立場趨於一致的時間，反而比較短，因此遂分別呈現有僑界長期分裂和短暫團結的現象。

　　二次革命失敗後，國民黨因內部意見不同而分裂，對討袁立場主張激進者組成以孫中山爲首的中華革命黨，主張緩進者則另外成立了歐事研究會，皆在海外活動，尋求僑界支持；加上海外又有梁啓超等進步黨勢力的活動，袁世凱政府也密集派遣宣慰使往海外拉攏華僑和華商，僑界便再次進入了逐鹿爭霸的局面。支持袁世凱政府的華僑，除了表現在捐款與購買公債外，亦

藉由電文要求袁政府能懲治主張革命的中華革命黨。中華革命黨由於有清末時期在海外活動的背景與基礎，在海外支分部機關和言論報刊的創辦上，不但數量多，而且活動也較有規劃！歐事研究會方面，以黃興在美國之活動較受華僑矚目與歡迎；南洋一帶，則以陳炯明和李烈鈞的發展較有成績，而且由於假借廣東水災之救濟活動，還曾得到華僑的捐款支持，對中華革命黨的活動造成相當大的阻撓。進步黨方面，因亦有清末時保皇派在海外發展、建立的基礎，南洋、美洲、澳洲等地，皆有不少支持進步黨的華僑力量。上述各派除了在僑界活動、籌款外，還間雜滲透、阻撓、分化等計策，彼此間相互牽制的情形，甚為激烈！由於各派在海外據有一方，擁有不少華僑支持者，代表著海外華僑並非是一個立場一致的群體。僑界裏不但組成份子複雜，各有其立場之考量，亦有不同的利益抉擇。因此在僑界政治立場形成分裂的過程中，筆者以為實不該皆將華僑視為被動的角色。

1915 年，隨著籌安會的成立，主張變更國體、施行帝制的聲音甚囂塵上。國內反對者，在雲南成立了護國軍，以作為討袁帝制的軍事大本營；而在海外，原對袁世凱有好感、不認同中華革命黨之革命主張者，在得知袁世凱確有稱帝野心後，不論支持進步黨、支持歐事研究會者，皆為維護共和而主張討袁。是以海外華僑的政治立場，此時又歸於一致。國內部分，進步黨、歐事研究會和中華革命黨，皆與護國軍有合作討袁的共識或活動；而海外僑界對於護國軍不但有捐款之資助，還有華僑回國從軍參與革命，而這部分是以參與中華革命黨之起義活動者為多。另外，華僑也致電反對唐紹儀、伍廷芳等人與護國軍調和停戰，勢必將袁徹底擊敗而後已。對於袁世凱退而求其次，希望繼續擔任大總統一職，華僑也致電反對，並不認為袁仍為中華民國之元首。再者，華僑對於促使廣東一地之獨立，以響應護國軍討袁運動，也有很大的貢獻。是以華僑在整個討袁運動過程中所扮演的角色，不僅是軍餉捐助者和從軍討伐者，亦是逼袁退位者、反對調停者、獨立宣傳者、民權主義者和國事建議者。

華僑對於討袁有如上之貢獻，然與辛亥革命一役相較時，華僑的態度與表現，則可見有諸多異同之處。首先，在對革命的看法上，辛亥革命是以民族主義相號召，而討袁運動則是在維護共和的民權主義。同時，當革命團體在宣傳革命理念時，固然有華僑捐款、從軍，不惜犧牲性命，但是也有一些華僑在選擇是否支持革命運動時，是以有無利益之回饋來作為考量的。他們

對革命運動的見解，是國家利益較重要？抑是個人私利爲優先？由此已可清楚判別。因此當我們在肯定華僑對革命成功的貢獻時，也要警覺是否過於將華僑的貢獻給泛論化？對於華僑的認識是否也認爲其是團結一致的群體，而忽略了其間的異質性？

其次，在華僑參與的身份方面，以財富等級而分，華僑參與辛亥革命、支持革命運動者，大多以一般華僑、華工、留學生等經濟狀況中、下者爲主；而經濟較富裕的華商，則多向清政府捐官、支持清政府；或者響應康、梁改良維新的主張，支持保皇派；只有極少數有支持革命派運動的情形。討袁運動時，除了原本支持革命的一般華僑、華工和留學生等，華商亦加入討袁運動，這是和辛亥革命一役最大不同的地方。然華商在討袁問題上，所抱持的謹愼、遲疑態度亦應注意。在僑鄉籍貫的比較上，辛亥革命時期，海外華僑原以閩、粵兩省者居多，因此參與革命運動亦以此二者僑民爲主。討袁運動時，因與辛亥革命僅相距五年，海外華僑的僑鄉籍貫分布情形並不至於有太大的改變，換言之，參與討袁之役的華僑，仍以閩、粵兩籍爲多，但是不同籍貫的華僑，此時對於討袁運動的態度，卻有很大的差別。粵籍華僑多半支持革命；而閩籍華僑富裕者雖多，卻對革命採取消極的態度。粵籍華僑所以多支持革命運動，或與革命領導者，如孫中山等人，多爲廣東籍有關；而這或許也是閩籍華僑認爲革命乃粵籍人士之事務，不願積極參與、介入的原因。惟二者相同之處，都是相當關心自己僑鄉的情況。是以在海外僑民數量中，分居兩大地緣群體的閩、粵兩籍僑民，因意見的不一致，確實影響了革命運動的規劃與步調，而整個起義行動，也因此無法一氣呵成。在以僑居地爲劃分的比較上，參與辛亥革命的華僑，主要集中在亞洲和美洲兩處。亞洲部分，如新加坡、馬來亞、安南、香港與荷屬東印度等；美洲方面，主要則是美國和加拿大兩地。而討袁一役中，除有南洋、美洲等處華僑的參與外，則又多了英國和南美厄瓜多華僑的活動記錄，因此在範圍上，是較大於辛亥革命時期。但兩役中，都分別有特別之僑居地僑民情形需要注意：如辛亥革命時，泰國華僑因爲當地政府的阻礙等因，限制了對祖國革命運動的參與和支援；而討袁運動時，則有韓國一地華僑，因爲職業與受教育與否之因素，對於祖國所發生之帝制問題，並無若干感觸。是以若就僑居地而言，其僑民對革命運動的反應，確實是各具特色。

最後，在華僑對革命運動的整體貢獻方面，華僑在辛亥革命時期的捐款，

共計三百九十四萬餘元，以香港和新、馬等南洋地區之華僑捐款數額最多，
暹羅一地則並不熱衷；捐款人員，多為閩、粵籍華僑，且以華工等經濟狀況
中、下者居多，資金亦多來自洪門籌餉局、廣東保安會、福建保安會等團體。
但墨西哥、秘魯等地，則未發現有捐款之記錄，該二處華工人數眾多，何以
未能參與捐款，原因並不詳。然此亦顯示所謂華工等僑民就會支持革命的說
法，其實也未必盡然！討袁運動時，由於多了暹羅和南非等地的華僑捐輸，
整個捐款的範圍要比辛亥革命時來得廣；但此時閩籍華僑對於捐款的態度，
卻顯得較為消極。南洋地區的華僑較多資本家，因此一旦能資助革命運動，
所發揮的功用皆相當大；而美洲華僑由於多任工人，所得難與南洋華商相比
擬，但因工資頗厚，且能固定撥款資助革命運動，對革命的貢獻也不能輕忽。
總而言之，兩次革命運動中，主張討伐的勢力皆因從海外獲得僑民的捐輸而
得以順利發展，最終的結果也都成功達成了革命的目的，因此華僑捐款對於
革命的成功，實有其重要之貢獻。

在從軍的部份，投身軍隊參與辛亥革命的華僑，以華商之外、經濟狀況
中、下的海外華僑為多，各僑居地的華僑參與情形皆相當踴躍，但多為廣東
籍之華僑。討袁運動時，以從軍方式參與革命的華僑，以美洲地區者為多，
南洋一帶則減少最多、變化最大。美洲華僑除有義勇團、敢死隊等組織外，
最特殊的就是飛機隊的成立。而以飛機隊的方式來參與祖國之革命運動，亦
顯示著僑居地工業科技的進步程度，確實影響了華僑從軍報國的方式。討袁
運動時，由於國內已有護國軍這個軍事大本營主導一切，華僑雖組織有義勇
團回國加入中華革命黨山東軍之活動，但就其數量、素質等，都難與護國軍
相比擬。是以華僑雖具從軍之熱忱，但此時以從軍方式所發揮的效用，與辛
亥革命時期相比，就不是那麼重要了。

在報業的創辦部份，辛亥革命時期，南洋、美洲、澳洲等地，都有報紙
的創辦，而數量較多者則是在南洋地區；雜誌部分，則以在日本創辦者最多，
南洋地區則只有香港、荷屬東印度有雜誌之發行。討袁運動時，海外僑界報
紙、雜誌的份量，已明顯少於辛亥革命時期：以香港和美國兩處的報紙較多，
而新、馬地區僅有《國民日報》，辦報的變化最大。雜誌部分，則只有日本和
舊金山兩處各發行一份刊物而已。關於此時報刊雜誌的發刊明顯減少的問
題，或與籌安會成立前，國民黨內部分裂及僑界人士可能並不認同國民黨發
動二次革命，將其視為叛亂行為有關。而在籌安會成立後，因國內輿論與海

外僑界皆已認識到不能容許變更國體之決議，是以將金錢投入反袁帝制的活動，應是比資助辦報更能看到實際的效果。

　　華僑這一群在海外生活的中國人，在中國近現代史上，不但有悲慘的移民辛酸史，也有光榮的革命建國史。悲慘的過去，可能早已被人遺忘；但光榮的革命建國功蹟，卻是因「華僑爲革命之母」一句話，而令人印象深刻。然而也因爲這種印象，華僑就自然而然地、也不知不覺地被視爲是一個團結一致、意見統一的群體，其中組成份子之複雜、追逐利益之思想等一般團體所具有的性質，彷彿也都不發生在華僑的身上。華僑革命建國的光芒，似乎遮蓋了它原本所具有的人性貪婪、自私與逢迎當道等性格，而被塑造成另一個純潔無瑕的典範形象！華僑在中國現代史上，對於革命建國、討袁帝制或對日抗戰等貢獻，著實應予以肯定，但是在歷史求眞的研究下，也應要客觀地來看待「華僑貢獻」的問題，在歷史上重新給予定位。

　　本文之寫作大多以原始史料爲依據，目的即在於能因此呈現出不一樣的時代背景與研究結果。從辛亥革命建立以至討袁帝制這段歷史可以發現：華僑並不團結！華僑的立場亦不一致！華僑是一個分歧的海外群體！「革命之母」當中有很多是反對革命運動的！「革命之母」當中有很多是排斥革命黨的！富有的華僑資本家大多是支持當政的袁世凱政府的！華僑「愛國」的行爲背後，常是有自身利益之考量的！總言之，華僑既是一群人，他們不完美是正常的；而他們有許許多多的差異與利益考量，亦屬人之常情。民初的華僑既不以其具有如此之性格爲忤，現在國人亦不必刻意去營造與維護「華僑爲革命之母」這般神聖、近似純潔無瑕的愛國形象。對革命有功、眞心爲革命奉獻的華僑，只是少部分而已。用「華僑爲革命之母」一句話來以偏概全，將華僑泛論化的作法，並不是一個正確的觀念。筆者以爲華僑既擁有祖國國籍，國家有難，本應戮力以赴，是爲義務！然當時多數視革命爲畏途、不參與革命運動的華僑（如多數的華僑資本家），於革命成功後，卻反而因此備受尊崇、坐享權益，對此情形確是值得商榷！是以將所有華僑視爲是一支團結、愛國群體的這種觀念，於今應要有所修正，而其對祖國貢獻的問題，亦是要客觀地來看待，才能眞正還諸歷史的本來面貌！

附錄：國內及華僑大事年表

分類 年代	中國國內大事	華僑及僑界相關事務
1860	10 月 24 日英法聯軍攻入北京，簽訂〈中英北京條約〉。 本年 湘軍破太平天國之江南大營。	本年 因〈中英北京條約〉第五款之規定，清政府准許華工出洋。
1872	本年 江南製造總局完成「海安」(宴)兵輪，長三十丈，馬力四百匹，砲三十六尊，被譽爲中國第一大船。清政府任命陳蘭彬、容閎爲經理留學事宜之正、副委員。《申報》於上海創刊。	本年 越南華僑在廣東南海創辦首家資本企業——繼昌隆繰絲廠。
1873	本年 慈禧太后撤簾，各國公使要求以客禮相待，總理衙門不再堅持跪拜。6 月 29 日，日本專使副島種臣首先進見，此爲中國皇帝初次以平等儀式接見外使。	10 月 14 日 秘魯頒布改善華工待遇法令。 本年 清政府派員赴古巴調查華工情況。英屬海峽殖民地頒布華人苦力移民法案。
1874	5 月 7 日 日本派西鄉從道爲「台灣番地事務都督」，率兵三千六百人，登陸台灣南端，實行襲擊，是爲「牡丹社事件」。	6 月 26 日 清政府與秘魯簽訂移民協約。
1875	2 月 21 日 英國翻譯馬嘉理於西南蠻允遇害，是爲中英滇案。 4 月 總理衙門採赫德之議，集中購船，統一指揮，向英國訂砲船四艘。 5 月 清政府授沈葆楨爲兩江總督、南洋大臣，與李鴻章分別督辦南、北洋海防，此爲中國興治新式海軍之肇始。 本年 日本佔領琉球，不許再向中國入貢。	本年 加拿大不列顛哥倫比亞省取消華人選舉權。清政府任命陳蘭彬爲出使美國、秘魯、西班牙正使，容閎爲副使。郭嵩燾擔任出使英國大臣。

1876	9月13日 中英煙台條約簽訂，主要內容爲昭雪馬嘉理事件、優待往來及通商事務，附款爲允英國派員入西藏探路。	3月 秘魯種植園契約華工暴動。 4月5日 美國舊金山白人舉行反華大會。
1877	本年 太平天國之亂平定。中葡協約成立，中國承認澳門永爲葡有，葡允協助中國徵收澳門煙稅。	本年 清政府與西班牙簽訂古巴華工條款。新加坡設立華民護衛司署。郭嵩燾出使英國。清政府於新加坡設立第一個領事館，由胡亞基擔任新加坡領事。
1881	本年 慈安去世。清政府從遊學委員吳嘉善之請，撤回留學生，李鴻章、容閎爭之亦無效。	12月10日 新加坡華文《叨報》創刊。
1887	本年 清政府所購之「致遠」、「靖遠」、「經遠」、「來遠」四快船，自英、德駛至中國。	本年 湖廣總督張之洞建議朝廷鬻官予海外華僑。
1888	3月13日 清政府宣示興建頤和園。 7月27日 慈禧太后懿旨，定明年2月歸政。 12月17日 北洋艦隊成立。	3月13日 出使美國大臣張蔭桓與美國訂〈限禁華工赴美條約〉六款（因各方反對，後未批准）。 10月1日 美總統批准限禁華工入境案。
1889	3月4日 光緒帝親政（慈禧太后歸政）。 12月29日 上海機器織布局開工。	12月 新加坡設立華人參事局。 本年 美國華僑在廣州創辦第一家商辦電燈公司。
1890	本年 中英「藏印條約」簽訂，錫金歸英國保護，重定錫金境界商務。	本年 薛福成出使英國，開始與英談判在南洋英屬各埠增設領事館之計劃。檳榔嶼設立華人參事局。
1891	本年 台灣台北至基隆鐵路完成。	12月23日 梁啓超於日本橫濱辦「清議報」，鼓吹保皇。
1892	7月23日 孫文畢業於香港西醫書院。	5月5日 美國繼續實施禁止華工入境的基亞里法案。
1893	11月 漢陽鐵廠成立，主要任務製造鐵軌與槍砲。 本年 台灣台北至新竹鐵路完成，共長六十英里。	本年 美國華僑在舊金山成立自助組織「衛良局」。古巴中華總會館成立。黃遵憲上書薛福成代向朝廷稟告，爲海外華人請命，請求豁免海禁，清廷允其所奏。
1894	6月 孫中山投書李鴻章，陳富強大計，主張人盡其才、地盡其利、物盡其用、貨暢其流。 本年 中日甲午戰爭爆發。	3月17日 清政府與美國續訂「限禁華工條約」。 11月 孫中山在檀香山創立興中會。

1895	4月17日 中日馬關條約簽訂，清政府將台灣割讓給日本，並承認朝鮮自主。 5月25日 「台灣民主國」成立，推唐景崧爲總統，年號「永清」，以示「永戴聖清」。 8月17日 《萬國公報》於北京創刊，12月16日改名爲《中外紀聞》。 10月 上海強學會成立。 11月 北京強學會成立。 本年 康、梁等「公車上書」；革命黨發動廣州之役。光緒革退軍機大臣孫毓汶、徐用儀；慈禧免職總署大臣汪鳴鑾長麟等。	5月 上海紳商反對與美再訂禁工新約，抵制報復運動發生。 7月 加拿大頒布華人移民法。 8月20日 紐西蘭惠靈頓華僑向議會遞交陳情書。 10月10日 新加坡怡和軒俱樂部成立。 12月 孫中山在日本橫濱建立興中會分會。 本年 日本大阪華南籍華僑成立大清南幫商業會議所。
1896	3月20日 清政府奏准設官郵政，中國新郵政正式成立。 6月3日 中俄同盟條約簽訂，允俄國於黑龍江、吉林接造鐵路，並可用此鐵路運兵、運糧，加速促進列強瓜分中國之危機。 本年 慈禧太后罷黜帝師翁同龢。	8月 清政府擬訂管理朝鮮華僑商人的華商條規。 本年 興中會在南非約翰尼斯堡建立分會。留學生開始赴日留學，僅十餘人。
1897	11月14日 德艦佔領膠州灣，奪據青島砲台。 12月15日 俄軍艦駛入旅順（聲言助清廷抗德，並云爲暫時停泊）。 12月29日 李鴻章詢俄使何日自旅順、大連退兵，俄使以膠州灣辦法反詰。	3月 新加坡中國好學會成立。 7月26日 法屬馬達加斯加頒布限制亞洲移民入境法令。 10月10日 泰國頒布針對華人私會黨的結社法。 12月 古巴中華總商會成立。 本年 日本長崎閩籍華僑成立福建會館。澳洲墨爾本洪門民治黨成立。
1898	1月29日 康有爲上「統籌全局疏」，主張中國變法宜取鑑日本，即行君主立憲制。 9月21日 戊戌政變。慈禧太后臨朝訓政，廢除新政，史稱「百日維新」。 9月23日 慈禧太后幽禁光緒帝於南海瀛台。	2月 日本華僑創建橫濱大同學校。 6月 西班牙政府同意中國在菲律賓設立臨時性領事館，由陳謙善代理。 6月29日 澳洲《東華新報》創刊。 8月 美國佔領馬尼拉，取代西班牙的統治。
1899	3月14日 毓賢任山東巡撫，義和拳受鼓舞，最爲猖獗。 12月6日 袁世凱任山東巡撫。 12月26日 清廷以山東民教不和，令巡撫袁世凱持平辦理。	1月 第一位駐菲領事陳綱（陳謙善之子）上任。 5月17日 新加坡《天南新報》創刊。 5月24日 清政府於廈門成立保商局。

		7月20日 康有爲在加拿大組織「保皇會」。 8月4日 日本實施內地雜居令，允許華僑進入內地經營手工業。 12月31日 梁啓超到檀香山（梁攜有孫文之介紹函，到後即設立保皇會，興中會會員多爲所惑）。 本年 保皇派在菲律賓卡維特建立支部，並於馬尼拉創辦《益友新報》。梁啓超在日本創立東京（高等）大同學校。日本神戶華僑同文學校創立。紐西蘭議會通過移民限制法案。
1900	3月20日 美國國務卿海約翰宣告列強均已贊成對華門戶開放主義。 6月 八國聯軍之役。 7月26日 唐才常於上海召開「中國議會」，宣布不承認清政府，舉容閎、嚴復爲正、副會長，成立「自立軍」。 10月22日 興中會惠州之役失敗。	1月14日 澳洲新南威爾士華僑成立保皇會。 6月26日 加拿大議會通過移民法。 8月17日 海峽英籍華人公會在新加坡成立。 本年 保皇會新加坡分會成立，邱菽園任分會會長。維新派（保皇會）在檀香山創辦《新中國報》。
1901	1月29日 慈禧以光緒之名義，正式頒布變法詔。 7月24日 總理各國事務衙門改爲外務部，並以奕劻爲總理大臣，王文韶爲會辦大臣。 9月7日 辛丑和約簽訂。	3月17日 荷屬東印度巴城中華會館、中華學校創立。 本年 澳洲聯邦議會通過移民限制法案。紐西蘭洪門致公堂成立。
1902	本年 清政府頒布學堂章程。准滿、漢通婚，勸漢人婦女除纏足積習。恢復拳亂時關閉之京師大學堂，設預備及速成科。蔡元培於上海創立愛國女學，爲中國人自辦最早之女子學堂。蔡元培、章炳麟、黃宗仰等人組織「中國教育會」。	1月1日 古巴《華文日報》創刊。 2月8日 梁啓超於日本橫濱創辦《新民叢報》。 2月 澳洲華文《愛國報》創刊。 4月29日 美國國會通過延長已有排華法案有效期法案。 5月15日 古巴頒布限制華人入境移民法。 9月 澳洲墨爾本華僑成立華裝斷髮會。 本年 澳洲《東華新報》改名爲《東華報》。美國在菲律賓實施限制移民法。

1903	本年 清政府制訂商律，籌劃工藝、路礦、農務公司，商部爲最早設立之新粲構。俄國經營的東清鐵路及南滿支路完成。張之洞創立南京兩江師範學堂。黃興、陳天華、宋教仁於湖南成立「華興會」；蔡元培、徐錫麟、陶成章等成立「光復會」。鄒容自日返國，刊行《革命軍》。	2月17日 日本華文月刊《浙江潮》在東京創刊。 3月 星洲書報社在新加坡成立。 8月 孫中山在日本創辦東京革命軍事學校。澳洲南威爾士華商會社成立。 9月15日 美國內華達州托諾帕市發生排華事件。 10月11日 美國波士頓發生排華事件。 本年 泰國華文《漢境日報》在曼谷創刊。加拿大議會通過華人移民法。美國對華工實施伯蒂倫罪犯辨認制度。
1904	1月 中央置學務大臣，各省置學務處。 2月12日 中國宣布劃遼河以東爲日俄戰爭之戰區。 3月11日 《東方雜誌》在上海創刊。 本年 湖北劉貞一等人成立「科學補習所」，與華興會相通。	3月12日 緬甸中華學堂創立。 4月 澳洲反華、反亞洲人聯盟在悉尼成立。 5月13日 清政府與英會訂保工章程。 7月 美國華僑展開剪辮運動。 8月 菲律賓馬尼拉中華總商會成立。 12月 美國紐約中華總商會成立。 本年 革命派《圖南日報》於新加坡發行。荷屬東印度三寶壟中華學校創立。馬來亞檳城中華學校創立。保皇會在美國紐約創辦《中國維新報》。革命黨人在夏威夷創辦《檀記新報》。印尼華僑張煜南、張鴻南兄弟，創辦潮汕鐵路公司。旅美華僑陳宜禧創辦新寧鐵路公司。
1905	5月 抵制美貨運動，在上海首先發動。 11月 中、日於北京會議東三省善後問題，日本要求追認其繼承俄國讓與之有關東北權利，並將範圍擴大。 本年 戶部銀行成立，後改爲大清銀行。	8月20日 革命黨人於東京舉行中國同盟會成立大會，推孫中山爲總理。 8月 澳洲第一次華人大會在墨爾本舉行。 11月26日 同盟會《民報》在東京發刊。 本年 革命派《南洋總匯報》於新加坡創刊。簡照南兄弟在香港創辦廣東南洋煙草公司。華僑集資創辦福建鐵路公司。

1906	9月1日 清廷下預備立憲之詔。 本年 清政府創辦暨南學堂。定女子學堂章程，限於師範及小學。商部改制爲農工商部及郵傳部。江南船塢自江南製造局分出，專造商船，爲清末重要之重工業。	4月6日 同盟會新加坡分會成立。 4月 同盟會仰光分會成立。 8月7日 同盟會吉隆坡分會成立。 8月 同盟會庇能分會成立。 10月21日 康有爲爲迎合立憲，宣布自明年起將保皇會籌備改組爲「國民憲政會」，繼又改名爲「中華帝國憲政會」，簡稱「帝國憲政會」。主張保皇並標舉運動憲政的目標，參加者以僑民爲主。 本年 孫中山首次到新加坡。美國波特蘭市領事館成立，委任當地富商花翎道衛梅伯顯爲名譽領事。美國加州大地震、火災，美國當局遺失所保存的華僑檔案資料，華僑趁此機會自報出生於美國，以取得公民資格。《南洋總匯報》落入維新派人士手中，改稱《南洋總匯新報》。康有爲與華商合股成立華墨銀行。
1907	5月27日 同盟會黃岡之役失敗。 6月13日 惠州七女湖之役失敗。 9月9日 清廷命外務部侍郎汪大燮、郵傳部侍郎于式枚、學部侍郎達壽分充出使英、德、日本考察憲政大臣。 9月17日 欽州之役失敗。 9月20日 清廷詔設資政院，派溥倫、孫家鼐爲該院總裁。 10月19日 清廷命各省督撫在省會速設諮議局。 12月8日 鎮南關之役失敗。	1月29日 清廷派內閣侍讀梁慶桂，赴美國各埠籌辦華僑興學事宜；又派法政科舉人董鴻褘，總理南洋各埠學務。 1月 暨南學堂在南京創立。 6月 楊度在東京成立「憲政公會」。 8月5日 加拿大種族主義者在溫哥華成立排斥亞洲人聯盟。 8月20日 革命黨《中興日報》於新加坡創刊。 10月17日 梁啓超等人在東京組織「政聞社」，發行《政論》雜誌。 10月22日 東京「憲政公會」會員提出要求速開國會，但無結果，是爲第一次海外請願運動。 本年 同盟會河內分會與巴達維亞分會成立。美國華僑團體向清政府遞交保皇會請願書。加拿大華文《大漢公報》在溫哥華創刊。

1908	1月 政聞社本部遷上海。 3月3日 政聞社公開宴請上海學界，鼓吹立憲。 5月3日 欽、廉之役失敗。 5月26日 河口之役失敗。 6月30日 上海「預備立憲公會」發起第一次大規模請願活動。 8月14日 清廷詔諭查禁政聞社，以遏民氣。 8月27日 清廷迫於輿論壓力，諭依憲政編查館、資政院會奏，明定九年召開議院之期，並頒布「欽定憲法大綱」、「九年預備立憲清單」，使請願運動暫得平息。 11月14日 光緒帝崩，溥儀入承大統。 11月15日 慈禧太后崩。	7月 康有為所主持的「帝國憲政會」，以亞、美、歐、非、澳等兩百多埠，各支部僑民名義，上書請願要求速開國會。此為第二次海外請願。 8月27日 緬甸華文《光華日報》在仰光創刊。 11月 美國內華達州雷諾市強行拆毀華埠。 本年 清政府擬訂華商辦理實業爵賞章程。荷屬東印度開始設立專供華人子女入學的荷文學校。日本橫濱中華商務總會與神阪中華商務總會成立。泰國客屬總會成立。毛里求斯華商公會成立。紐西蘭議會又通過移民限制法案。
1909	3月6日 清廷下詔宣示朝廷一定實行預備立憲、維新圖治之宗旨。 7月10日 外務部、學部會奏，以美國退還賠款，選派學生赴美留學，先在京師設游美學務處，附設肄業館。 9月29日 清廷從外務部奏，建游美肄業館於清華園（即清華大學前身）。 10月14日 各省諮議局開幕。 11月18日 各省諮議局代表會於上海，商請願國會事。	3月28日 清政府頒布〈中國國籍條例〉及〈國籍條例施行細則〉。 10月12日 游美學務處選派之第一批留學生，共計50名放洋。 11月 澳洲墨爾本中華夜校創立。 本年 緬甸中華商務總會在仰光成立。泰國中華總商會在曼谷成立。美洲同盟會總會於舊金山成立。大清僑民學堂在美國舊金山成立。加拿大溫哥華中華總商會成立。加拿大華僑創辦維多利亞中華學堂。紐西蘭惠靈頓中華會館成立。
1910	1月30日 各省諮議局代表請都察院代遞國會請願書，請求速降旨頒布議院法及選舉法。為諮議局領導的第一次請願運動。 2月12日 廣州新軍起義失敗。 6月27日 清廷降旨，俟九年籌備完全，再定期召集議院，而不准召開國會。此為諮議局領導的第二次請願。 11月1日 請各省督撫再度聯請立憲，為諮議局領導的第三次請願。	1月21日 美國在天使島設華人移民候審所。 2月14日 荷蘭頒布荷屬東印度籍民條例。 3月 孫中山在美國舊金山成立革命軍籌餉局。光復會在日本東京創辦機關報《教育今語雜誌》。 6月21日 俄國頒布僑民法，限制外僑進入遠東地區。 12月20日 《光華日報》於檳榔嶼創刊。 本年 加拿大維多利亞致公總堂成立。泰國華僑開展反增加人頭稅運動。

1911	1月11日 資政院閉會。其間議案，屢受清廷輕視而無效。各地主張立憲團體士紳，漸放棄堅持君主立憲之政見，轉向同情革命。 4月27日 黃花岡之役失敗。 5月8日 清廷頒布內閣官制。因各部長中以滿人爲多，且皇族又占五席，故時稱「皇族內閣」。 5月9日 清廷從盛宣懷奏宣告「鐵路國有」政策。 6月17日 四川鐵路公司召開股東大會，反對鐵路國有，群情激憤，齊赴督院請願。旋成立「保路同志會」，展開活動。 10月10日 革命黨武昌起義成功，創立民國始基。 10月29日 梁啓超主張利用北洋軍隊，挾持清廷召開國會，實行立憲，以緩和革命風潮。 10月30日 宣統帝下詔罪己，從資政院奏，立即起草憲法。 11月1日 清廷准內閣總理大臣奕劻辭職，以袁世凱繼任。 11月30日 蒙古活佛哲布尊丹八世實行獨立。 12月7日 清廷授袁世凱爲全權大臣，袁命唐紹儀爲總代表，赴南方討論大局。 12月28日 蒙古活佛自稱大蒙古帝國皇帝。 12月29日 各省代表在南京選舉孫中山爲中華民國第一任臨時大總統。	3月10日 秘魯華文《民醒日報》創刊。 5月8日 清政府與荷蘭簽訂領事條約。 6月26日 緬甸華僑興商總會在仰光成立。 10月11日 緬甸華僑成立籌餉局。 10月 美國華裔公民在舊金山創立金山土生會（同源會）。 11月26日 日本神戶華僑成立僑商統一連合會。 12月9日 日本長崎華僑成立僑商統一連合會。 本年 加拿大溫哥華、美國舊金山分別成立洪門籌餉局。美國洛杉磯中華會館成立。美國華僑於紐約成立中美協進會。馬來亞馬六甲設華民副護衛司署。荷屬東印度華僑學務總會成立。墨西哥托雷翁市大批華僑遭屠殺劫掠。秘魯華僑成立秘魯愛國會。澳洲墨爾本華僑成立少年中國會。
1912.1	1日 中華民國元年元旦。孫中山就任中華民國臨時大總統。	
1912.2	7日 臨時參議院起草「中華民國臨時約法」。 12日 清帝溥儀（宣統）下詔辭位，清政告終。 13日 孫文向臨時參議院辭臨時大總統，並薦袁世凱自代。 15日 參議院舉袁世凱爲第二任臨時大總統，政府仍設南京。	19日 荷屬爪哇泗水華僑升旗燃炮，慶祝民國成立，與荷警衝突，死三人、傷十餘人、被捕百餘人。當地華僑馳電南京政府與上海華僑聯合會，請求保護。 本月 南京外交部和北京外務部展開外交行動，處理爪哇排華事件，然結果未完滿解決。

	28 日 南京臨時政府以荷人虐殺華僑，正在交涉，因通告沿海各都督，禁止華人前往荷蘭屬地。 29 日 北京發生兵變。	
1912.3	8 日 參議院通過〈中華民國臨時約法〉。 10 日 袁世凱在北京就第二任臨時大總統。	19 日 孫總統令外交部禁絕販賣豬仔，保護華僑。 本月 孫文任命沈懋昭赴南洋，勸導僑民興辦實業，並招募中華實業銀行股份。華僑聯合會成立於上海。
1912.4	1 日 孫總統公布〈參議院法〉。孫總統發布解任令。 2 日 孫文在南京交卸臨時大總統。參議院議決臨時政府遷北京。	1 日 荷屬東印度開始征收新客入境稅。 18 日 駐荷外交代表電告泗水華僑交涉案議結辦法。 27 日 荷屬婆羅洲華僑譚亞萬與巫人衝突，被荷警槍斃。
1912.5	4 日 孫中山在廣州演講平均地權。 7 日 參議院議決國會採兩院制。 9 日 共和黨成立，黎元洪為理事長。 14 日 參議院議決以五色旗為國旗。	本月 上海華僑聯合會電請袁政府取消廈門徵收回國華僑入口稅問題。
1912.6	21 日 袁世凱與英、美、法、德、俄、日銀行團開議善後大借款條件。 25 日 袁世凱電各省都督闢謠，重申不使君主政體重見於中國之宣言。 （傳袁將帝制）	本月 小呂宋華僑發生檢查疫症之屈辱事件。
1912.7	29 日 袁世凱公布〈勳章令〉，此令未經提交參議院議決。	13 日 駐美代表電稱美政府改訂待遇華工新律。 26 日 澳洲宣布新訂華僑來澳章程。 本月 外交部訂定〈僑商回國請領護照簡章〉。
1912.8	1 日 袁世凱聘請英國莫理遜博士為政事顧問。 10 日 袁世凱公布〈中華民國國會組織法〉、〈參議院議員選舉法〉、〈眾議院議員選舉法〉。 13 日 中國同盟會發布改組為國民黨宣言。 25 日中國同盟會聯合統一共和黨、國民公黨、國民共進會、共和實進會正式改組為國民黨。	3 日 菲律賓華文《公理報》創刊。 本月 中國第一個地方僑務機構——福建暨南局成立。中國共和黨美洲支部於舊金山成立。

1912.9	3 日 國民黨理事黃興、宋教仁等七人函推孫文爲理事長，嗣由孫文委宋教仁代理。	23 日 財政部擬定〈國民捐獎勵章程〉。
1912.10	8 日 梁啓超自日本神戶抵天津。 20 日 梁啓超抵北京，出席共和黨歡迎會（旋任共和黨理事）。 27 日 共和建設討論會、國民協會、共和統一會、共和促進會國民新政社合併爲民主黨，湯化龍被推爲幹事長。 30 日 梁啓超於北京出席國民黨歡迎會（月初梁在天津時，國民黨曾請其入黨）。	9 日 袁世凱公布〈外交部官制〉，規定外交總長職務爲：管理國際交涉及關於居留外人並在外僑民事務，保護在外商業，以及監督外交官及領事官。 10 日 外交部宣布澳洲待遇華僑新章。 該年秋 公布各部官制，其中內務部民政司掌理國籍、戶籍、人民移殖等事項；工商部商務司管理遣派駐外商務委員、及關於僑商事項；外交部交際司管理核准本國官民收受外國勳章事務，外政司處理本國人出籍入籍事項，通商司掌理保護在外僑民工商事項，庶政司處理遊歷遊學、在外本國人之民刑法律事項。
1912.11	3日 俄國與外蒙簽訂「俄蒙協約」。 9 日 駐京俄使以「俄蒙協約」通告袁政府。 26 日 袁世凱令各省都督、民政長，嚴懲倡言革命匪徒（訓令第四號）。	6 日 袁世凱通令各省保護回籍商民。 18 日 袁政府公布〈國籍法〉，以血統主義爲主，以出生地主義爲輔。
1912.12	8 日 公布〈參議院議員選舉法施行細則〉（教令第十二號）。	11 日 袁政府布告保護歸國僑民（布告第三號），要求各省官員認眞保護華僑，並嚴懲藉端需索，意存侵害者。 15 日 袁總統任命張振勳往南洋考察商務，並聯合僑商籌辦內地開埠事宜。 本月 教育部公布〈讀音統一會章程〉，欲實行於華僑教育界。
1913.1	10 日 袁世凱發布國會召集令，限當選議員於三個月內齊集北京。	15 日 中美續訂清華學堂留美學生借款十八萬五千元。 23 日 孫中山函鄧澤如，請爲中華銀行招股本，進謀開辦中西合資銀行，以抵制六國銀行。 本月 財政部公布〈修正國民捐獎勵章程〉。南洋華僑組織「祖國救財團」。

1913.2	4 日 洪述祖電上海應桂馨，刺宋教仁事已得袁世凱贊可。 19 日 袁政府公布民國元年〈六釐公債條例〉，以二萬萬元為定額。 24 日 梁啟超正式加入共和黨。	10 日 第一屆國會之華僑參議員選舉於北京舉行，選出唐瓊昌等六人，皆為國民黨人。 23 日 東京中國留學生歡迎孫中山。 本月 陳嘉庚創辦之集美小學校開學。
1913.3	20 日 前農林總長宋教仁在上海被刺。 22 日 宋教仁被刺身亡。 25 日 孫文抵上海，與黃興、陳其美、居正、戴傳賢等會商應付宋案辦法，主張起兵討袁，黃興主待法律解決。	13 日 孫中山在日本神戶對華僑及國民黨員演講「努力為國」及「黨爭乃代流血之爭」。 本月 英國公使致函外交部，反對英籍華人選舉中國國會代表。
1913.4	8 日 中華民國第一屆國會開幕（參眾兩院中，國民黨籍議員均超過半數）。 26 日 袁世凱與五國銀行團訂立善後大借款二千五百萬英鎊（美國退出）。 29 日 參議院決議政府違法大借款為無效。 30 日 袁世凱宣布善後大借款成立。	3 日 巴西承認中華民國。 15 日 國民黨之《國民雜誌》，在東京出版。 本月 財政部僉事李心靈與日本華僑吳廷奎，分赴日本，南洋募集債票。日本華僑發生輪船遭扣留事件，要求政府處理。
1913.5	3 日 袁世凱明令痛詆第二次革命之密謀，嚴捕圖謀內亂黨徒。 20 日 外交部與俄使議定解決蒙事條文六款，俄承認外蒙為中國領土，中國允外蒙自治，不駐兵殖民。 29 日 共和黨、民主黨、統一黨合組為進步黨，以與國民黨對抗，舉黎元洪為理事長，梁啟超等為理事。	2 日 美國承認中華民國，墨西哥承認中華民國。 4 日 古巴承認中華民國。 5 日 秘魯承認中華民國。 本月 新加坡、澳洲與檀香山部分華僑，電舉袁世凱為中華民國第一任正式大總統。
1913.6	9 日 江西都督李烈鈞被袁世凱免職。 14 日 廣東都督胡漢民被免職。 30 日 安徽都督柏文蔚被免職。	25 日 袁世凱派徐勤、姚梓芳為華僑宣慰使。
1913.7	12 日 李烈鈞在江西湖口舉兵討袁。（二次革命開始） 15 日 黃興入南京，要求都督程德全宣布，獨立組織革命軍。 17 日 安徽宣布，獨立柏文蔚入安徽組織革命軍。 18 日 廣東都督陳炯明宣布獨立。 23 日 前臨時總統孫中山籌辦全國鐵路全權被免除。 31 日 袁命國民黨於三日內宣布將黃興、李烈鈞、柏文蔚、陳炯明、陳其美除名。	28 日 澳洲新南威爾士中華商務總會急電北京政府，要求斥責二次革命叛亂分子與鎮壓叛亂。 本月 教育部公布〈捐資興學褒獎條例〉。

1913.8	3 日 國民黨以袁威迫，將李烈鈞、黃興等五人除名。	14 日 袁政府任命劉冠雄兼爲南洋巡閱使、雷震春爲南洋巡閱副使。
1913.9	1 日 二次革命完全失敗。 11 日 以熊希齡爲總理之「第一流人才內閣」成立。	1 日 緬甸《覺民日報》創刊，主張討袁。 20 日 中、英兩國簽訂英屬北婆羅洲招殖華民章程及招殖華民條款。 27 日 孫文在日本東京籌組中華革命黨，王統、朱卓文等五人首立誓約。
1913.10	4 日 憲法會議宣布大總統選舉法。 6 日 國會選舉袁世凱爲中華民國正式大總統。 7 日 國會選舉黎元洪爲中華民國正式副總統。 10 日 正式大總統、副總統就職。 15 日 袁世凱以北京總檢察廳名義通緝孫文及二次革命首要黃興、陳其美、李烈鈞、張繼、柏文蔚等人。	6 日 日斯巴尼亞等十三國駐京公使，致文外交部承認中華民國。 26 日 袁世凱任命劉垣爲工商次長，原任向瑞琨免職，派往南洋考察華僑商務事宜。
1913.11	4 日 袁世凱下令解散國民黨，撤銷國民黨籍之國會議員資格者三百五十餘人，國會自此不足法定人數，遂陷停頓狀態。 5 日 中俄換文，俄國承認中國在外蒙的宗主權，中國承認外蒙的自治權，是爲「中俄協約」。 12 日 國務院奉大總統令，取消各省議會國民黨籍議員資格。 13 日 國會停發議事日程。	3 日 袁世凱公布〈國籍法施行規則〉（教令三十八號），共十五條。 本月 《華僑雜誌》於上海創刊。
1913.12	29 日 政府以經濟支絀，思商借法款。	1 日 革命派於日本東京成立「浩然廬」，專門培養軍事幹部。 22 日 教育部公布〈領事經理華僑學務規程〉。 25 日 袁政府任命夏偕復爲駐美國特任全權公使兼充古巴國特任全權公使。 31 日 任命戴陳霖爲駐日斯巴尼亞國特任全權公使兼充駐葡萄牙國特任全權公使。任命陳籙爲駐墨西哥國特任全權公使。任命劉式訓爲駐巴西國特任全權公使兼充駐秘魯國特任全權公使。

1914.1	10日 袁世凱正式宣布停止參眾兩院現有議員職務，解散國會。	16日 外交部電駐外各公使，希商該政府取締亂黨煽惑僑民斂錢購械，並驅逐首要，解散會從。 該年 袁政府設立內國公債局，以處理借債事宜。發行六厘新華儲蓄票，向華僑招募。
1914.2	19日 袁任命梁啓超為幣制局總裁。 20日 袁准梁啓超辭去司法總長一職。 22日 廣州灣商民以法人抽收華人身稅，呈請政府向法使交涉。 28日 袁世凱下令解散各省議會。	6日 公布〈僑民子弟回國就學規程〉。 9日 革命派於東京成立「政法學校」，專門培養政治幹部。
1914.3	18日 約法會議開會。	
1914.4	2日 袁世凱公布〈報紙條例〉，間接施行報禁。	14日 去年九月，發生於直隸昌黎縣日兵槍斃華僑一案（昌黎案），交涉解決。
1914.5	1日 袁世凱公布新的中華民國約法，廢止民國元年三月十一日之臨時約法，改國務總理為國務卿，特任徐世昌為國務卿。	4日 外交總長呈請任命駐箚各國總副領事：胡維賢為駐新加坡總領事、楊書雯為駐坎拿大總領事、陸是元為駐海參崴總領事、林同實為駐古巴總領事、劉毅為駐小呂宋總領事、馮祥光為駐巴拿馬總領事、徐善慶為駐金山總領事、王守善為駐橫濱總領事、富士英為駐朝鮮總領事、桂埴為駐紐絲綸總領事、沈成鵠為駐仰光領事、林軾垣為駐溫哥華領事、林潤釗為駐薩摩島領事、楊毓瑩為駐紐約領事、伍璜為駐檀香山領事、稽鏡為駐神戶領事、張鴻為駐仁川領事、柯鴻烈為駐釜山領事、許同范為駐新義州領事、馬永發為駐元山副領事、張國威為駐甑南浦副領事。 10日 孫文命胡漢民、居正、戴季陶等創辦之《民國雜誌》於東京發刊。章士釗所辦之《甲寅雜誌》在東京出版。
1914.6	20日 參政院開幕，梁啓超被任為參政員之一。	3日 孫文致函黃興希望勿妨礙討袁計劃。 15日 孫文致書陳新政暨南洋同志，論組織中華革命黨之意義。 23日 中華革命黨在日本東京舉行選舉大會，出席八省代表選舉孫文為總理。

		27日 親袁保守派曾宗鑒被任命爲駐澳洲中國總領事。
1914.7	3日 政府開始交付德、英、荷、俄、美、義、奧七國，直接賠償辛亥革命時各國之損失。	6日 美洲三藩市民國維持總會開辦成立。 8日 中華革命黨在日本東京開成立大會，孫文宣誓就任總理。黃興自日本啓程赴美國，鄧家彥、李書城等偕行。 9日 黃興等抵檀香山。 15日 黃興等抵舊金山。 18日 外交部電駐美公使夏偕復請美外部取締黃興在美活動。 28日 歐洲大戰（第一次世界大戰）爆發。 29日 孫中山致書南洋洪門同志，論中華革命黨以服從黨魁命令爲唯一條件。
1914.8	3日 袁世凱令查禁張繼、李烈鈞、居正、張人傑等所設之「人權急進社」。公布民國三年〈內國公債條例〉。 6日 中國公布局外中立條規，於歐戰中宣布中立。	12日 各國承認中國在歐戰中維持中立。 15日 美國歐伯林大學中國留學生創立「勤學會」（時袁世凱裁留學生公費，學生設此會謀自助，意里諾大學留學生應之。1916年8月15日改爲「中國學生公讀會」）。 23日 中華革命黨通告黨員個人不得自由行動。
1914.9	8日 中、俄、蒙三方代表於恰克圖會商。	1日 中華革命黨發布宣言，聲明自本黨成立之日，海內外所有之國民黨，一律改組爲中華革命黨。 17日 袁政府申令考驗留學外洋畢業生，凡留學外洋，曾在大學或專門學校畢業，領有博士學士文憑者，均應於歸國後，逕赴政事堂公所報名，詳加考驗，以覘學識而備任使。 22日 袁總統令撥銀三萬元，賑恤自歐回國之閩省華工。 本月 李烈鈞、陳炯明乘廣東水災之際，組織中華水利公司。 是年秋 李根源發起組織「歐事研究會」於日本東京。

1914.10	27 日 保定軍官學校第一期學生畢業，袁世凱以大總統名義發給文憑。公布〈立法院組織法〉及〈立法院議員選舉法〉。	22 日 海軍留日學生吳建等十九人，前以畢業回國，由監督每人給發川資一百元。當中有數人要求增加，遂各發三百元遣歸。事爲海軍部軍法司長所聞，遂於該生赴部考試時，羈留十八人（其中一人因未赴考），開海軍軍法會議審判，處以監禁十二年者三人，其餘均各處不等監禁之刑。
1914.11	10 日 德人讓渡青島與日本。 16 日 日本正式接管青島。	25 日 孫中山與宋慶齡在日本結婚。
1914.12	29 日 袁政府公布修正之「大總統選舉法」，定大總統任期十年，且得連任。	8 日 鄧澤如在檳榔嶼勸陳炯明、李烈鈞加入中華革命黨未遂。 13 日 菲律賓華僑教育會在馬尼拉成立。 19 日 中華革命黨黨務部通告海外黨員，非有總理孫中山之委任，不得交款。 30 日 袁政府公布〈修正國籍法〉，規定中國人的養子也具有中國國籍，而中國人爲外國人的養子並不喪失中國國籍。
1915.1	18 日 日本公使日置益向袁世凱提出二十一條要求（共五號），並請保守秘密。 20 日 日使日置益正式向外交部致送二十一條要求。	5 日 國民黨人鍾榮光、謝英伯之《民氣週報》在紐約發刊，鼓吹討袁世凱。 22 日 日本時事新報論「日華兩國之親善」，謂不許以日本土地爲革命黨之策源地。
1915.2	2 日 中日開始談判二十一條交涉。 12 日 袁世凱任命梁啓超爲政治顧問。 17 日 中國洩露二十一條要求全文。	1 日 中華革命黨通告黨員，預防袁世凱之離間手段，及不宣誓入黨之舊黨員對孫中山之詆評。 2 日 孫文委林森爲美洲支部長，馮自由爲副部長。 11 日 東京中國留學生大會反對二十一條要求。 12 日 袁政府公布〈修正國籍法施行規則〉。 25 日 黃興、陳炯明、柏文蔚、鈕永建、李烈鈞通電否認假借外力，圖謀革命，聲稱當謹守繩墨，不危及邦家。（後熊克武、林虎、李根源等亦有相同表示。） 該年 福建省公布〈保護回國華僑辦法五條〉。

1915.3	12日 公布國民會議組織法。 19日 袁世凱召開對日會議，段祺瑞主強硬。	10日 孫文命黨務部揭發日本二十一條要求交涉眞相，通告黨員積極討袁。 30日 孫文致書旅美之黃興，詳論二次革命失敗原因，促其早日東歸，再事合作。
1915.4	1日 袁政府公布民國四年〈內國公債條例〉，債額二千四百萬元。 26日 中日交涉續開，日本提出修正案二十四條。	10日 外交部因華僑日增，爲了便於聯絡，乃規定華僑區域。分別有：（1）荷屬爪哇、蘇門答臘、婆羅洲、西里伯。（2）英屬之新加坡、麻六甲、霹靂島、檳榔嶼。（3）緬甸之仰光。（4）印度之加里格達。（5）法屬之安南。（6）暹羅之盤谷。（7）美屬之菲律賓。（8）澳洲之新金山。 本年 袁政府發行內國公債，派人赴南洋、歐美勸募。
1915.5	9日 袁世凱承認日本最後通牒。 25日 袁世凱與日本簽訂二十一條協定。	24日 中華革命黨致書洪門會，勸仍以全體加入同盟，將原來團體重新改組，服從完全主義。
1915.6	7日 中、俄、蒙古簽訂恰克圖條約，外蒙自治。 9日 中日新約正式發表。庫倫取消獨立。 22日 袁世凱公布〈懲辦國賊條例〉。	17日 東京《朝日新聞》刊布袁世凱否認帝制之談話。 18日 僑美波士頓華民以該處施行苛例，電請政府向美政府交涉。
1915.7	3日 參政院推梁啓超、嚴復、楊度等十人爲憲法起草委員。 5日 馮國璋向北京報界宣布袁世凱否認帝制之談話。	4日 美洲總支部在舊金山召開全美各埠國民黨同志懇親大會。 8日 駐京日使以我國近頒懲辦國賊條例中，有禁華人與外人締結契約一條，指爲與合辦事業有礙，特向外交部提出抗議。 11日 袁總統任命顧維鈞爲駐墨西哥特命全權公使。 本月 美洲軍事研究社成立於美國貝市，社長爲馮自由。
1915.8	14日 楊度、孫毓筠、嚴復、劉師培等六人承袁世凱意旨，發起「籌安會」，鼓吹帝制，推楊度爲理事長。 15日 蔡鍔訪梁啓超於天津，商反對帝制。 23日 「籌安會」正式成立，帝制運動揭幕。	3日 全美各埠國民黨同志懇親大會結束。 19日 福建設立廈門工藝廠，收容回國華工，授以技能，得免失所。 本月 廣東省亦公布〈保護回國華僑條款〉七條。

1915.9	3 日 梁啓超發表〈異哉所謂國體問題者〉一文，反對帝制。中、英兩國代表於倫敦舉行西藏會議。 6 日 袁大總統在代行立法院發表對於變更國體之宣言。 9 日 肅政廳呈請取消籌安會。 11 日 雲南唐繼堯召集軍官會議，準備反對帝制。 15 日 陳獨秀主辦之《青年雜誌》在上海創刊。 16 日 內務部呈復限制籌安會。 19 日 北京發起「全國請願聯合會」，推定沈雲霈爲會長，那彥圖、張鎭芳爲副會長，請願變更國體。 20 日 代行立法院建議召集國民會議解決國體問題。	6 日 外交部抗議俄在山東、滿州招募華工。 18 日 孫文以袁世凱帝制陰謀公開暴露，命居正通告海內外同胞，聲罪致討。 30 日 孫中山派胡漢民、楊庶堪赴菲律賓；鄧鏗、許崇智赴南洋各埠，籌討袁軍餉。
1915.10	7 日 帝制派之朱啓鈐、梁士詒等密電各省長官及國民代表，應明白推戴袁世凱爲皇帝。雲南軍官二次會議，決以武力反對帝制。 11 日 李根源、程潛、鈕永建、林虎、陳獨秀、熊克武、冷遹離日赴滬，策劃討袁。 15 日 「籌安會」改組爲「憲政協進會」。	15 日 荷屬東印度頒布入境居留條例。 17 日 留日學生監督兼東京籌安會秘密支部負責人蔣士立遭殺害。 19 日 黃遠庸在美國舊金山被刺身亡。 25 日 孫文致書舊金山美洲總支部長林森，囑就近洽辦接納在美之保皇黨事。 28 日 日、英、俄、法勸告袁政府展緩變更國體。
1915.11	3 日 雲南軍官第三次會議，續商反對帝制事。 11 日 外交部通知日、英、俄、法四國公使，變更國體已爲大多數國民所決定，中國政府當選一適當時機，謹慎將事。 21 日 梁啓超請辭參政。	3 日 法國公使康蒂訪外交總長陸徵祥，勸告展緩變更國體。 4 日 駐京日使向外交部要求解釋國體問題之答覆。 11 日 日、英、俄、法向袁政府提出變更國體能否延期之質問。 12 日 駐京義國代理公使勸告袁政府展緩變更國體，以免內亂。
1915.12	5 日 陳其美與蔣中正、吳忠信等在上海策動肇和兵艦起義。 12 日 參政院以「國民代表大會」總代表名義，一再推戴袁世凱爲「中華帝國皇帝」；袁氏乃接受勸進，允僭帝位。 15 日 袁政府申令處分肇和兵艦暴動事。	14 日 黃興致電美國駐華公使，請勿贊成袁世凱稱帝。 18 日 黃興自紐約致函國內友人，慨陳袁氏罪惡並贊助討伐計劃。

	23 日　雲南將軍唐繼堯、巡按使任可澄，致電中央政府擁護共和。 25 日　雲南起義，唐繼堯、蔡鍔、李烈鈞等成立護國軍，聲討袁世凱。 29 日　唐繼堯致書孫中山，盼號召討袁。 31 日　袁世凱宣布改明年為「洪憲元年」。	
1916.1	1 日　雲南都督唐繼堯誓師討袁。 6 日　革命黨人佔博羅河源，攻惠州，鄧鏗攻奪九龍附近稅關（均陳炯明主持，陳與柏文蔚、林虎、李烈鈞、熊克武、譚人鳳等在新加坡組織「水利促進社」，謀在西南諸省舉事，帝制事起，陳炯明自任廣東都督，謀驅龍濟光，共分十路十八支隊。） 27 日　貴州護軍使劉顯世等，宣告貴州獨立。	9 日　進步黨東京分部通電反對帝政。 28 日　梁啓超派周善培自上海赴日本，晤犬養毅（梁初擬自往，謀借款購械，未果）。
1916.2	22 日　陸榮廷之代表唐紹慧及唐繼堯之代表李宗黃晤梁啓超於上海，邀梁赴廣西。	20 日　外交部奏准設英屬北婆羅洲總領事。 本月　法國招山東華工七百人赴法，支援一次大戰。
1916.3	10 日　袁政府公布洪憲元年〈六釐內國公債條例〉，債額二千萬元。 13 日　廣西將軍陸榮廷、桂林鎮守使陳炳焜及梁啓超等，電請袁世凱即日辭職。孫中山令居正速在山東起事，占領濟南。 15 日　廣西宣告獨立，陸榮廷、陳炳焜等贊助共和。 17 日　袁世凱召見梁士詒，商撤消帝制。 22 日　袁世凱被迫申令撤銷帝制，仍以總統自居，任徐世昌為國務卿，以圖收拾局勢。 23 日　袁世凱廢止洪憲年號，仍以本年為中華民國五年。 26 日　護國軍提停戰條件，要求袁世凱立即退位。 27 日　袁世凱愧憤成疾。 28 日　廣東欽、廉兩州宣布獨立。 30 日　廣東潮汕宣布獨立。	4 日　梁啓超自上海乘日船密赴香港轉廣西，湯叡、藍公武、蔣方震、吳貫因黃群等同行。 7 日　日本閣議決定建立在華霸權，推翻袁世凱，承認中國南北兩軍為交戰團體，默許人民援助南軍討袁。 11 日　李根源、楊永泰訪梁啓超於香港，商與岑春煊合作。 16 日　梁啓超得自香港密抵越南海防（即赴廣西）。

1916.4	2 日 參政院撤銷國民總代表名義及其決定之君主國體案。 6 日 粵官商士紳迫使廣東將軍龍濟光宣布獨立。 12 日 浙江宣布獨立。 16 日 江蘇江陰獨立。 18 日 江蘇吳江獨立。 27 日 孫中山自日本返上海。	
1916.5	1 日 兩廣都司令部成立於肇慶，舉岑春煊爲都司令、梁啓超爲都參謀，公布宣言，不分黨派省籍，一致討袁。孫中山電岑贊同其主張。 8 日 護國軍都軍務院正式成立於肇慶，推唐繼堯爲撫軍長，岑春煊爲撫軍副長，梁啓超爲政務委員長。西南局面遂聯成一氣聲勢大振。孫文在上海宣言，與各方協同一致討袁，尊重約法。 9 日 陝南鎮守使陳樹藩宣告獨立。 18 日 陳其美在上海被刺。 22 日 四川宣告獨立。 23 日 孫中山電命居正、田桐、朱執信等與討袁各派協同進行，並另電岑春煊約束濟軍，泯息內爭。 29 日 袁世凱宣布帝制案始末。湖南宣告獨立。	14 日 惠民公司經理梁汝成與法國軍部代表陶履德簽訂招募華工合同，赴歐參戰（共二十餘萬人）。 本月 黃興由美返日。
1916.6	6 日 袁世凱死，年五十八歲。	

徵引書目

一、檔案史料

1. 〈三藩市民國維持會林森上總理函〉，國民黨黨史會藏，上海環龍路檔案，
   檔號（環 8057）。

2. 〈中華革命黨總務部致軍事部函〉，國民黨黨史會藏，一般史料，檔號
   （393/58.4）。

3. 〈中華革命黨黨務部通告第四號〉，國民黨黨史會藏，一般史料，檔號
   （393/81）。

4. 〈仲致某某函〉，國民黨黨史會藏，上海環龍路檔案，檔號（環 1254）。

5. 〈江岑侯等致中華革命黨總務部函〉，國民黨黨史會藏，上海環龍路檔案，
   檔號（環 4869）。

6. 〈呂南上總理函〉，國民黨黨史會藏，上海環龍路檔案，檔號（環 7738）。

7. 〈李心鏡致陳其美函〉，國民黨黨史會藏，上海環龍路檔案，檔號（環
   7748）。

8. 〈咄咄可醜可憐可誅寡廉鮮恥之泗水華人總商會〉，國民黨黨史會藏，一
   般史料，檔號（407/13）。

9. 〈邱繼顯致居正函〉，國民黨黨史會藏，上海環龍路檔案，檔號（環 7343.1）。

10. 〈南洋籌餉代表龔振鵬古直致華僑父老書〉，國民黨黨史會藏，一般史料，

檔號（400/73）。

11. 〈夏重民上總理函〉，國民黨黨史會藏，上海環龍路檔案，檔號（環 2679）。

12. 〈孫洪伊等代表進步黨誓除國賊之布告〉，國民黨黨史會藏，一般史料，檔號（400/186）。

13. 〈留日學生對外宣言書〉，國民黨黨史會藏，一般史料，檔號（400/188）。

14. 〈翁筱生上總理函〉，國民黨黨史會藏，上海環龍路檔案，檔號（環 7975）。

15. 〈區愼剛等上總理函〉，國民黨黨史會藏，上海環龍路檔案，檔號（環 8024）。

16. 〈許崇智宋振上總理函〉，國民黨黨史會藏，上海環龍路檔案，檔號（環 7370）。

17. 〈陳家鼐上總理函〉，國民黨黨史會藏，上海環龍路檔案，檔號（環 7299）。

18. 〈陳新政上總理函〉，國民黨黨史會藏，上海環龍路檔案，檔號（環 4835）。

19. 〈陳新政上總理函〉，國民黨黨史會藏，上海環龍路檔案，檔號（環 7988）。

20. 〈陳新政上總理函〉，國民黨黨史會藏，上海環龍路檔案，檔號（環 8055.1）。

21. 〈陳鐵伯致居正函〉，國民黨黨史會藏，上海環龍路檔案，檔號（環 8110）。

22. 〈華僑聯合會致各書報社函〉，國民黨黨史會藏，一般史料，檔號（385/2）。

23. 〈進步黨領袖孫洪伊致各省當局電〉，國民黨黨史會藏，一般史料，檔號（400/38）。

24. 〈馮自由上總理函〉，國民黨黨史會藏，上海環龍路檔案，檔號（環 7991）。

25. 〈馮自由致居正函〉，國民黨黨史會藏，上海環龍路檔案，檔號（環 8151）。

26. 〈黃國民上總理函〉，國民黨黨史會藏，上海環龍路檔案，檔號（環 5046）。

27. 〈黃漢興上總理函〉，國民黨黨史會藏，上海環龍路檔案，檔號（環 7865）。

28. 〈楊昭雅上總理暨國會議員函〉，國民黨黨史會藏，上海環龍路檔案，檔號（環 7300）。

29. 〈蔣士立被刺案之餘聞〉，國民黨黨史會藏，上海環龍路檔案，檔號（環 8926）。

30. 〈鄧家彥上總理函〉，國民黨黨史會藏，上海環龍路檔案，檔號（環 7989）。

31. 〈澳洲支部黃右公等致馮自由函〉，國民黨黨史會藏，上海環龍路檔案，

檔號（環 8292）。

32. 〈盧耀堂上總理函〉，國民黨黨史會藏，上海環龍路檔案，檔號（環 8041.1）。

33. 〈總務部審查簿〉，國民黨黨史會藏，一般史料，檔號（395/99）。

34. 〈藍磊上總理函〉，國民黨黨史會藏，上海環龍路檔案，檔號（環 6183.2）。

35. 〈饒潛川等上總理函〉，國民黨黨史會藏，上海環龍路檔案，檔號（環 6183.1）。

36. 《民國日報鈔稿》第一冊（1916 年 1 月 24 日），國民黨黨史會藏，一般史料，檔號（373/9.1）。

37. 《君憲紀實》（全國請願聯合會印行，1916）。

38. 《美洲國民黨佈告錄》第 18 期（1915 年 10 月 30 日），國民黨黨史會藏，上海環龍路檔案，檔號（環 7616）。

39. 《美洲華僑軍事研究社同袍錄》，國民黨黨史會藏，一般史料，檔號（395/42）。

40. 《留日學界僑商宣言》（1915 年 9 月 15 日），國民黨黨史會藏，一般史料，檔號（400/148）。

二、公報、史料選輯

1. 《中國國民黨在海外（上篇）：海外黨務發展史料初稿彙編》（台北：中國國民黨中央委員會第三組編印，1961）。

2. 《政府公報》（1912～1916 年）（北京：中華民國政府印鑄局發行。台北：文海出版社，1971）。

3. 《革命文獻》第 45 輯、第 46 輯、第 47 輯、第 48 輯（台北：中國國民黨黨史會編印，1969）。

4. 《革命文獻》第 5 輯、第 6 輯（台北：中國國民黨黨史會編印，1958）。

5. 《革命文獻》第 65 輯（台北：中國國民黨黨史委員會，1974）。

6. 《國父全集》第三冊（台北：中國國民黨黨史會編印，1981）。

7. 《臨時公報》，（1912 年）（台北：中國國民黨黨史會，1983）。

8. 《臨時政府公報》（1912 年）（南京：臨時政府印鑄局印行。台北：中國國民黨黨史會，1968）。

9. 《護國軍紀事》第 1 期、第 2 期、第 4 期、第 5 期（台北：中國國民黨黨史史料編纂委員會，1970）。

10. 中國社會科學院近代史研究所中華民國史研究室、中山大學歷史系孫中山研究室、廣東省社會科學院歷史研究室合編，《孫中山全集》第 3 卷（1913～1916）（北京：中華書局，1984）。

11. 中國國民黨黨史會編，《李烈鈞先生文集》（台北：中國國民黨黨史會編印，1981）。

12. 李希泌、曾業英、徐輝琪編，《護國運動資料選編》（上、下）（北京：中華書局，1984）。

13. 周元高、孟彭興、舒穎雲編，《李烈鈞集》（上、下）（北京：中華書局，1996）。

14. 周康燮編，《護國運動》（香港：崇文書局，1973）。

15. 胡漢民編，《總理全集》第三集（上海：上海書店，1990）。

16. 徐有朋編，《袁大總統書牘彙編》（台北：文星書店，1962）。

17. 梁啟超，《飲冰室文集》第 3、11 冊（台北：中華書局，1983）。

18. 陳新政，《陳新政遺集》（下）（出版社及出版日期不詳）。

19. 曾業英編，《蔡松坡集》（上海：上海人民出版社，1984）。

20. 黃遠庸，《遠生遺著》（下冊）（台北：文星出版社，1962）。

21. 蔣永敬編，《華僑開國革命史料》（台北：正中書局，1989）。

22. 鄧澤如，《中國國民黨二十年史蹟》（上海：正中書局：1948）。

23. 駱惠敏編，《清末民初政情內幕──《泰晤士報》駐北京記者袁世凱政治顧問喬・厄・莫理循書信集》下卷（1912-1920）（上海：知識出版社，1986）。

24. 羅家倫主編，《黃克強先生全集》（台北：中國國民黨黨史委員會：1973）。

三、日誌、年譜、回憶錄、報紙、雜誌

1. 《大公報》（天津：大公報社），1912 年～1916 年。

2. 《叻報》（新加坡：叻報社），1912 年～1916 年。

3. 《申報》（上海：申報社），1912 年～1916 年。

4. 《東方雜誌》（上海：東方雜誌社），1912～1916 年。

5. 《盛京時報》（瀋陽：盛京時報社），1912 年～1916 年。

6. 《華字日報》（香港：華字日報社），1912～1913 年、1915～1916 年。

7. 《順天時報》（北京：順天時報社），1912 年～1916 年。

8. 李根源，《雪生年錄》，收入沈雲龍主編，《近代中國史料叢刊》第二輯（台北：文海出版社，1966）。

9. 李雲漢，《黃克強先生年譜》（台北：中國國民黨黨史會編印，1973）。

10. 柏文蔚，〈五十年經歷〉，《近代史資料》1979 年第 3 期（1979）。

11. 張繼，〈回憶錄〉，《國史館館刊》1：2（1969.6）。

12. 郭廷以編著，《中華民國史事日誌》第一冊（台北：中央研究院近代史研究所 1979）。

13. 陳定炎，《陳競存（炯明）先生年譜》（上冊）（台北：桂冠出版社，1995）。

14. 陳演生編，《陳競存先生年譜》，出版社及出版日期不明。

15. 楊克已編，《民國康長素先生有爲梁任公先生啟超師生合譜》（台北：臺灣商務印書館，1987）。

16. 楊家駱主編，《梁任公先生年譜長編初稿》中冊（台北：世界書局，1958）。

17. 楊愷齡撰編，《民國黃克強先生興年譜》（台北：臺灣商務印書館，1981）。

四、工具書

1. 曾伊平、陳麗娘編，《華僑華人研究文獻索引（1980～1990）》（廈門：廈門大學出版社，1994）。

2. 曾伊平編，《華僑華人研究文獻索引（1991～1995）》（廈門：廈門大學出版社，1998）。

五、專著

1. Chalmers Johnson 著，郭基譯，《革命：理論與實踐》（台北：時報出版社，1997）。

2. 千家駒編，《舊中國公債史資料（一八九四～一九四九年）》（北京：中華書局，1984）。

3. 丌冰峰，〈清末革命與君憲的論爭〉（台北：中央研究院近代史研究所，1980）。

4. 尹俊春著，李新、李宗一主編，《中華民國史》第二篇第一卷（1912～1916）下（北京：中華書局，1987）。

5. 王瑋琦，《中華革命黨之研究》（台北：正中書局，1982）。

6. 王賡武，《中國與海外華人》（台北：臺灣商務印書館 1994）。

7. 左舜生，《中國近代史四講》（香港：友聯出版社，1962）。

8. 吳鳳斌編，《東南亞華僑通史》（廈門：廈門大學出版社，1994）。

9. 吳慶棠，《新加坡華文報業與中國》（上海：上海社會科學院出版社，1997）。

10. 李守孔，《民初之國會》（台北：正中書局，1992）。

11. 李盈慧，《華僑政策與海外民族主義（一九一二～一九四九）》（台北：國史館，1997）。

12. 李國梁、林金枝、蔡仁龍，《華僑華人與中國革命和建設》（福州：福建人民出版社，1993）。

13. 李喜所、元青，《梁啓超傳》（北京：人民出版社，1995）。

14. 李劍農，《中國近百年政治史》（台北：臺灣商務印書館，1992）。

15. 李學民、黃昆章，《印尼華僑史》（廣州：廣東高等教育出版社，1987）。

16. 沈殿成主編，《中國人留學日本百年史（1896～1996）》（上冊）（瀋陽：遼寧教育出版社，1997）。

17. 林金枝、莊爲機，《近代華僑投資國內企業史資料選輯（廣東卷）》（福州：福建人民出版社，1989）。

18. 林金枝編著，《近代華僑投資國內企業史資料選輯（上海卷）》（廈門：廈門大學出版社，1994）。

19. 林遠輝、張應龍，《新加坡馬來西亞華僑史》（廣州：廣東高等教育出版社，1991）。

20. 俞辛焞編，《黃興在日活動秘錄》（天津：天津人民出版社，1998）。

21. 洪喜美，《李烈鈞評傳》（台北：國史館，1994）。

22. 唐德剛，《晚清七十年（五）：袁世凱、孫文與辛亥革命》（台北：遠流出

版社，1998）。

23. 孫哲，《獨裁政治學》（台北：揚智出版社，1995）。

24. 徐松榮，《維新派與近代報刊》（太原：山西古籍出版社，1998）。

25. 徐義生編，《中國近代外債史統計資料（1853～1927）》（北京：中華書局，1962）。

26. 張玉法，《中國現代政治史論》（台北：東華書局，1995）。

27. 張玉法，《中華民國史稿》（台北：聯經出版社，1998）。

28. 張玉法，《民國初年的政黨》（台北：中央研究院近代史研究所，1985）。

29. 張玉法，《清季的立憲團體》（台北：中央研究院近代史研究所，1971）。

30. 張玉法，《清季的革命團體》（台北：中央研究院近代史研究所，1982）。

31. 張朋園，《梁啟超與民國政治》（台北：漢生出版社，1992）。

32. 張桓忠，《上海總商會研究》（台北：知書房出版社，1996）。

33. 莊國土，《中國封建政府的華僑政策》（廈門：廈門大學出版社，1989）。

34. 郭廷以，《近代中國史綱》（上、下）（台北：曉園出版社，1994）。

35. 陳匡民編，《美洲華僑通鑑》（紐約：紐約美洲華僑文化社，1950）。

36. 陳樹強，《國父革命宣傳與華僑革命行動》（台中：武陵出版社，1985）。

37. 陶緒，《晚清民族主義思潮》（北京：人民出版社，1995）。

38. 麥禮謙，《從華僑到華人——二十世紀美國華人社會發展史》（香港：三聯書店，1992）。

39. 彭澤周，《近代中國之革命與日本》（台北：臺灣商務印書館，1989）。

40. 彭懷恩，《民國初年的政黨政治——政治發展角度的觀察》（台北：洞察出版社，1989）。

41. 湯志鈞，《康有為傳》（台北：臺灣商務印書館，1997）。

42. 華僑革命史編纂委員會，《華僑革命史》（下）（台北：正中書局，1986）。

43. 馮自由，《革命逸史》第二集、第三集（台北：臺灣商務印書館，1969）。

44. 馮自由，《革命逸史》第四集（台北：臺灣商務印書館，1978）。

45. 馮愛群，《華僑報業史》（台北：臺灣學生書局，1976）。

46. 黃昆章，《澳大利亞華僑華人史》（廣州：廣東高等教育出版社，1998）。

47. 黃建淳，《晚清新馬華僑對國家認同之研究——以賑捐、投資、封爵為例》（台北：中華民國海外華人研究學會，1993）。

48. 黃滋生、何思兵，《菲律賓華僑史》（廣州：廣東高等教育出版社，1987）。

49. 黃毅編，《袁氏盜國記》（台北：文星書店，1962）。

50. 楊國標、劉漢標、楊安堯，《美國華僑史》（廣州：廣東高等教育出版社，1989）。

51. 楊進發著，姚南、陳立貴譯，《新金山——澳大利亞華人 1901～1921 年》（上海：上海譯文出版社，1988）。

52. 溫廣益、蔡仁龍、劉愛華、駱明卿，《印度尼西亞華僑史》（北京：海洋出版社，1985）。

53. 葉夏聲，《國父民初革命紀略》（台北：孫總理侍衛同志社，1948）。

54. 賈士毅編，《民國財政史》正編下冊，（台北：臺灣商務印書館，1962）。

55. 鄒魯，《中國國民黨史稿》（台北：臺灣商務印書館，1976）。

56. 僑務委員會僑務研究室，《華僑愛國自動捐獻》（台北：僑務委員會，1969）。

57. 劉家林編著，《中國新聞通史》（上冊）（武昌：武漢大學出版社，1995）。

58. 謝本書，《護國運動史》（台北：稻鄉出版社，1999）。

59. 顏清湟，《出國華工與清朝官員——晚清時期中國對海外華人的保護（1851～1911 年）》（北京：中國友誼出版公司，1990）。

60. 顏清湟，《海外華人史研究》（新加坡：新加坡亞洲研究學會，1992）。

61. 顏清湟著、李恩涵譯，《星、馬華人與辛亥革命》（台北：聯經出版社，1982）。

62. 魏安國、詹森、雲達忠、簡建平、簡永堅著，許步曾譯，《從中國到加拿大》（上海：上海社會科學院出版社，1988）。

63. 羅晃潮，《日本華僑史》（廣州：廣東高等教育出版社，1994）。

六、論文

1. 王志宇，〈歐事研究會初探（1914～1916）〉（台中：東海大學歷史研究所碩士論文，1992）。

2. 王賡武，〈海外華人與民族主義〉，《孫文與華僑——紀念孫中山誕辰130周年國際學術討論會論文集》（神戶：財團法人孫中山紀念會，1997），頁 5-19。

3. 任貴祥，〈辛亥革命時期的華僑報刊〉，《華僑華人歷史研究》第 4 期（北京：中國華僑華人歷史研究所，1997），頁 74～80。

4. 吳文星，〈順天時報——日本在華宣傳機構研究之一〉，《國立台灣師範大學歷史學報》6（1978.5），頁 389～438。

5. 吳倫霓霞、莫世祥，〈粵港商人與民初革命運動〉，《近代史研究》總第 77 期（1993.9）頁 210～211。

6. 吳素惠，〈「盛京時報」之研究〉（台中：中興大學歷史研究所碩士論文，1995）。

7. 呂芳上，〈二次革命後國民黨孫、黃兩派的政治活動（一九一三～一九一七）〉，《黃興與近代中國學術討論會論文集》（台北：政治大學歷史所編印，1993），頁 160～193。

8. 呂芳上，〈中華革命黨的討袁宣傳〉，《中華學報》6：1（台北：中華學報社，1979），頁 173～196。

9. 李天健，〈國民黨在護國討袁中的歷史地位〉，《雲南文獻》26（1996.12），頁 21～25。

10. 李守孔，〈中華革命黨與護國軍〉，《中華學報》2：1（1975.1），頁 111～144。

11. 李守孔，〈民初之政黨、國會與黨爭〉，《傳記文學》34：1（1979.1），頁 19～22。

12. 李守孔，〈南洋華僑與討袁運動 1914-1916〉，《兩次世界大戰期間在亞洲之海外華人國際研討會論文集》（香港：香港中文大學，1987），頁 421～444。

13. 李侃、李占領，〈護國時期的唐繼堯與孫中山、梁啓超〉，《民國檔案》1995年第 3 期（1995.8），頁 71～78。

14. 李盈慧，〈民初政局與僑界籌款〉，《華僑與孫中山先生領導的國民革命學術研討會論文集》（台北：國史館，1997），頁 343～360。

15. 李恩涵，〈辛亥革命前革命派與維新派在新、馬的思想論戰〉，《珠海學報》15（1987.10），頁114～122。

16. 李國梁，〈南洋閩籍華僑與辛亥革命運動〉，《華僑與孫中山先生領導的國民革命學術研討會論文集》（台北：國史館，1997），頁225～240。

17. 李雲漢，〈中華革命黨的組黨過程及其組織精神〉，《孫中山先生與近代中國學術討論集》第二冊（台北：孫中山先生與近代中國學術討論集編輯委員會，1985），頁279～302。

18. 李雲漢，〈黃興的晚年（1914～1916）〉，胡春惠、張哲郎主編，《黃興與近代中國學術討論會論文集》（台北：政治大學歷史研究所，1993），頁41～60。

19. 李道緝，〈泰國華人國家認同問題（1910～1945）〉（台北：政治大學歷史研究所博士論文，1999）。

20. 李達嘉，〈袁世凱政府與商人（1914～1916）〉，《中央研究院近代史研究所集刊》27（1997.6），頁93～135。

21. 周震鱗，〈關於黃興、華興會、和辛亥革命後的孫黃關係〉，收於左舜生，《黃興評傳》（台北：傳記文學出版社，1981），頁175～184。

22. 周樹人，〈袁世凱時期的內憂外患〉，《現代中國軍事史評論》第 4 期（1988.2），頁75～99。

23. 松本英紀著，王曉華譯，〈中華革命黨和歐事研究會──第二次革命後孫文和黃興的革命觀〉，《民國檔案》1990年第3期（1990.8），頁107～112。

24. 洪喜美，〈李烈鈞與討袁護國運動〉（上），《近代中國》40（1984.4），頁191～209；〈李烈鈞與討袁護國運動〉（下），《近代中國》41（1984.6），頁229～244。

25. 胡漢民，〈南洋與中國革命〉（下），《藝文志》17（1967.2），頁11～15。

26. 張玉法，〈黃興與孫中山之關係〉，《黃興與近代中國學術討論會論文集》（台北：政治大學歷史研究所，1993），頁118～159。

27. 張守常、刑克斌，〈民國初年梁啓超反對帝制復辟的鬥爭〉，《近代史研究》總第18期（1983.1），頁224～240。

28. 張朋園，〈維護共和：梁啓超之聯袁與討袁〉，《中央研究院近代史研究所

集刊》3（下冊）（1973），頁 377～396。

29. 張朋園，〈進步黨之結合與權力分配〉，《中華民國史料研究中心十周年紀念論文集》（台北：中華民國史料研究中心，1979），頁 279～303。

30. 梁義群、丁進軍，〈袁世凱統治時期的財政〉，《民國檔案》1991 年第 1 期（1991.2），頁 95～101。

31. 許文堂，〈孫中山在法國的革命活動和黨務組織〉，《華僑與孫中山先生領導的國民革命學術研討會論文集》，頁 571～587。

32. 郭景榮，〈愛國華僑在經濟上對辛亥革命的支持和貢獻〉，《華僑論文集》第二輯（廣州：廣東華僑歷史學會，1982），頁 229～283。

33. 郭景榮，〈愛國華僑的反袁鬥爭〉，《華僑論文集》第三集（廣州：廣東華僑歷史學會，1986），頁 193～227。

34. 陳天民，〈林森與民國政治〉（台北：政治大學歷史研究所碩士論文，1998）。

35. 陳志讓，〈洪憲帝制的一些問題〉，《中華民國初期歷史研討會論文集 1912～1927》（上冊）（台北：中央研究院近代史研究所，1984），頁 5～32。

36. 陳樹強，〈辛亥革命時期南洋華人支援起義經費之研究〉，《辛亥革命與南洋華人研討會論文集》（台北：辛亥革命與南洋華人研討會論文集編輯委員會，1986），頁 238～272。

37. 黃昆章，〈澳、加華僑對孫中山先生領導的革命運動的貢獻〉，《從落葉歸根到落地生根——世界華人研究文集》（廣州：暨南大學出版社，1999），頁 174～196。

38. 黃慶雲，〈華僑對廣東光復和反袁鬥爭的貢獻〉，《華僑論文集》第三輯（廣州：廣東華僑歷史學會，1986），頁 228～249。

39. 黃馥生，〈辛亥革命前後緬甸華僑籌餉活動〉，《廣東文史資料》第九輯（廣東：廣東省文史資料研究委員會，1963），頁 98～102。

40. 楊立強，〈華僑聯合會與孫中山先生領導的國民革命（一九一二～一九一九）〉，《華僑與孫中山先生領導的國民革命學術研討會論文集》（台北：國史館，1997），頁 253～271。

41. 楊進發，〈辛亥革命與星馬華族的國民黨運動（一九一二～一九二五）〉，《辛亥革命與南洋華人研討會論文集》，頁 110～122。

42. 楊愼之，〈「振我皇漢靈　明德光九夏——黃興與程潛」〉，文收蕭致治主編，《領袖與群倫——黃興與各方人物》（武昌：武漢大學出版社，1991），頁 268～280。

43. 葛文侯，〈洪憲帝制期間各方申討之文獻〉，《自由中國》23：4（1960.2），頁 123～128。

44. 趙和曼，〈廣西籍華僑對辛亥革命的貢獻〉，《華僑與孫中山先生領導的國民革命學術研討會論文集》（台北：國史館，1997），頁 241～251。

45. 劉渭平，〈梁啓超的澳洲之行〉（上），《傳記文學》38：1（1981.1），頁 19～23；〈梁啓超的澳洲之行〉（下），《傳記文學》38：4（1981.4），頁 119～126。

46. 劉渭平，〈清末保皇黨在澳洲僑界的活動〉，《傳記文學》59：6（1991.12），頁 101～105。

47. 歐陽昌大，〈新加坡華人對辛亥革命的反應〉，柯木林、吳振強編，《新加坡華族史論集》（新加坡：南洋大學畢業生協會，1972）頁 91～118。

48. 潘先弟，〈南洋華僑與反袁運動〉，《讀史雜記》第 3 期，出版社與出版日期不明，收入朱傳譽編，《袁世凱傳記資料（十七）》（台北：天一出版社，1985），頁 9～12。

49. 蔣永敬，〈辛亥前南洋華人對孫中山先生革命運動之支援〉，《辛亥革命與南洋華人研討會論文集》（台北：政治大學國關中心，1986），頁 222～237。

50. 蔣永敬，〈歐事研究會的由來和活動〉，《傳記文學》34：5（1979.5），頁 64～72。

51. 閻沁恆，〈袁世凱當政初期的政情分析〉，《現代中國軍事史評論》第 4 期（1988.2），頁 21～27。

52. 顏清湟，〈辛亥革命與南洋華人〉，《辛亥革命與南洋華人研討會論文集》（台北：政治大學國關中心，1986），頁 410～429。

七、網路資料

1. 陳定炎、高宗魯，《一宗現代史實大翻案：陳炯明與孫中山蔣介石的恩怨真相》，http://www.chen-jiongming.com/Chinese/chinese.htm。

八、英文著作

1. Friedman, Edward, *Backward Toward Revolution: The Chinese Revolutionary Party.*（Los Angeles: University of California Press, Ltd., 1977.）

2. Leung, Yuen-sang, "Chinese-Chinese Relations: The Republic and the Nanyang Chinese Community, 1911-27."《中華民國初期歷史研討會論文集 1912～1927》（下冊）（台北：中央研究院近代史研究所，1984），頁731～751。

3. Wang, Gungwu, "The Limits of Nanyang Chinese Nationalism 1912-1937." *Community and Nation: Essays on Southeast Asia and the Chinese.*（Singapore: Heinemann Educational Books Ltd., 1981）, pp. 142-158.

4. Yen, Ching-hwang, "Ch'ing China and the Singapore Chinese Chamber of Commerce, 1906-1911." edited by Leo Suryadinata, *Southeast Asia Chinese and China: The Politico-Economic Dimension.*（Singapore: Times Academic Press, 1997）, pp. 133-160.

5. Yen, Ching-hwang, "Ch'ing Protection of the Returned Overseas Chinese after 1893, with Special Reference to the Chinese in Southeast Asia." *Studies in Modern Overseas Chinese History.*（Singapore: Times Academic Press, 1995）, pp. 31-46.